舵手证券图书
www.zqbooks.com

知浪领航财富人生
舵手俱乐部 www.duoshou108.com

低风险高收益动态交易指标

价值图和价格波动概率分布图交易技术

【美】马克·W. 黑尔韦格
戴维·C. 司汤达 著
康 民 译

山西出版传媒集团
山西人民出版社

图书在版编目(CIP)数据

低风险高收益动态交易指标:价值图和价格波动概率分布图交易技术 / (美)马克·W.黑尔韦格,(美)戴维·C.司汤达著;康民译.—太原:山西人民出版社,2017.11

ISBN 978-7-203-10047-8

Ⅰ.①低… Ⅱ.①马… ②戴… ③康… Ⅲ.①股票投资—基本知识 Ⅳ.①F830.91

中国版本图书馆 CIP 数据核字(2017)第 172577 号
著作权合同登记号　图字:04-2014-046

低风险高收益动态交易指标:价值图和价格波动概率分布图交易技术

著　者：	(美)马克·W.黑尔韦格　(美)戴维·C.司汤达
译　者：	康　民
责任编辑：	张书剑
复　审：	刘小玲
终　审：	员荣亮

出 版 者：	山西出版传媒集团·山西人民出版社
地　址：	太原市建设南路21号
邮　编：	030012
发行营销：	0351-4922220　4955996　4956039　4922127(传真)
天猫官网：	http://sxrmcbs.tmall.com　电话:0351-4922159
E-mail：	sxskcb@163.com　发行部
	sxskcb@126.com　总编室
网　址：	www.sxskcb.com
经 销 者：	山西出版传媒集团·山西人民出版社
承 印 者：	大厂回族自治县德诚印务有限公司

用纸规格:710mm×1000mm
印　张:13.5
字　数:210 千字
印　数:1—5100 册
版　次:2017 年 11 月　第 1 版
印　次:2017 年 11 月　第 1 次印刷
书　号:978-7-203-10047-8
定　价:48.00 元

如有印装质量问题请与本社联系调换

"舵手经典证券图书" 开篇序

20个世纪末，随着中国证券投资市场的兴起，我们怀揣梦想与激情，开创了"舵手证券图书"品牌，为中国投资者分享最有价值的投资思想与技术。

世界经济风云变幻，资本市场牛熊交替，我们始终秉承"一流作者创一流作品"方针，与约翰＆威立、培生教育、麦格-劳希尔、哈里曼、哈珀＆科林斯等世界著名出版机构合作，引进了一批畅销全球的金融投资著作，涵盖了股票、期货、外汇、基金等主要投资领域。

时光荏苒，初心不改，我们将一如既往地与您分享专业而丰富的投资类作品。我们以书交友，与天南海北的读者成为朋友，收获信任、支持。许许多多投资者成为我们的老师、知己，给予我们真诚的赞许、批评、建议。更有一些资深人士由此成为我们的编辑、翻译、评审，这一切我们感念于心。

我们希望与每位投资者走得更近，我们希望以"舵手投资学院"的方式，给每位读者一个反馈和深化学习的家园，一个交流探索的新平台。我们邀请作者进驻我们的投资交流论坛（www.duoshou108.com），为读者答疑解惑，交流切磋。在这里，您可以与华尔街投资大师亲密接触；在这里，您可以与全国最聪明投资者同台炫技；在这里，您可以体验全球最新投资技术课程；在这里，必将因为有您而伟大！

引 言

对于所有热爱交易、投资或想深入了解市场行为的人来说，本书提供了两种全新的、令人振奋的分析工具，读者朋友们可以用它们来研究分析和预测市场行为。就我个人而言，交易就像是在不停地接受各种各样的挑战。这种经历不同于我们日常生活中的其他任何事情。要想获得交易成功，交易者必须精通交易的各个方面。比如，你或许是世界上最著名的技术分析师，但是如果你不遵循规律，那么你很可能在经历很长一段时间交易后，结果却是伤痕累累，一无所获。如果你没有勇气，即使你有很高的智商，你也难以成功。如果你没有一个有效的交易策略，即使你严格遵循规律，你也同样无法到达成功的彼岸。如果成为一名优秀的交易者或投资者对你没有任何吸引力，那么你很可能做不到交易成功。

价值图（Value Charts）和价格波动概率分布图（Price Action Profile）是我交易生涯中最令我振奋的突破。请看下面两个定义：

价格：某一商品销售时给定的货币数额。

价值：某一商品的公允价格。

价格和价值是两个差别很大的概念，但很多人关注的仅仅是价格图。我们应该更关心的是市场的估值，而不是市场的价格。价格的定义已经表明，它就是某一商品的给定钱数，而价值针对的是公允价格。就商品的定价机制而言，这里的公允价格，或许可以被解释为"一个大多数买入和卖出的交易者认为比较合理的价位"。在搞清楚这些定义以后，你会自然而然地问起下面的问题：传统的价格图对于确定市场估值来说有用吗？答案是否定的，传统的价格图不能确定市场估值。因为传统的价格图就像它的名字一样，它仅仅表示价格，不能用来确定市场估值。

价值图就是专门用来展示市场估值的。当市场参与者在寻求出入场机会的时候，他应该关心市场价格还是市场估值呢？等你阅读完这本书，你就会发现更应该让市场参与者感兴趣的是市场估值。市场估值决定了当前市场价格是否被低估或高估，或者是比较公允的价格。市场估值可以通过当前价格比较公允的买卖参与者占所有参与者的比例来确定。价值图就是用来展现任何自由市场的估值的。与常见的价格图相似，只有应用在标准化和流动性良好的市场中时，价值图才能发挥最佳效用。

价值图弥补了传统价格图的漏洞和不足之处。我们知道，竹线图（相当于蜡烛图）仅仅反映了价格波动的一方面。更具体一点来说，竹线图展示的是某个市场当前和历史价格波动的绝对价格。如果我们志在研究历史价格运动的级别大小，那这种信息是非常有用的。通过回顾这些历史信息，我们能够确定某个市场是否能够出现爆炸性的牛市行情，是否能够维持较长时间的趋势状态，或者是否倾向于呆滞、来回波动的震荡状态。传统价格图告诉我们，随着时间的流逝，某些市场可能会出现大级别的价格波动行情。这提醒市场参与者如果顺着这些较大级别的价格波动方向进行交易，就可能获取大幅度利润。

传统价格图表示的是绝对价格，价值图展示的是相对价格。价值图揭示了市场估值，确定了价格的高低估状态。通过清晰地界定市场估值，价值图向交易者提供了在被低估的价位处或超卖状态下买入的机会。同样，价值图也避免了交易者在高估价位处或超买状态下进行买入操作。另外，价值图为交易者识别出了符合市场估值的公允价格，使交易者可以放心地进行相应的操作。读完本书后，交易者将会知道如何阅读价值图，并从它确定的市场估值中受益。

当你对比某个市场价值图和传统价格图的时候，你就会很清晰地发现这两种图分别解决了不同类型的问题。很多市场参与者很可能从来没想过这个事实，那就是传统价格图或许不能独自提供最佳决策需要的必要信息。大多数投资者没有问过他们自己传统竹线图是否可以作为独立的信息来源进行交易决策。不论是哪种情况，都要明白传统价格图揭示的仅仅是绝对的市场价格行为，这一点是非常重要的。为了慎重起见，在我们使用任何一种市场分析工具进行交易决策前，我们都要花时间研究它们所提供信息的有效性和局限性。

当阅读本书的时候，你会学到如何同时使用价值图和另一种全新的市场分析工具——价格波动概率分布图。为了确定在每一个价值图上的价格区间内市场交易的频率，研究这个市场的价格波动概率分布图是很有必要的。正如它的名字所言，价格波动概率分布图描绘的是价值图价格波动的概率分布情况。你很快就会学到，价格波动概率分布图能够帮助投资者确定市场出现超卖（价值被低估）或超买（价值被高估）状态的程度。借助现代统计学的方法，价格波动概率分布图弥补了价值图的不足之处，使投资者能够确定价值图中出现超买超卖的价格区间。

价值图和价格波动概率分布图在设计之初就考虑了对新老交易投资者的适用性。通过这种全新的分析方式，投资者只需要简单一瞥，就能够看清楚与市场估值有关的重要信息。这两个全新的市场分析工具不是神秘的黑匣子，它们是每一位严谨交易者都应该配备的市场分析工具。价值图和价格波动概率分布图实现了市场分析工具最为重要的功能。它们简单明了，容易掌握而且没有歧义。

对于交易系统开发者而言，价值图开启了一个关于相对价格的全新空间，开发者可以用它来开发新的市场指标，从而驱动整个交易系统。直到现在，大多数交易者仅仅接触到一些为数不多的参考价位。他们把这些参考价位作为出入场的依据。这里所讲的参考价位是指在某个可以识别的时间和价位上的一个可以确定的点。就日线图来讲，参考价位包括开盘价、收盘价以及前面日线数据的高低点。大多数情况下，当前价格竹线（或蜡烛线）的高低点直到当前交易时段（交易日）结束时才能最终确定。但如果交易者使用价值图，就可以开发出新的交易系统，它们能够让交易者在交易日内根据相对价位进行进出场交易。就交易系统开发而言，这种在盘中能够确定相对价格位置以及相对估值位置的能力本身就是一种令人振奋的突破。

可以量化的信息是非常有用的。很多市场分析策略在决定市场是否符合某些规则或条件时过多地依靠交易者主观的判断。这些依靠交易者主观判断的市场分析策略经常包含太多的灰色区域，没有什么长期的使用价值。但是价值图和价格波动概率分布图能够提供可以量化的信息，它们不会产生任何歧义。这让交易者在交易日内就知道什么时候市场符合某个进出场条件，从而更加自信地进行操作。

最重要的是，价值图和价格波动概率分布图可以帮助交易者控制最能摧毁交易者奋斗成果的两种情绪：贪婪和恐惧。这些全新的市场分析技巧能够帮助交易者遵守纪律，避免在短暂的高点买入，在短暂的低点卖出。飞行员是最早见证仿真地平仪比自身水平感更可靠的人。如果没有这种关键设备，那么飞行员将被迫遵循他们自己的方向感，这样当他们自身感觉失灵，判断失误时，就会陷入撞向地球的危险境地。对于交易而言，价值图和价格波动概率分布图就是帮助交易者控制贪婪与恐惧情绪的导航仪。它们具备阻止交易者顺着自己的情绪做出错误决策的能力。仿真地平仪代表了飞机当前的状态（或方向），价值图和价格波动概率分布图代表了市场当前的状态（或估值）。这些全新的市场分析工具适合每一个交易者，不论你是有经验的老手还是无经验的新手，你都可以学习并使用它们。在写这本书的时候，我们一直遵循尽可能简单地描述所有事情的宗旨。

目 录

第一章　价格和价值／1

第二章　价值图／15

第三章　价格波动概率分布图／37

第四章　降低资金风险／71

第五章　使用短线交易系统优化价值图／93

第六章　价值图与交易系统开发／113

第七章　价值图和形态识别／131

第八章　价值搜索表／139

第九章　不同市场环境下的动态估值／151

第十章　价值图与分批定投／163

附　录　道琼斯指数30只成分股票价格波动概率分布图／171

译后记／201

第一章　价格和价值

韦伯斯特词典给价格的定义是"某个待售商品被期望或给定的货币数额"。根据这个定义，我们可以用一个相对于零轴的绝对金额来表示价格。在今天的金融市场中，几乎每一张价格图都使用了这个惯例。另外一方面，价值被定义为"某个东西的公允价格"。那么当我们寻求确定某个东西价值的时候，如何确定公允价格呢？为了做到这一点，我们需要弄清楚大多数市场参与者的意见。对于任何给定的市场，决定哪个价位是公允价格的都是那些最具有资格的参与者。市场中的每一次交易都是相关买卖双方的一次投票，他们认为他们的交易价格是公允的。因此我们可以推论：股票、债券、外汇或期货合约某个价位的交易次数就是认为那个价位是公允价格的投票数量。

准确确定市场估值的两项要求是流动性和标准化合约。市场估值可以通过参考历史价格活动数据或买卖双方自愿交易的历史价位来确定。在我们寻找进出场机会的时候充分理解当前市场的估值是非常重要的。二手机动车交易市场就是这方面的一个优秀范例，它展现了如何利用历史价格数据来看待当前市场的估值。与新机动车市场中厂家定价机制不同，二手车市场完全是由供需双方的力量来决定的。

二手车购买过程

在大多数美国人的生活中，有时候被迫购买二手机动车。这个过程通常包括：先确定符合总体要求的机动车类型，然后缩小选择范围，再确定最符合需求的某个特定厂家和型号。就这个例子而言，我们假定自己要购买一辆二手车，是因为相对于新车市场来说，二手车市场更像一个自由的市场。一旦我们能够确定要购买的二手车厂家和型号，我们就可以开始选购这种二手车了。

当我们开始选购这种二手车时，我们需要具备确定这种二手车公允价格（价值）的能力。一旦我们确定了表明当前价值的公允价格，我们就可以开始搜寻最佳交易了。通常情况下，我们会参考蓝皮书，蓝皮书会列出大多数市场参与者认为买卖双方会接受的价位，即公允价格。换句话说，这个公允价格就是大多数买卖双方同意接受的交易价格。理想情况下，对于我们有兴趣购买的二手车类型，如果我们能够从二手车市场拿到最近所有的交易价格数据，那我们就可以把这些数据进行平均计算，得出与蓝皮书数据同样的公允价格。蓝皮书价格应当代表公允价格。

我们需要蓝皮书公允价格，这样我们就可以把这个价格当作参考价格，来对比卖方报给我们的询价。在这个例子中，我们假定二手车市场是一个标准化的市场，我们可以根据二手车的里程或其他优化升级配置对卖方询价进行调整。通过查看蓝皮书，对于我们意欲购买的二手车类型（包括制造年份、厂家和型号），我们假定公允价格是10000美元。在查看互联网和当地报纸后，我们假定我们能够锁定15个左右待售二手车，它们的卖方询价如表1-1所示。为了简单起见，我们假定这些二手车都是同样的颜色、制造年份、厂家和型号，而且具有相同的里程记录。通过做出这样的假设，这个二手车市场就满足一个标准化市场的要求。这样，在表1-1中列出卖价的15辆二手车在功能和外表上都是一致的。

努力就有回报，看起来好像我们付出的努力已经在一方面得到了回报。从表1-1中我们可以清楚地看到，有些卖方愿意以低于蓝皮书10000美元公允价格的价位卖出他们的二手车。那些明显低于10000美元公允价格的报价是被低估的价格，对于买方来讲，它们是比较好的交易价格。而那些明显高于10000美元公允价格的报价是被高估的价格，对于买方来讲，它们是没有什么吸引力的交易价格。我们可以把表1-1中的价格数据做成一张柱状图，如图1-1所示，这种方式实用性更强，更能直观地展示数据信息。

表 1-1　卖方针对一个具体的厂家、车型和制造年份的二手车而报出的询价汇总表

卖家	报价(美元)	卖家	报价(美元)	卖家	报价(美元)
卖家 1	10800	卖家 6	9400	卖家 11	8800
卖家 2	9900	卖家 7	9900	卖家 12	10250
卖家 3	9250	卖家 8	11400	卖家 13	10750
卖家 4	9700	卖家 9	10100	卖家 14	10499
卖家 5	11999	卖家 10	9950	卖家 15	10300

从图 1-1 中你可以看到，柱状图展示了表 1-1 中的报价数据。这个柱状图有点像早期历史上的钟形轮廓曲线。大多数卖方报价出现在蓝皮书标明的 10000 美元公允价格上下 500 美元偏差范围内。如果蓝皮书上的价格确实代表了公允价格，我们就可以推测大多数卖方报价会在 10000 美元公允价格附近。这个公允价格应该基本上等于最近市场上实际成交价的平均值。

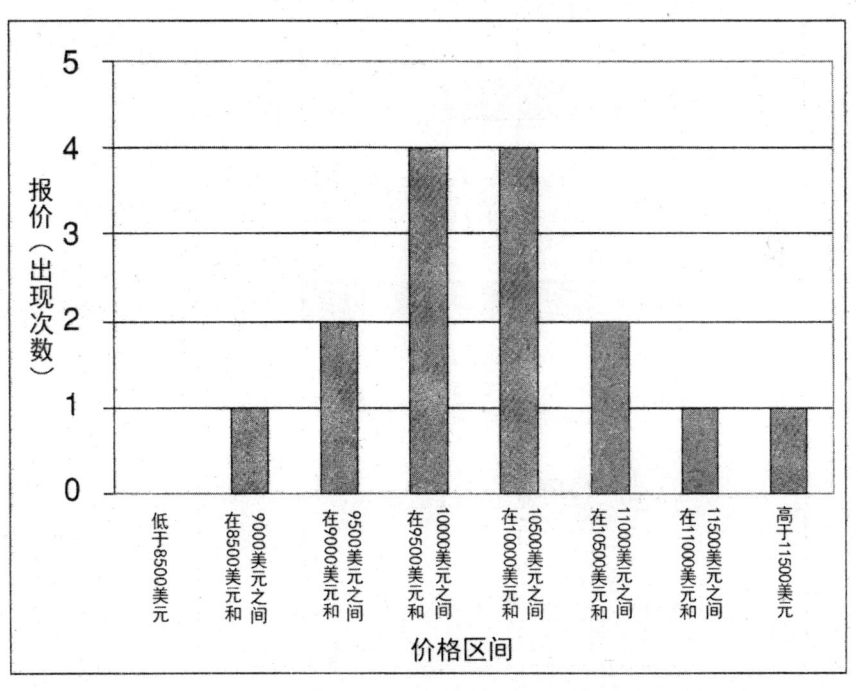

图 1-1　表 1-1 报价数据的柱状图

通过对图1-1做进一步分析，我们可以看到有一些卖方报价距离10000美元公允价格比较远。其中有三个报价低于9500美元，有四个报价高于10500美元。很明显，如果表1-1列出的待售机动车是一种标准化的车辆或产品，那么卖家11的8800美元报价就是最佳交易价格。虽然图1-1这个柱状图让我们从视觉上能够很快确定表1-1中每个报价的优劣性，但是我们还可以用一个更有效的方式展示这些信息，如图1-2所示。图1-2分析起来相对容易一些，因为在这张图上价格轴就是y轴，即竖直轴线。这种格式在展示价格数据时是最容易让人接受的惯例格式。

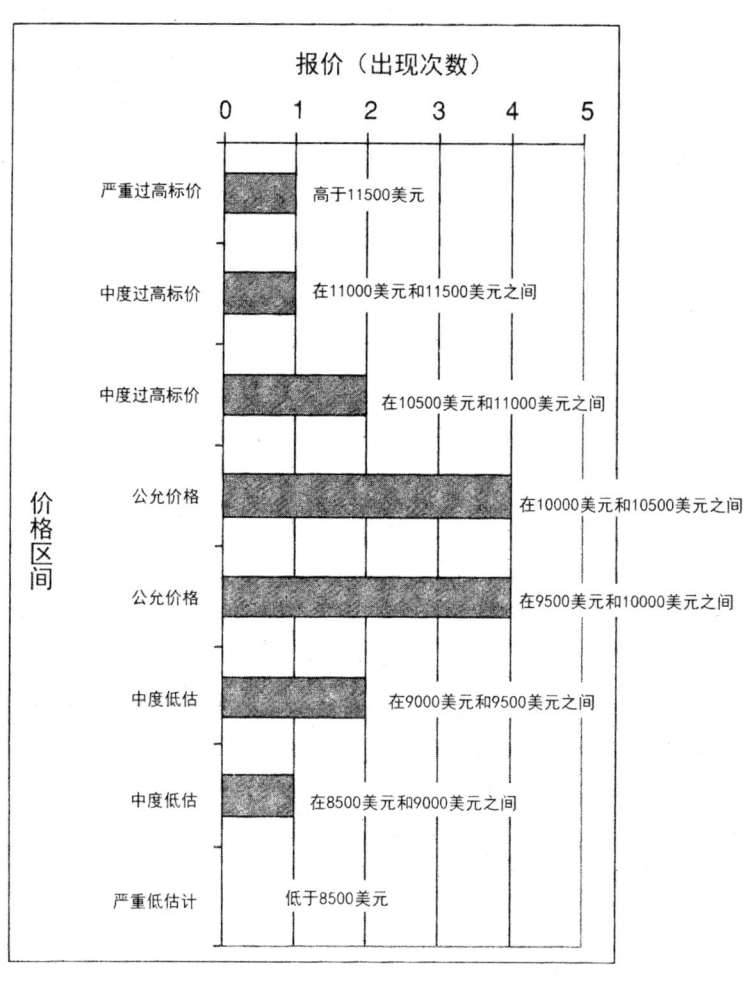

图1-2　表1-1报价数据的频率柱状图

相对于图 1-1 而言，图 1-2 用了一个稍微有些不同的格式展示了表 1-1 中的数据。通过这个简单的柱状图，我们能够很容易看出某个价位是比较公允的标价，还是过高或过低的标价。图 1-2 中用来标定频率柱状图的分类不是固定不变的。在后面的章节中我们将学到，通过利用统计学方法我们可以按照不同的估值分类安排价格数据。例如，被定义为公允价格的类别应当包括大多数价格数据（大约 68% 的价格数据）。相对于公允价格类别，中度过高标价和中度过低标价的类别应当包括较小比例的价格数据（大约 27% 的价格数据）。最后，严重过高标价和严重过低标价类别应当包括最小比例的价格数据（大约 5% 的价格数据）。

每个类别应当包括的比例是根据正态曲线的分布情况来确定的。如果统计学方法的介入让你感到无所适从，就别太关心图 1-2 中各个类别是如何划分的，知道不同报价类别代表的是对潜在买家具有不同吸引力的价格就行了。

充分理解如何确定最被低估价格的二手车的步骤是非常重要的。如果我们被即将拥有一辆汽车的美好憧憬冲昏了头脑，我们的购买决策过程就很可能会受到内心情绪的负面影响。倘若我们的情绪果真如此，那我们很可能会以过高的价格购买我们碰到的第一辆二手车。这与尽力判断哪些报价是比较有利的价格、哪些是比较不利价格的情况相反，我们随便抓住一个机会，购买了一辆我们想要的汽车，但成交价格很可能是严重高于公允价格的。由于没有努力确定这种二手车的市场估值，毫无疑心的买家被卖家打了个措手不及，做了一笔非常不划算的交易。因此我们可以看出，没戒心的买家很可能会做出昂贵的错误决策，但成熟的买家却不会。

理解二手车购买过程

在前面的例子中，掌握几个关键点是非常重要的。首先，我们没有考虑这种二手车市场的总体趋势。图 1-2 帮助我们买家确定一个比较有吸引力的入场买价。选择最优入场价的入场策略与确定市场长期趋势是有很大区别的。但是，它对于整个投资的重要性就像推杆在高尔夫运动中的重要性一样。高尔夫运动中有句谚语："长杆确定方向，短杆决定胜负。"换句话说，就是只有你精通了短线推杆的打法你才能取得最终的胜利。这个谚语同样适用于金融交易。确定最佳出入场点是市场中的短线打法，它与确定长期趋势是同等重要的。

一些读者或许认为这个购买二手车的案例仅仅展示了一些常识。如果你陷入了这个误区，那你考虑一下下面的评论还是非常值得的。假如你在开始选购二手车之前，你就得到了图1-2这个柱状图。它显示的信息是非常有价值的，使我们在开始选购之前就对市场有了一个明确的分析判断。首先，我们知道哪些价位是比较高的或者不合理的，哪些价位是公平合理的，以及哪些价位对买家而言是比较有吸引力的。当我们看到报纸上各种卖方报价的时候，我们会立即判断出它们是否合理。如果我们碰上一个与市场不合拍的卖家，他正在以远低于公允价格的价格出售二手车，我们就可以非常自信地立即抓住这个机会买入自己想要的二手车。好买卖都不会持续太长时间，能够提前识别和确定优秀交易机会或低估资产的能力是非常有价值的。图1-2的柱状图清晰地表明了哪些价位是非常有吸引力的价格，从而让买家在碰到这些机会时迅速行动。

如果我们确实需要在一个相当短的时间内购买一辆二手车，我们就应该能够确定几个在公允价格范围内的卖方报价。最重要的是，通过确定哪些报价标价过高，我们可以避免高价购买二手车。如果某个买家被卖家打了个措手不及，以过高的价格购买了一辆二手车，在他将来必须卖出这个二手车的时候，他很可能要亏损很多。这是因为他的购买价格太高了。

典型的投资过程

进入股市与进入二手车市场非常相似。当大多数投资者买卖股票的时候，他们会完全忽略短杆打法。一个优秀的高尔夫球员是不会忽略他的短杆打法的。所有著名的高尔夫球员都是短杆制胜的例证。

第一章 价格和价值

难以置信的是，大多数投资者在选购洗衣机或烘干机时花费的时间远远大于他们确定最佳股票入场点的时间。当投资者购买洗衣机或烘干机时，通过自身努力辨别最优价格，节省几十块钱的时候，他们却用更大的赌注随意买卖股票。在他们买卖股票的时候，没有花时间辨别哪些是优秀价格的主要原因是，他们没有一个能够辨别价格优劣的必备工具。投资者需要一个股市蓝皮书以帮助他们确定股票公允价格。价值图就是为股票、债券、外汇和期货市场编写的蓝皮书。

典型的投资过程通常包括先花一定时间选择要买的股票品种。在确定购买哪只股票的时候，投资者通常会花费相当多的时间研究公司的基本面信息，这包括公司年度财务报告和市盈率指标。一旦选择了一只股票，普通投资者就会随意入场交易。同样是这些投资者，在他们确定所要购买的二手车厂家和型号后，他们很可能不会随意购买他们碰到的第一辆车。但是大多数金融市场参与者在交易时，却随意买卖。

为了提供一个让投资者能够在比较有利的价位进行进出场交易的解决方案，充分理解当前投资领域分析工具是很必要的。就像报纸为二手车潜在买家提供卖家报价信息一样，世界各地的交易所也在不停地提供各种价格数据，它们被用来制作成各种价格图。这些价格图为投资者提供了各种有关股票、债券、外汇和期货市场的价格信息。不幸的是，直到现在金融市场上也没有出现像二手车市场蓝皮书一样的东西。而且，当前也没有与图1-2柱状图相类似的图表工具让投资者用来确定市场估值。为了优化投资过程，让投资者能够有策略地进行进出场交易，我们需要了解传统图表工具的优点和缺点。

传统价格图的局限性

当我们寻求理解价格和价值区别的时候，比较重要的一点是要知道价值是一个以时间为变量的函数而价格却不是。价格是绝对的，而且不受时间流逝的影响。比如，一个IBM公司股票的卖方报价在今天可能是被低估的价格，是一个对买家很有利的报价，但是6个月后，同样的卖方报价可能是被高估的价格，从而变成一个对买家不利的报价。

大多数交易者利用各种不同形式的价格图分析市场。对美国而言，传统价格图最常见的形式是竹线图（或蜡烛图），它展现了某个市场的开盘价、最高价、最低价和收盘价，如图1-3所示。

图1-3展示的是通用电气公司股票的价格波动。这个价格图是传统竹线图的一个代表性例子。我们都知道，每一根价格竹线都是相对于零线绘制的。零线就是每张传统价格图的参考基准线。例如，2002年3月15日，通用电气收盘在40.19美元。这个40.19美元的收盘价表示的就是相对于零的40.19美元。这种图表在展现某个市场当前和历史价格变动的大小级别上是非常有价值的。我们在图1-3上可以清晰地看出通用电气股票价格从36.84美元变动到40.19美元，而且当前股票价格正在一个区间内波动。通过查看传统价格图，我们可以确定某个市场是否正在趋势当中经历一次波澜壮阔的价格变动，是否正在某个范围内来回震荡，或处于纯粹的价格僵化呆滞状态。

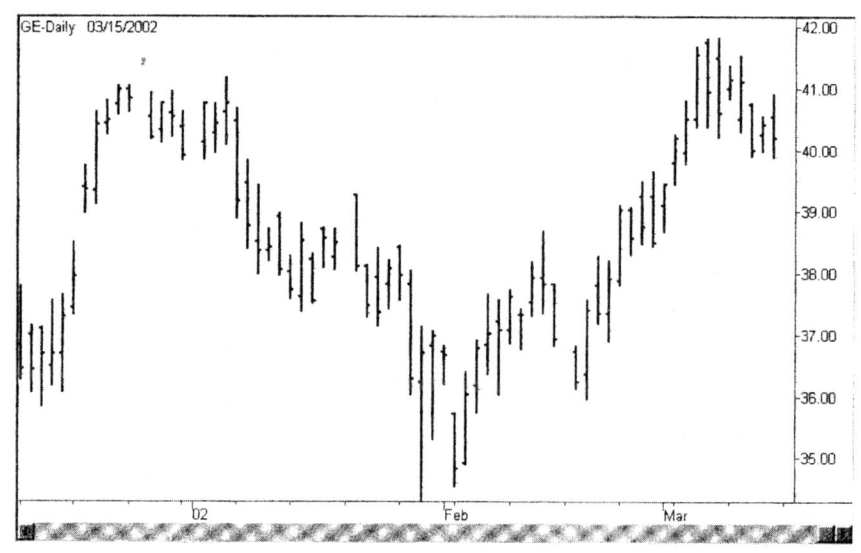

本图由欧米茄研究公司 TradeStation2000i 软件生成

图1-3　通用电气日线图

但是，传统价格图在披露市场估值方面却是无效的。它们不能有效识别超买或超卖的价格状态。传统价格图不能确定哪些价格是公允价格，哪些价格是被低估或高估的价格。在事后看，我们能够确定超卖或超买价位，但在实盘交易中却很难察觉。虽然有可能观察到某个市场正从近期高点回撤，或从近期低点反弹，但是要根据传统价格图量化确定当前价格的市场估值是非常困难的。既然每个市场参与者都想在价格被低估处买入、在价格被高估处卖出，那我们就需要能够按照估值状态来绘制价格图。请花些时间看一下图1-4中的4根价格竹线。

在看完图1-4中4根日线后，请判断下面哪个表述准确地描述了B、C、D价格线。

1. 最后3根日线是完全一样的，代表了同样的价值，因为它们具有同样的开盘价、最高价、最低价和收盘价。

2. 虽然最后3根日线具有同样的开盘价、最高价、最低价和收盘价，但它们却代表不同的价值。

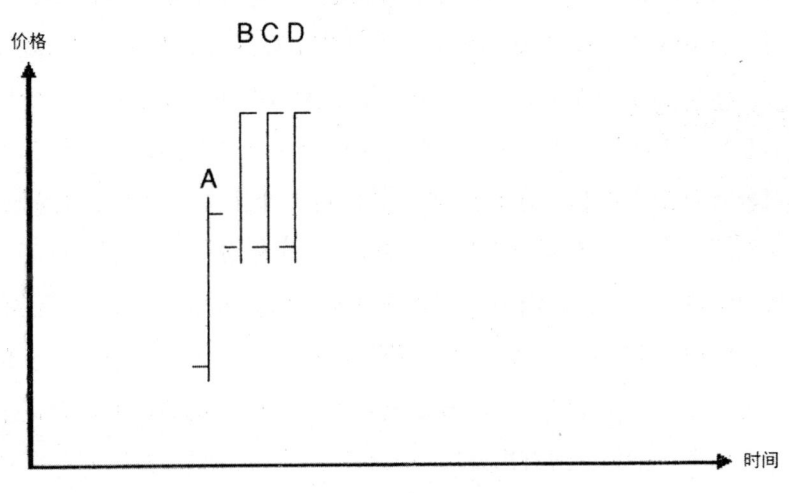

图1-4　4根日线价格数据

正确答案是2，虽然最后3根日线具有同样的开盘价、最高价、最低价和收盘价，但它们却代表不同的价值。乍一看，这个描述或许没有什么意义。但当我们停下来仔细分析最后3根日线时，我们会发现它们是不一样的，因为它们当中的每一根在时间上都代表了不同的一天。当按照价值对最后3天的价格进行比较分析时，就会发现日线C代表的是与日线B不同的价值，日线D代表的是与日线B和C不同的价值。相对于日线A而言，日线B收盘价的超买程度就大一些。日线C的超买程度就比日线B小一些，因为市场已经在那个价位交易了两天。最后，日线D的超买程度比日线B和C小一些，也比后者更接近市场公允价格，因为市场已经在这个价格区间交易了3天，买卖双方看起来已经接受了在这些价位进行交易。

虽然图1-4中最后3天的传统价格竹线看起来好像完全一样，但是当我们考虑到这几天市场估值的时候，它们还是有很大不同的。通过对比某一市场当前价格与历史价格，我们可以确定这个市场的估值。随着时间流逝，历史价格数据与市场估值的相关性逐渐减弱。昨天发生的交易活动对短期市场估值的影响要比去年的交易活动大得多。

现在我们可以观察一下图1-5中通用电气的传统价格竹线图和相应的价值图。前10根价格竹线代表的是一个反弹走势。接下来的8根竹线显示的是一个横盘走势。请注意一点，虽然用箭头标识的这8根竹线在价格图上基本上是一个横盘走势状态，但在价值图上它们却逐渐向下回归公允价格。随着时间逐步推移，在它们的交易价位基本上处于同一位置的情况下，它们的超买程度却逐渐降低，最终到达公允价格。

从图中可以看出，我们把价值图分成5个估值区域。从上向下依次是严重超买区域、中度超买区域、公允价格区域、中度超卖区域和严重超卖区域。价格波动出现在哪一个区域就代表当前市场价格的估值符合这个区域的估值标准。比如，所有出现在−4到+4这个价值图价格区间的市场价格都是公允价格。另外，我们还可从图1-5中看出，不同估值区域的阴影灰度是不一样的，我们可以通过阴影灰度来区分各个估值区域。本书第二章将更加详细地区分各个估值区域的价值图价位。

第一章 价格和价值

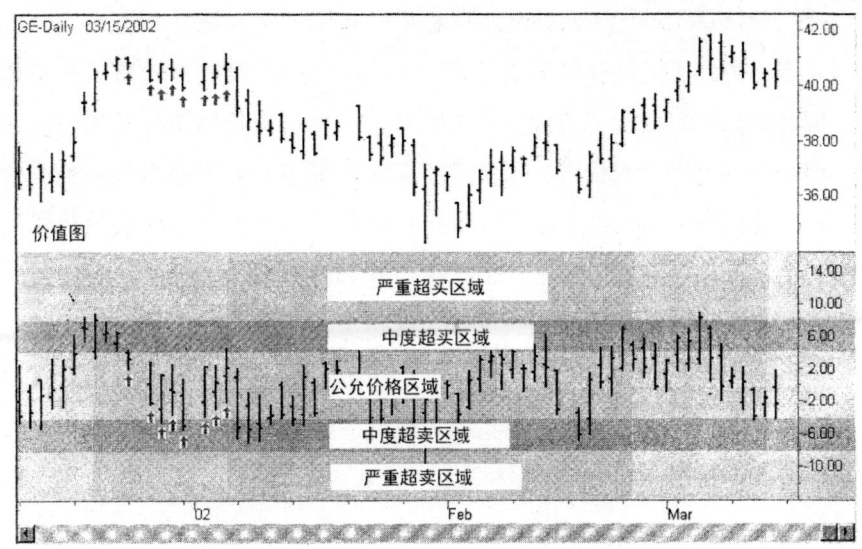

本图由欧米茄研究公司 TradeStation 2000i 软件制作

图 1-5 通用电气日线价值图

公允价格

　　市场估值是一个以价格和时间为变量的函数。如果某个自由流动的市场一直都是在同一价位进行交易，我们就可以假定买卖双方都认为这个价格是公允价格，既不处于超买状态，也不处于超卖状态。我们参与的市场很少会一直在某个价位进行交易，它们更多地倾向于在向上和向下两个方向上来回穿越公允价格，而且这种情况普遍出现在各种时间结构中。因为我们生活在一个持续变化的世界，所以随着时间的流逝，公允价格一直在不断地被重新确定。交投活跃的市场总是围绕公允价格来回波动。

　　市场中有很多市场参与者一直不停地在各种时间结构中寻找公允价格。在本书中我们主要使用价值图和价格波动概率分布图对短期市场估值进行分析。不论投资者喜欢哪种时间结构，他们都需要关心短期价格波动，这样才能确定最佳出入场点。任何市场的大多数交易活动都将会围绕公允价格展开。

市场价格总是持续不断地从不同程度的超买状态（高估状态）到公允价格状态，再到不同程度的超卖状态（低估状态），然后再向超买状态转换，周而复始。虽然传统的价格竹线图对于分析历史价格走势是比较有用的，但是对于识别公允价格、超卖或超买价格而言，它们却不是一种有效的工具。我们在前面提过，在传统价格竹线图上两个完全一样的价格竹线在价值上并不是一样的。在这种情况下，我们就需要一种新的价格图，以帮助识别公允价格、超卖或超买价格。这种需求是传统价格竹线图无法满足的，价值图正是在这种需求的基础上产生的，我们将在第二章详加讨论这一点。在我们开始学习价值图之前，我们需要先看一下市场分析工具的关键点。

有效市场分析工具的关键点

某个市场分析工具要想成为一个有效的工具，它应该具备几个关键点。首先，由于机会是时间的函数，有效的市场分析工具必须能够浓缩信息。有人曾经说过，一张图片等于一千字。对于描述同一事物而言，一个图片比一个书面文件更加直观，让人理解起来更加快捷。请看下面这个例子。

我们先来看一下通用汽车股票的交易价格数据。你可以从表1-2中看出，这种以纯文本的方式展示市场交易价格的方式是最差的、最没有效率的。对于这些纯文本数据，我们很可能要花费很长时间，才能搞清楚这段时间内的市场走势。很显然，如果我们不得不使用这些纯文本的价格数据去分析市场，那么由于受到时间限制，我们就只能分析一小部分市场。而且，我们也不得不耗费大量的精力去针对每一个市场描绘它具体的市场走势图。

在表1-2中我们还可以看出每个价格数据都包括具体的日期、开盘价、最高价、最低价和收盘价。通过这4个价格，我们可以了解到这个交易期间（交易日）在何处开盘、何处收盘，以及在盘中曾经交易到哪些价格位置（价格区间）。这4个价格也正是我们用来制作价格竹线图的依据。

第一个创造开盘价在左侧、收盘价在右侧的价格竹线的人是非常具有创造性的。我们可以通过这么一根简单的竹线了解到对应交易期间的重要价格信息。

表1-2 通用汽车股票纯文本价格数据

日期	开盘价(美元)	最高价(美元)	最低价(美元)	收盘价(美元)
2002.2.20	50.40	52.45	50.30	52.28
2002.2.21	52.00	52.80	51.48	51.73
2002.2.22	52.11	53.60	51.82	53.11
2002.2.25	53.11	55.80	52.90	55.48
2002.2.26	55.49	55.66	54.66	54.94
2002.2.27	55.35	55.35	53.54	53.77
2002.2.28	54.40	54.40	52.79	52.98
2002.3.1	53.20	55.20	53.20	54.97
2002.3.4	56.00	59.19	56.00	58.70
2002.3.5	58.69	59.72	58.21	58.61
2002.3.6	58.45	60.44	58.28	59.92
2002.3.7	61.10	61.60	60.56	61.41
2002.3.8	62.00	62.01	60.65	60.71
2002.3.11	60.80	61.69	60.10	61.14
2002.3.12	60.65	61.30	60.28	61.00
2002.3.13	60.05	60.43	59.50	59.90
2002.3.14	60.48	60.48	59.50	59.90
2002.3.15	59.90	61.06	59.90	60.75

既然我们看到以纯文本方式展示价格数据是非常不方便的，那么我们就要创造一种新的方式去让交易者更容易、更快地理解和处理价格信息。图1-6就是根据表1-2中的价格数据制作出的传统价格竹线图。

我们很容易从图1-6中看出，这种图表的方式能够让投资者很快了解市场价格信息。投资者一眼就能看出市场已经出现的走势和市场正在交易的价格信息。在市场中获利不仅要靠正确的决策，而且还要靠在出现进出场机会的时间窗口内根据决策执行交易。如果没有及时做出决策，交易机会就很容易被错过。对于定义市场估值的分析工具来说，能够同样具有传统价格图的积极特征也是比较重要的。我们将很快会看到，价值图简单明了，容易识读，而且浓缩了各种信息，这让交易者能够快速解读市场，做出决策。

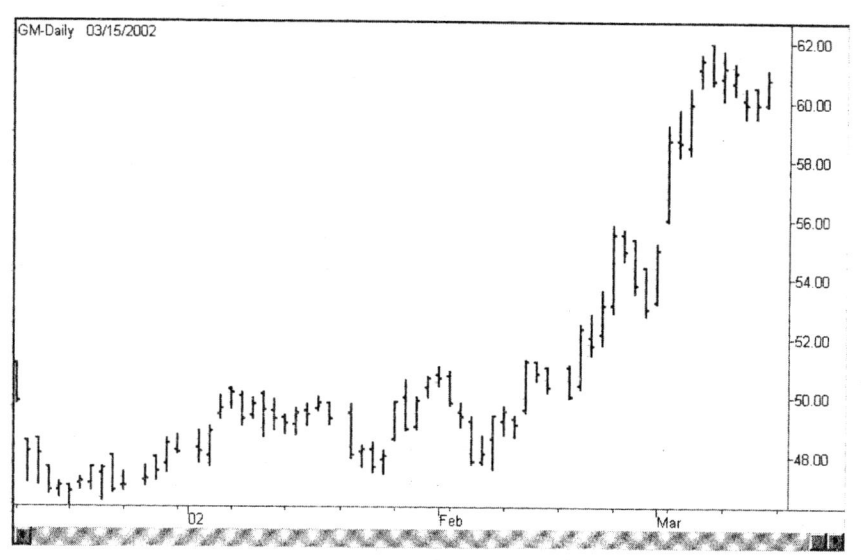

本图由欧米茄研究公司 TradeStation 2000i 软件制作

图1-6　通用汽车日线价格竹线图

传统价格竹线图展示的是市场的绝对行为，而价值图展示的是市场的相对行为。我们知道，低估和高估这两个词汇本身就是相对而言的。价值图就是一个在实盘交易的市场环境中不断更新确定市场估值的工具。使用这种全新市场分析工具的交易者要比那些不使用这种工具的交易者具有更多的优势。

第二章　价值图

虽然传统价格竹线图在确定市场历史走势和当前价格运行状态时能够提供参考，但是它不能清晰地界定市场估值。当我们观察传统价格竹线图时，我们无法确定市场估值。然而，了解当前市场交易价格的市场估值却是交易成功的关键。

我们在前面已经知道，低估和高估这两种状态是相对而言的。当我们试图判定市场价格是处于高估状态或低估状态时，我们必须参考相应的公允价格才能最终确定。因此，我们不能相对于零轴绘制图表，必须确定一个浮动的轴线，用它来代表公允价格，并以这个浮动价值轴为基础绘制图表。因为公允价格是大多数买卖双方进行交易的价格，所以我们可以使用一个精心选择的移动平均线代表公允价格线，即浮动轴线。

传统竹线图是以绝对价格零轴为基准来标识市场交易价格的价格图。制作价值图的第一步就是以一根代表公允价格的浮动轴线为基准标识市场价格相对变动情况。位于图 2-1 中底部的竹线图就是以浮动轴线为基准来制作的。但它不是真正意义上的价值图，它只是一个简单的相对价格图。你很快将会明白，价值图就是相对价格图的改良修正版本。事实上，相对价格图本身并没有什么用处。

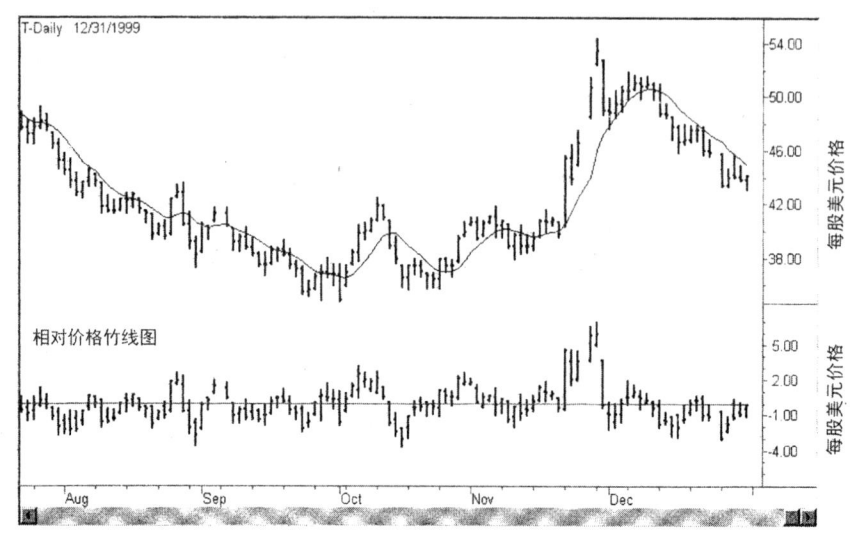

本图由欧米茄研究公司 TradeStation 2000i 软件制作

图 2-1　美国电话电报（AT&T）日线价格图（顶部）和相对价格图（底部）

图 2-1 中底部的竹线图在一个相对的基础上展示了美国电话电报公司的股票价格。这个美国电话电报公司相对价格图是以浮动轴线直线化后的轴线为基准来展示股票开盘价、最高价、最低价和收盘价的。这个浮动轴线也同样以曲线状态出现在顶部的美国电话电报公司传统价格图中。相对于下面直线化的浮动轴线而言，价格越向上偏离轴线，它的超买程度越大；反之，价格越向下偏离轴线，它的超卖程度越大。你可以想象一下图 2-1 顶部传统价格竹线图中的浮动轴线被拉直形成底部相对价格图中直线型轴线的过程。随着浮动轴线被逐渐拉直，所有价格竹线都保持着它们相对于这个轴线的相对位置关系。如果顶部传统价格竹线图中某一天最高价高于这个浮动轴线 2 个点，那么在底部相对价格图中这个日内最高点也高于直线轴线 2 个点。相对价格图与传统价格图的区别就在于它们展示价格的方式不同。

表 2-1 展示的是用来制作图 2-1 中相对价格图的部分计算数据。浮动轴线就是 5 日移动平均线，但在计算时采用的数据不是每日收盘价，而是每日最高价和最低价的算术平均值。在计算完每根价格竹线的最高价和最

低价的算术平均值后,我们就用最近5根竹线的这种算术平均值来绘制浮动轴线。

表 2-1　制作图 2-1 美国电话电报公司相对价格图的计算数据示范表

1	2	3	4	5	6	7	8	9	10
日期	开盘价（美元）	最高价（美元）	最低价（美元）	收盘价（美元）	浮动轴线	相对开盘价（美元）	相对最高价（美元）	相对最低价（美元）	相对收盘价（美元）
990830	40.51	41.39	38.67	39.19	41.23	−0.72	0.16	−2.56	−2.04
990831	39.19	39.51	37.35	38.19	40.91	−1.72	−1.40	−3.56	−2.72
990901	38.43	40.59	38.43	40.43	40.59	−2.16	0.00	−2.16	−0.16
990902	40.35	40.35	39.43	40.19	39.98	0.37	0.37	−0.55	0.21
990903	40.71	41.67	40.71	41.27	39.81	0.90	1.86	0.90	1.46
990907	41.27	41.71	40.39	40.39	40.01	1.26	1.70	0.38	0.38
990908	40.19	40.19	38.63	39.19	40.21	−0.02	−0.02	−1.58	−1.02
990909	39.19	39.67	38.51	39.51	40.13	−0.94	−0.46	−1.62	−0.62
990910	39.51	40.27	38.71	38.75	40.05	−0.54	0.22	−1.34	−1.30
990913	38.75	39.43	38.23	38.27	39.57	−0.82	−0.14	−1.34	−1.30
990914	38.27	38.35	37.39	37.51	38.94	−0.67	−0.59	−1.55	−1.43
990915	37.51	38.35	36.79	37.51	38.57	−1.06	−0.22	−1.78	−1.06
990916	37.55	38.79	37.55	38.51	38.39	−0.84	0.40	−0.84	0.12
990917	38.51	38.67	37.79	38.59	38.13	0.38	0.54	−0.34	0.46
990920	38.59	39.27	38.19	38.23	38.11	0.48	1.16	−0.08	0.12
990921	38.23	38.59	37.27	37.51	38.13	0.10	0.46	−0.86	−0.62
990922	37.51	37.71	36.67	37.19	38.05	−0.54	−0.34	−1.38	−0.86
990923	37.19	37.35	35.35	35.47	37.69	−0.50	−0.34	−2.34	−2.22
990924	35.47	36.27	35.19	35.59	37.19	−1.72	−0.92	−2.00	−1.60
990927	35.67	36.75	35.67	36.59	36.68	−1.01	0.07	−1.01	−0.09
990928	36.81	37.41	34.93	36.89	36.33	0.48	1.08	−1.40	0.56
990929	36.89	37.97	36.57	36.73	36.35	0.54	1.62	0.22	0.38
990930	36.73	37.49	36.01	36.73	36.43	0.30	1.06	−0.42	0.30

相对价格高点由交易日内高点减去浮动轴线价位得到。对于1999年8月30日的数据，具体的计算如下：最高价＝41.39，浮动轴线＝41.23，相对最高价＝41.39－41.23＝0.16。如果你觉得有必要，请花些时间查阅表2-1，以便于你熟悉这种绝对价格到相对价格的转换。

图2-1中美国电话电报公司日线图各竹线的日期、开盘价、最高价、最低价及收盘价列在表2-1的前5列中。根据上一段中描述的转换公式，我们可以计算每根竹线的相对价格。把每日开盘价、最高价、最低价及收盘价代入公式，就能得出相对开盘价、相对最高价、相对最低价及相对收盘价。

既然我们知道了如何计算相对价格竹线的各个数据，那我们就可以看一个其他市场的相对价格图——大豆期货（图2-2）。虽然相对价格图没什么实际的用途，但是我们需要知道这个技术图表工具没有什么用途的具体原因。从这张大牛市走势图中我们可以看出，随着牛市向前发展，市场振荡性也逐渐加强。图2-2顶部展示的是大豆传统价格日线图，底部对应的是相对价格日线图。一旦根据传统价格日线计算出相对价格数据，我们就立即在传统价格日线下面绘制出相应的相对价格日线。因此，每根传统价格竹线刚好出现在与它对应的相对价格竹线的上方。像图2-1美国电话电报公司相对价格图一样，这个相对价格图以浮动轴线为基准反映了大豆市场的相对价格变动。当顶部的传统价格竹线偏离浮动轴线时，底部的相对价格竹线也偏离它的基准零线（直线化的浮动轴线）。

请注意在图2-2顶部的传统价格竹线图中代表浮动轴线的移动平均线就相当于底部相对价格图中直线化的零线。我们再次想象一下把顶部弯曲的移动平均线（浮动轴线）拉成直线的过程。就像以前描述的一样，这将把传统竹线图转换成相对价格竹线图。通过进一步观察大豆的相对价格竹线图，我们可以明显看出这种相对竹线图不能有效识别超买或超卖状态，因为当市场振荡加剧的时候，价格偏离零线（浮动轴线）的程度也在增加。请仔细观察图2-2，在图表右侧（6月到8月）大豆价格振荡加剧的时候，下面的相对价格竹线也更加偏离零线。请记住，这个相对价格图中的零线代表的是传统竹线图中的浮动轴线。很明显，这种相对价格图对不断变化的市场振荡烈度难以适应，不能及时调节，因此它不能有效确定大豆市场的估值。因为这种偏离零线的程度总是随着市场振荡烈度而变化，所以相对价格图对于确定任何市场的估值来说，没有什么实用价值。

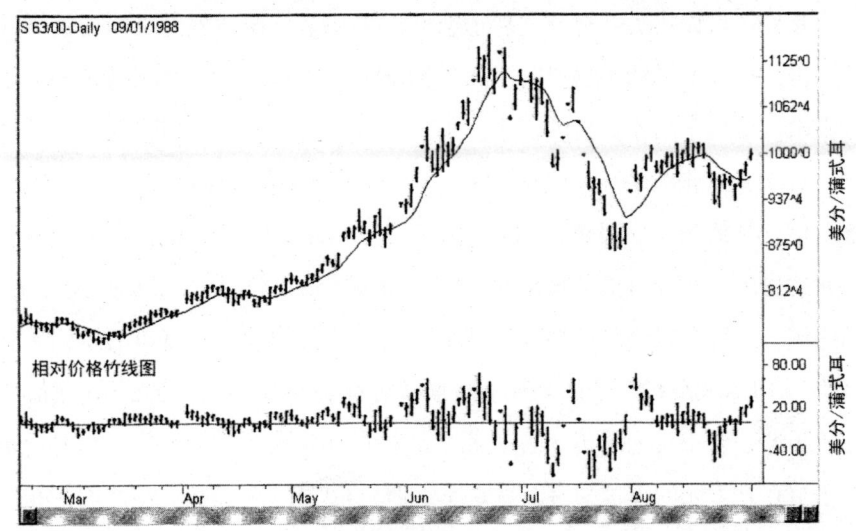

本图由欧米茄研究公司 TradeStation 2000i 软件制作

图 2-2 大豆日线价格图（顶部）和相对价格图（底部）

为了让相对价格图能够有效识别超买或超卖价位，就必须让它对于不断变化的市场振荡烈度具有自适应能力。这就需要按照市场振荡烈度来调整相对价格图，如图 2-2 所示。在这种需求的推动下，我们开发了动态振荡烈度单位，用它代替原来静态的价格单位。这种全新的动态振荡烈度单位是一种巨大的突破，我们用它来把相对价格图转换成一种全新的相对价格图。不论市场振荡烈度如何变化，这种图都能够有效确定超买或超卖价位。你或许已经猜到，这种全新的振荡烈度自适应的相对价格图就是我们所说的价值图。

市场振荡烈度可以定义为"某个市场可以变动的量度或预期"。较高的振荡烈度意味着更大的价格变动，反之，较低的振荡烈度意味着较小的价格变动。比如，我们假定微软公司股票上周价格变动区间是每股 4 美元，这周是每股8美元,那么我们就认为该股票市场的振荡烈度加大了。通常情况下,市场振荡烈度与当前绝对价格的大小是有关联的。一个股价在10美元左右的股票市场每周的振荡范围可能是1美元左右,而一个股价在100美元左右的股票市场每周的振荡范围则可能是10美元左右。

我们还可以用另一种方式展示绝对价格和市场振荡烈度之间的关联关系。当一个人准备购买房产时,通常情况下,买家对于自己感兴趣的房子会报出一个低于卖家报价的价格。买家报价一般会比卖家报价低一定的比例。对于卖家报价为10万美元的房子,买家可能会报出9.5万美元的价格,也就是低于卖家报价5%的比例。另一方面,对于卖家报价为100万美元的房子,买家可能会报出95万美元的价格,同样是低于卖家报价5%的比例。这种要求降价的幅度经常是与卖家报价的大小相适应的。如果对报价为10万美元的房子感兴趣的买家模仿对报价为100万美元的房子感兴趣的买家,要求卖家降价5万美元,那将是非常滑稽的。5万美元的折扣对于100万美元的报价来讲,就是5%的打折比例;但是5万美元的折扣对于10万美元的报价来讲,就是50%的打折比例。通过这个例子,我们很容易看出市场价格的振荡烈度与其绝对价格大小之间是有关联的。

价值图

当市场价格上升到较高的价位时,市场振荡烈度几乎都要增加。这种围绕市场公允价格的价格振荡烈度与市场绝对价格大小之间有一种强烈的关联倾向。基于这种观点,我们就有必要让相对价格图对于不断变化的振荡烈度具有一种自我调整或自适应能力。为了达到这种普通相对价格图不能满足的要求,以动态振荡烈度单位为调整因子的价值图应运而生。这种动态振荡烈度单位让价值图对于不断变化的市场振荡烈度具有了自适应能力。我们现在来看一下前面图2-1展示过的美国电话电报公司走势图,这一次我们用价值图取代相对价格图,如图2-3所示。

第二章 价值图

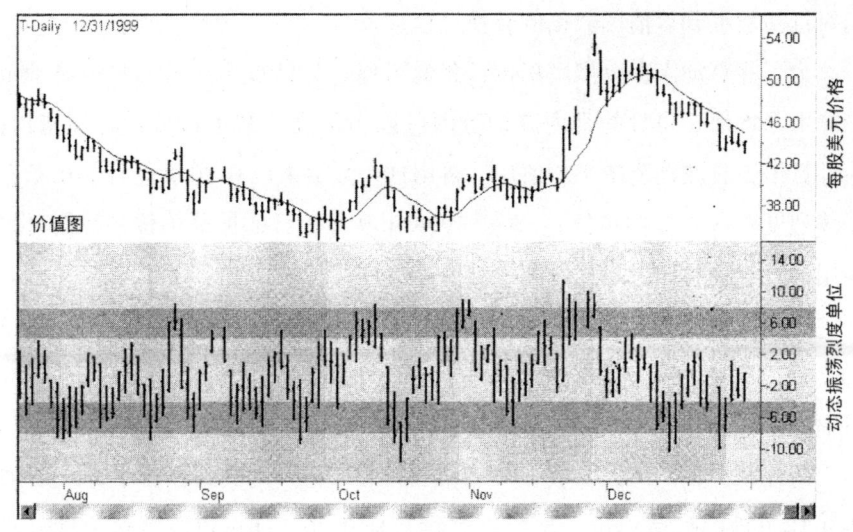

本图由欧米茄研究公司 TradeStation 2000i 软件制作

图 2-3　美国电话电报公司日线价格图（顶部）和价值图（底部）

图 2-3 底部的价值图在自我调整振荡烈度的基础上展示了美国电话电报公司日线价格的相对变化。我们知道，图 2-1 中相对价格图使用的单位是美元，而图 2-3 中的价值图却使用动态振荡烈度单位作为描述价格变动或价格偏离程度的单位。在图 2-3 中，你可以看到有 4 条水平线把价值图区域分成 5 个区域。我们用这几个不同的区域来区分不同程度的超买和超卖状态。比如，在中间 2 条水平线之间的区域（-4 和 +4）代表的就是公允价格区域。在本章后面和第三章，我们将详细介绍各个估值区域。

表 2-2 展示的是用来制作图 2-3 中的价值图的计算数据。我们除了使用与计算相对价格图数据相同的步骤外，还使用另外一个计算步骤，以便于让价值图适应不断变化的振荡烈度。像前面计算相对价格数据的步骤一样，相对价格竹线最高价是由日内最高价减去浮动轴线价位得到的。我们再用这个相对价格竹线最高价除以动态振荡烈度单位就得出相对应的价值图竹线最高价。使用 1999 年 8 月 30 日的价格数据做个例子，绝对价格最高价 = 41.39，浮动轴线价位 = 41.23，振荡烈度单位 = 0.42，我们把这些数据代入公式，相应的价值图竹线最高价 =（41.39-41.23）/0.42 = 0.38。如果你觉得有必要，你可以花些时间观察一下表 2-2，让自己熟悉这个从

相对价格数据到价值图数据的转换过程。

为了计算动态振荡烈度单位,我们可以首先计算出5日的日内波动范围算术平均值。每日的日内波动范围可以由最高价减去最低价计算得出。在计算出5日波动范围平均值后,再用这个数值乘以0.20就能计算出动态振荡烈度单位(振荡单位)。对于1999年9月3日的振荡单位,我们可以使用最近5日竹线的最高价和最低价进行计算。

振荡单位(1999年9月3日) = 〔(41.39-38.67)+(39.51-37.35)+(40.59-38.43)+(40.35-39.43)+(41.67-40.71)〕/5×0.2 = 0.357,即0.36(四舍五入)。

请注意,我们可以在表2-2的第五行和第七列的交叉栏目中查出1999年9月3日的振荡单位,这个单位确实是0.36。你可以重复这个计算过程,算出其他交易日的振荡单位。

表2-2 制作图2-3美国电话电报公司价值图的数据示范表

1	2	3	4	5	6	7	8	9	10	11
日期	开盘价	最高价(美元)	最低价(美元)	收盘价(美元)	浮动轴线	振荡单位	价值图开盘价(美元)	价值图最高价(美元)	价值图最低价(美元)	价值图收盘价(美元)
990830	40.51	41.39	38.67	39.19	41.23	0.42	-1.71	0.38	-6.08	-4.85
990831	39.19	39.51	37.35	38.19	40.91	0.46	-3.76	-3.06	-7.80	-5.96
990901	38.43	40.59	38.43	40.43	40.59	0.44	-4.92	-0.01	-4.92	-0.37
990902	40.35	40.35	39.43	40.19	39.98	0.44	0.85	0.85	-1.25	0.48
990903	40.71	41.67	40.71	41.27	39.81	0.36	2.52	5.21	2.52	4.09
990907	41.27	41.71	40.39	40.39	40.01	0.30	4.18	5.64	1.25	1.25
990908	40.19	40.19	38.63	39.19	40.21	0.28	-0.07	-0.07	-5.71	-3.68
990909	39.19	39.67	38.51	39.51	40.13	0.24	-3.95	-1.93	-6.82	-2.60
990910	39.51	40.27	38.71	38.75	40.05	0.26	-2.04	0.85	-5.09	-4.94
990913	38.75	39.43	38.23	38.27	39.57	0.27	-3.03	-0.53	-4.94	-4.79
990914	38.27	38.35	37.39	37.51	38.94	0.26	-2.59	-2.28	-6.01	-5.54
990915	37.51	35.35	36.79	37.51	38.57	0.26	-4.11	-0.85	-6.91	-4.11
990916	37.55	38.79	37.55	38.51	38.39	0.26	-3.21	1.55	-3.21	0.48
990917	38.51	38.67	37.79	38.59	38.13	0.23	1.61	2.29	-1.47	1.95

续表

990920	38.59	39.27	38.19	38.23	38.11	0.23	2.08	5.05	0.33	0.51
990921	38.23	38.59	37.27	37.51	38.13	0.24	0.43	1.91	-3.52	-2.53
990922	37.51	37.71	36.67	37.19	38.05	0.22	-2.43	-1.53	-6.21	-3.87
990923	37.19	37.35	35.35	35.47	37.69	0.25	-1.96	-1.33	-9.24	-8.77
990924	35.47	36.27	35.19	35.59	37.19	0.26	-6.58	-3.51	-7.65	-6.12
990927	35.67	36.75	35.67	36.59	36.68	0.26	-3.88	0.26	-3.88	-0.35
990928	36.81	37.41	34.93	36.89	36.33	0.31	1.56	3.52	-4.56	1.82
990929	36.89	37.97	36.57	36.73	36.35	0.32	1.69	5.05	0.70	1.10
990930	36.73	37.49	36.01	36.73	36.43	0.30	1.01	3.54	-1.38	1.01

表 2-2 中，前 5 列数据是美国电话电报公司日线价格竹线的日期、开盘价、最高价、最低价和收盘价。根据浮动轴线价位数据计算公式，我们可以计算出浮动轴线价位数据，如表中第六列所示。第七列数据是我们根据振荡单位计算公式计算出的动态振荡烈度单位。我们使用振荡单位来调整价值图，以便于价值图能够适应不断变化的振荡烈度。

既然我们已经了解价值图是如何制作出来的，那我们就可以根据图 2-4 这个大豆牛市走势图来观察价值图的有效性。与相对价格图不同的是，价值图是在自我调整振荡烈度的基础上来展示相对价位的。

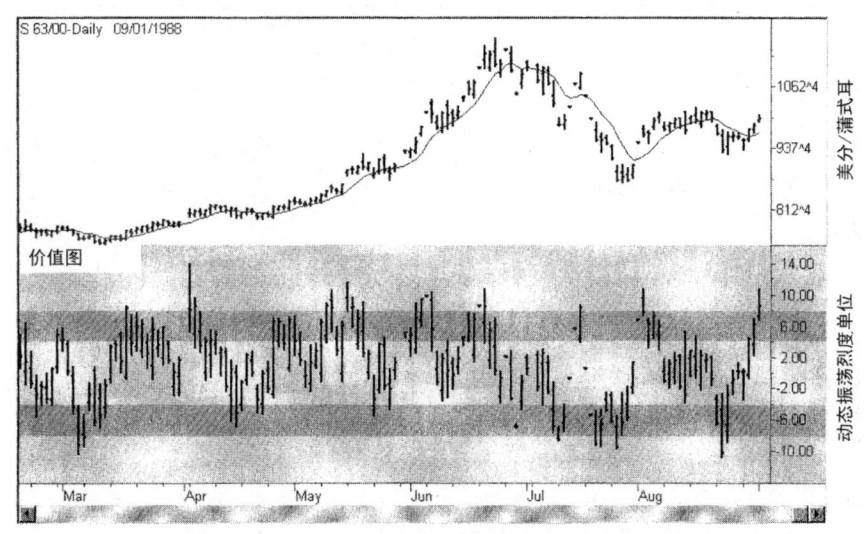

本图由欧米茄研究公司 TradeStation 2000i 软件制作

图 2-4 大豆日线价格图和价值图

在图 2-4 中你可以看到,这个大豆日线价值图与图 2-2 中的相对价格图有很大区别,最重要的是这个价值图有效地适应了大豆牛市趋势中各种不同的振荡烈度。当市场到达较高的价位,市场经常会出现振荡加剧的现象。而且对于每个能够自由流动的市场,其振荡烈度也一直倾向于随着时间与价格的变化而变化。价值图能够有效适应任何自由流动市场的各种振荡烈度。这使得价值图能够有效确定各种不同级别的超买和超卖程度。换句话说,随着振荡烈度的不断变化,对于某一级别的超卖或超买程度,价值图中偏离零线的偏差值在理论上都将是一样的。正因为如此,价值图才不仅能够有效确定大豆市场牛市初期 1988 年 3 月份振荡烈度相对较低时的超买和超卖程度,而且也能够有效确定 1988 年 8 月份振荡烈度严重超高时的超买和超卖程度。

现在我们可以进一步探讨如何使用价值图来研究分析市场。价值图通常直接放在与其对应的传统价格图下面,也可以在没有传统价格图的情况下独自显示在屏幕上。

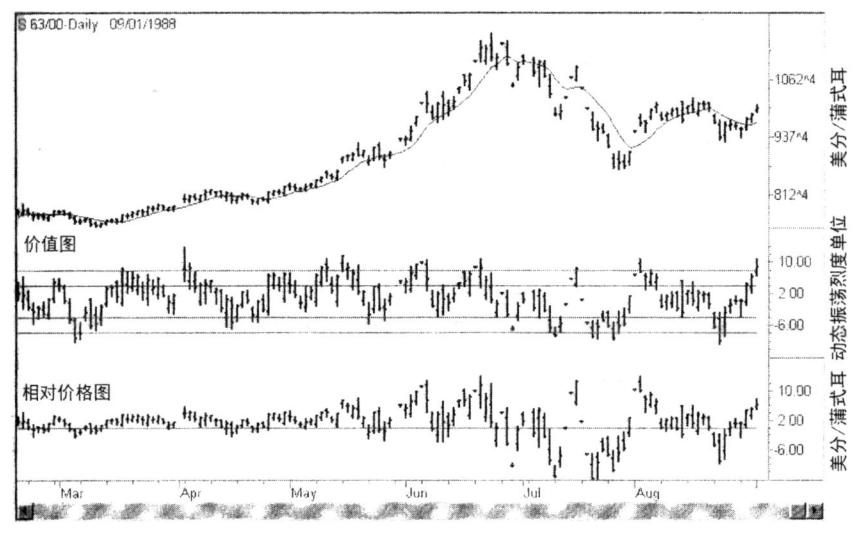

本图由欧米茄研究公司 TradeStation 2000i 软件制作

图 2-5　大豆竹线图(顶部)、价值图(中部)和相对价格图(底部)

图 2-5 展示了 1988 年大豆市场牛市趋势的传统价格图、价值图和相对价格图。在 2 月份到 3 月份期间内，相对价格图最高向上偏离零线 17 美分，到达+17 美分的位置；最低向下偏离零线 17 美分，到达-17 美分的位置。在 7 月份市场振荡最为剧烈的时候，相对价格图最高向上偏离零线 66 美分，到达+66 美分的位置；最低向下偏离零线 77 美分，到达了-77 美分的位置。这就说明，在从牛市初期到牛市顶点大豆市场振荡烈度大幅提高的过程中，大豆相对价格图的上偏差指标值上涨了 390%，下偏差指标值上涨了 450%。

另一方面，在 2 月份到 3 月份期间内，价值图最高向上偏离零线 9.7 动态振荡烈度单位，到达+9.7 动态振荡烈度单位的位置；最低向下偏离零线 10.2 动态振荡烈度单位，到达-10.2 动态振荡烈度单位的位置。在 7 月份市场振荡最为剧烈的时候，价值图最高向上偏离零线 10.7 动态振荡烈度单位，到达+10.7 动态振荡烈度单位的位置；最低向下偏离零线 9.52 动态振荡烈度单位，到达了-9.52 动态振荡烈度单位的位置。这就说明，在从牛市初期到牛市顶点大豆市场振荡烈度大幅提高的过程中，价值图非常成功地适应了剧烈变化的振荡烈度。

价值图对于不断变化的振荡烈度能够自动调整的能力让我们可以忽略振荡烈度随时变化的影响，直接确定超买和超卖程度。既然我们已经看到价值图能够适应简单牛市趋势下不断加剧的市场振荡烈度，那我们可以继续测试它能否适应近 20 年振荡烈度稳步提高的标准普尔 500 股指期货市场。标准普尔 500 股指期货市场经历了一个持续 20 年左右的大牛市，指数增长超过 400%，市场振荡烈度和价格波动性也巨幅提高，这为价值图和价格波动概率分布图提供了一个理想的测试场所。在本书后面章节，我们将介绍价格波动概率分布图，它对于价值图是一个强有力的补充工具。

图 2-6 展示的是 20 世纪 80 年代早期标准普尔 500 股指期货市场走势，这时指数点位在 500 点左右。另一方面，图 2-7 展示的是 20 世纪 90 年代末期标准普尔 500 股指期货市场走势，这时指数点位在 1400 点左右。

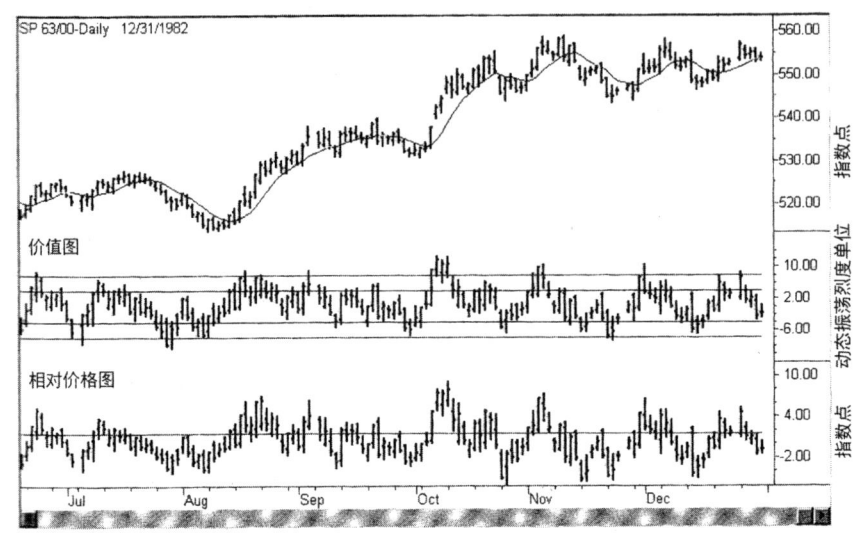

本图由欧米茄研究公司 TradeStation 2000i 软件制作

图 2-6　1982 年标准普尔 500 竹线图（顶部）、价值图（中部）和相对价格图（底部）

图 2-6 中，1982 年标准普尔 500 股指期货相对价格图向上偏差最高到+9.0，向下偏差最低到-6.1。但是，17 年后，在 1999 年标准普尔 500 股指期货市场到达更高的点位，市场振荡烈度也更加剧烈的时候，如图 2-7 所示，标准普尔 500 股指期货市场相对价格图向上偏差最高到+59.9，向下偏差最低到-54.0。本例中，标准普尔 500 经历了差不多 20 年的发展历程，市场振荡烈度也随之逐步加剧。另一方面，在图 2-6 中，我们也可以看到价值图向上偏差最高到+12.5，向下偏差最低到-10.3。而在 1999 年（图 2-7），价值图向上偏差最高到+11.0，向下偏差最低到-11.0。这充分说明，价值图成功地适应了标准普尔 500 股指期货市场缓慢加剧的振荡烈度。

难以置信的是，图 2-5 与图 2-6 和图 2-7 中的价值图具有同样的振荡烈度数值范围。价值图能够适应不断变化的市场振荡烈度，也能够适应世界各地自由流动的市场。

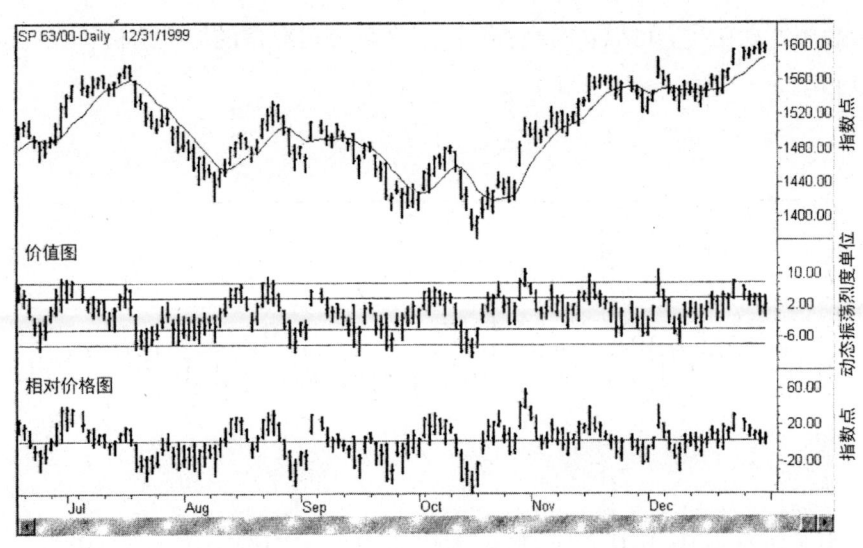

本图由欧米茄研究公司 TradeStation 2000i 软件制作

图 2-7　1999 年标准普尔 500 竹线图（顶部）、价值图（中部）和相对价格图（底部）

在本书后面章节中你将会看到，价值图的强力适应性是非常有意义的，你可以利用它来制定交易系统，在合适的价值图指标值处进行出入场交易。因为价值图在每一个市场都用同样的指标值表示同样的超卖或超买程度，不需要再根据各个具体的市场对这个指标进行调整。

如何解读价值图

我们知道，价值图能够在不同振荡烈度市场环境下有效标准化那些偏离公允价格的各种偏差，这使得价值图能够确定市场估值。这也意味着，在一种振荡烈度的市场条件下，价值图中+4 振荡单位代表的超买程度应当与另一种完全不同振荡烈度条件下+4 振荡单位代表的超买程度基本上相同。当我们查看价值图时，应该知道指标值越接近零，当前市场价格就越接近公允价格。另一方面,指标值偏离零线越远,当前市场价格就越超卖或超买。现在我们可以花时间查看一下惠普公司股票的传统价格竹线图及其相应的价值图,如图 2-8 所示。

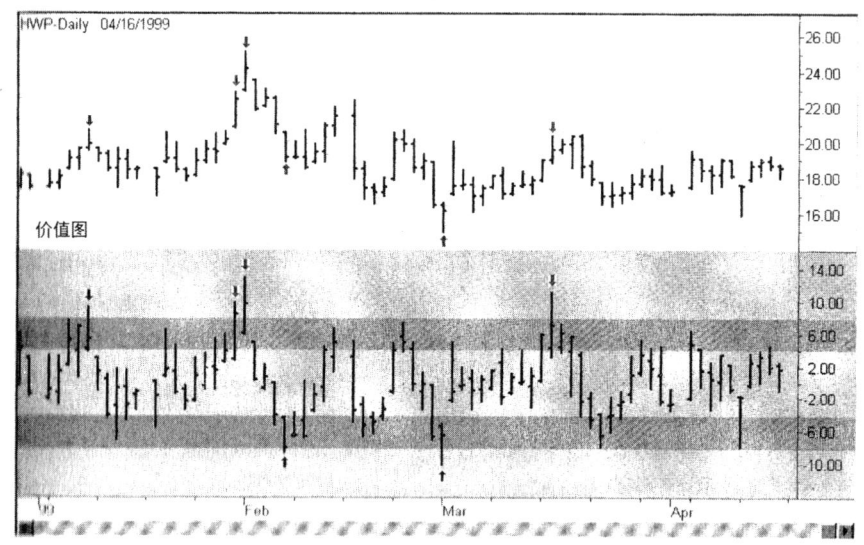

本图由欧米茄研究公司 TradeStation 2000i 软件制作

图 2-8 惠普公司日线价格图 (顶部) 和价值图 (底部)

因为市场更倾向于处在来回振荡的行情,而不是趋势行情,所以我们有必要根据价值图来确定最佳的出入场点。你可以看到,图 2-8 中价值图上很多向下箭头(严重超买点)和向上箭头(严重超卖点)代表的都是惠普公司股票短期的价格高点和低点。价值图不仅能够有效识别出现极端价格的竹线,而且也能够有效确定极端价格竹线中出现严重超买或严重超卖价位的区间。这种能够确定价格竹线中哪一部分出现严重超卖或超买的能力是价值图最重要的特色之一,如图 2-9 所示。

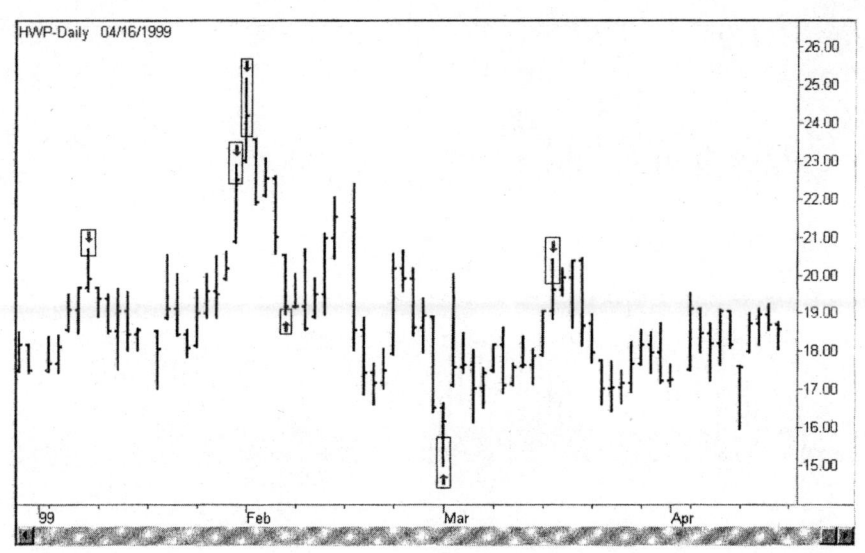

本图由欧米茄研究公司 TradeStation 2000i 软件制作

图 2-9　价值图识别出的极端价位

价值图中高于+8 指标值和低于-8 指标值的状态分别代表极端高估（严重超买）价位和极端低估（严重超卖）价位。通过进一步观察图 2-8 和图 2-9，你将会发现一个尚未成熟的超买信号出现在 1 月下旬。图 2-10 标出了这个价格点。

虽然图 2-10 中向下箭头标识的这根价格竹线不是短期市场的最终高点，但它仍然是一个相当不错的卖出点位。在本书后面章节中，我们将会学习一些实用的技巧，我们可以使用它们帮助我们在应用价值图时提高胜算。当分析图 2-8 和 2-10 中的价值图时，比较重要的一点是要记住中间 2 根水平线之间的区域代表的是公允价格区域。我们将在第三章价格波动概率分布图中，学习如何确定公允价格区域、超卖和超买区域。

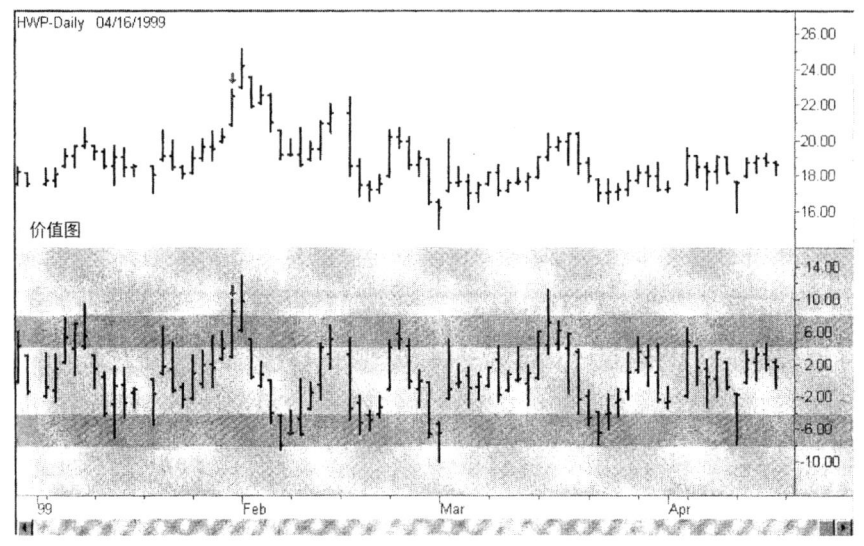

本图由欧米茄研究公司 TradeStation 2000i 软件制作

图 2-10　价值图识别出的尚未成熟的超买信号

既然我们已经了解价值图是如何开发的,那我们就可以花时间学习如何解读它们了。现在我们来重点探讨一下价值图最基本的应用。请看图2-11。

图 2-11 是一个展示价值图的基本屏幕设置。传统价格竹线图直接安排在与其对应的价值图上面。这种设置以两种最主要的方式同时展示市场价格波动,传统价格图展示的是价格的绝对变动,价值图展示的是价格的相对变动。每一种图表方式分别提供一种不同种类的市场信息,它们也可以根据需要单独显示。

第二章 价值图

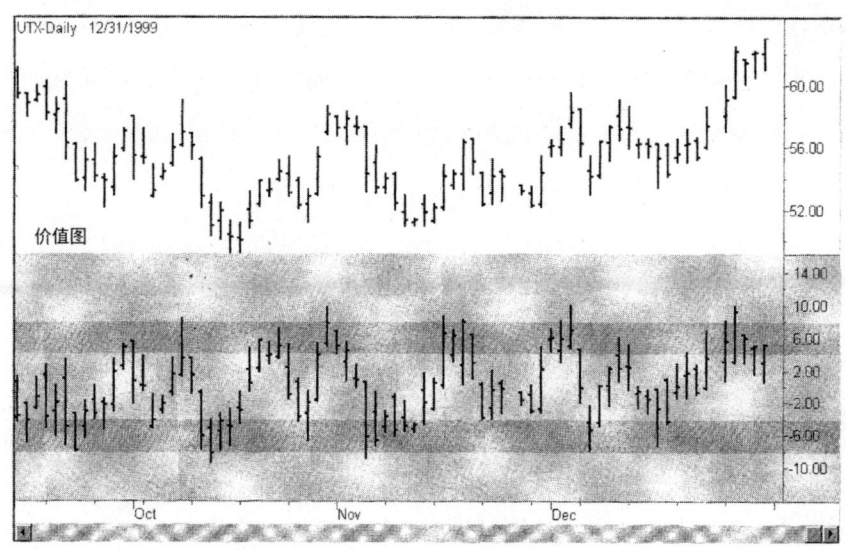

本图由欧米茄研究公司 TradeStation 2000i 软件制作

图 2-11 联合技术公司竹线图（顶部）和价值图（底部）

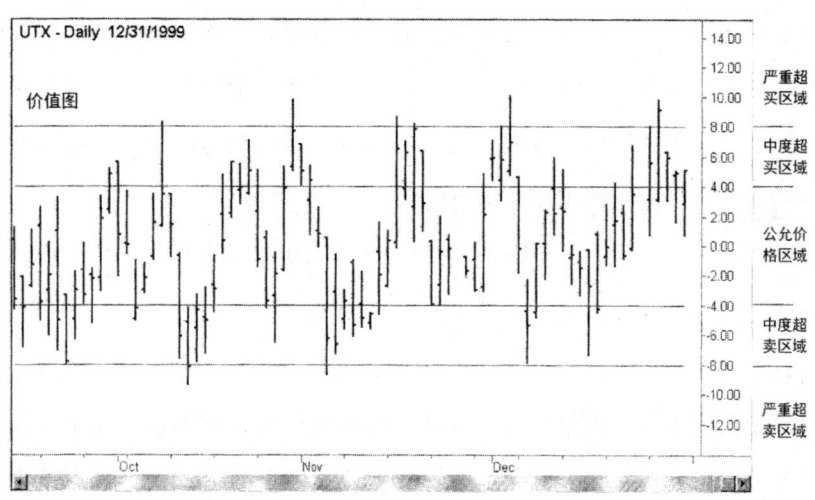

本图由欧米茄研究公司 TradeStation 2000i 软件制作

图 2-12 联合技术公司价值图

我们现在可以看一下图 2-12 中单独展示的价值图。价值图包括 5 个基本估值区域，分别是严重超买区域、中度超买区域、公允价格区域、中度超卖区域和严重超卖区域。第三章将介绍如何确定这些估值区域的方法。我们现在可以花时间看看图 2-12 中标识的 5 个估值区域。这个价值图与图 2-11 中展示的联合技术公司价值图是一样的。

就图 2-12 中的价值图而言，位于+4 到-4 指标值的区域被定义为公允价格区域。这个区域应当包括大多数交易活动。位于-8 到-4 和+4 到+8 指标值的区域分别是中度超卖区域和中度超买区域。最后，低于-8 的区域属于严重超卖区域，高于+8 的区域属于严重超买区域。因此，价值图上收盘价为+6.34 振荡单位的市场价格属于中度超买价位；价值图上日内最低价为-9.2 振荡单位的市场价格属于严重超卖价位；价值图上开盘价为 2.2 的市场价格属于公允价格价位。

观察图 2-11 中的价值图我们还可以发现，传统价格竹线图上出现短期市场价格高低点的时候，对应价值图竹线也会相应地出现在严重超买或严重超卖区域。联合技术公司价值图能够在日内确定短期价格高低点，而不是在盘后才确定。具有这样一个能够确定短期市场高低点的工具是非常有价值的。交易常识告诉我们，至少不应该在市场到达严重超卖区域时卖出，或者在市场到达严重超买区域时买入。

图 2-13 中，我们用一个向下箭头标识了 1999 年 10 月 29 日联合技术公司的股票价格竹线，请看一下价值图上这根竹线的上半部分。很明显，这根竹线的上半部分位于+8 指标值上方，进入价值图的严重超买区域。有一些不幸运的多方在这里买入，也有一些有远见的空方在这里卖出。如果这些做多交易者知道他们买入的联合技术公司的股票价格正处于严重高估或超买的状态，那么他们就不会买入，而是会继续等待更低的价位。要是这样的话，在接下来的几个交易日他们每股就能省下 8 美元。

第二章 价值图

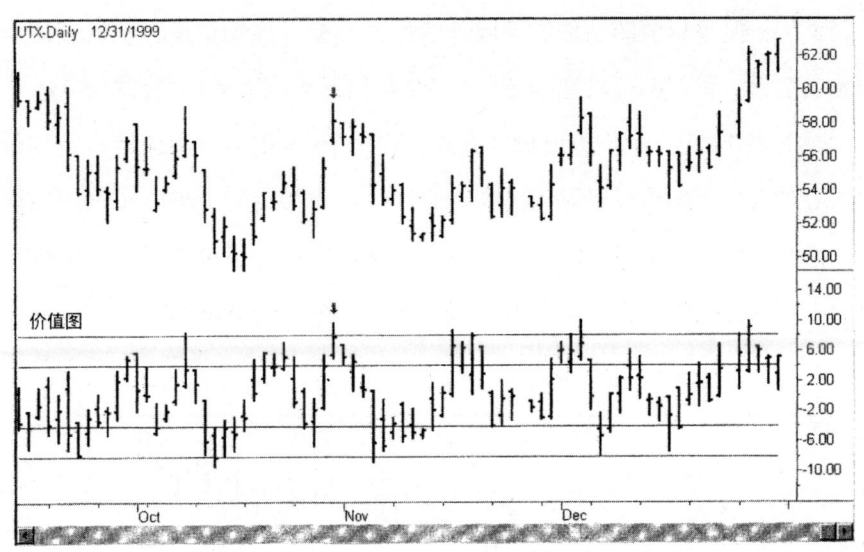

本图由欧米茄研究公司 TradeStation 2000i 软件制作

图 2-13 联合技术公司价格竹线图（顶部）和价值图（底部）

　　有一点很重要，那就是短期（日线）价值图并不能确定市场的长期方向。但是它们在确定短期出入场价位时是非常有价值的。在 10 月到 12 月这 3 个月期间，联合技术公司股票价格的振荡范围达到股价的 15%。因为大多数市场都会出现这种大幅振荡，所以在一个比较有利的价位进行进出场交易是比较重要的。那些不幸运的多方在图 2-13 标出的严重超买价位处买入股票，结果在接下来的 9 个交易日内，就产生了超过 11% 的亏损。其原因就在于他们买入股票的价位属于严重超买状态的价格。

　　价值图让我们知道了任何自由流动市场的估值水平。它们在分析股票、债券、外汇和期货市场时是非常有用的。芝加哥交易所的美国国债期货市场是可以应用价值图进行估值分析的另一个例子。在这个 10 年期美国国债市场上，市场价格每变动一点对于 1 手合约而言就意味着 1000 美元。然而，在美国股票市场上，市场价格每变动一点对于 1 股股票而言仅意味着 1 美元。尽管市场价格每变动一点对于不同的市场可能代表着不一样的美元金额，但是价值图的估值区域仍然保持不变。换句话说，从微软股票到大豆期货，我们都可以把-4到+4的指标值区域定义为公允价格区域。

在图2-14中，我们可以再次看到，这个10年期美国国债期货市场价值图上进入严重超买或严重超卖区域的竹线经常与传统价格图中出现短期价格高低点的竹线出现在同一天。这个案例再次证明了价值图是一个强有力的工具，它提供了交易这个10年期国债市场的进出场价位。

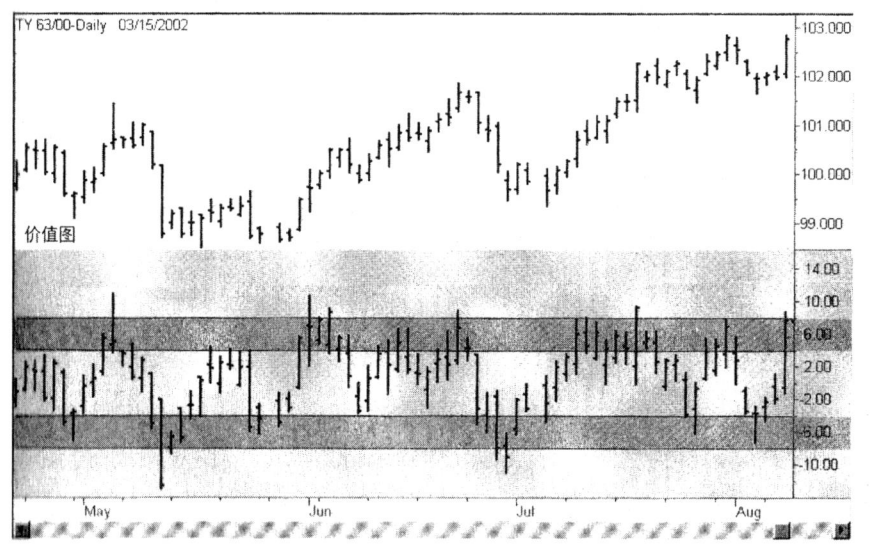

本图由欧米茄研究公司 TradeStation 2000i 软件制作

图2-14　美国国债期货价格竹线图（顶部）和价值图（底部）

虽然价值图是一个可以独立使用的非常有价值的交易分析工具，但是价格波动概率分布图却对它起着强有力的补充作用。就像价值图在确定市场估值方面是一个非常有用的工具一样，价格波动概率分布图可以让交易者确定市场价格具体的超卖或超买程度。我们在第三章着重探讨价格波动概率分布图的开发和应用。本章谈到了价值图的最基本应用，别的章节将更加深入地研讨价值图的应用。

第二章 价值图

　　价值图是专门用来确定市场估值的分析工具。它所具有的识别短期超卖价位的能力让我们能够确定最佳买入机会。价值图是非常有力的市场分析工具，每个交易者都应该拥有这样的工具。在下面第三章，我们观察一下如何使用价格波动概率分布图来强化价值图的功能。

第三章 价格波动概率分布图

在前一章,我们看到价值图在确定市场估值方面是一个强有力的分析工具。价值图不仅能够适应不同级别的市场振荡烈度,而且也能够适应各种各样的市场。这种能力使它成为每个交易者都应该必备的分析工具。虽然它可以单独使用,但是为了提高交易效果,我们可以用价格波动概率分布图来强化它的功能。我们所讲的**价格波动概率分布图**就是价值图历史数据汇总图,它可以确定价值图竹线出现在某一给定价值图估值区域的概率。

创建价格波动概率分布图

价格波动概率分布图反映的是价值图竹线数据的分布情况。在创建价格波动概率分布图时,我们可以把价值图中的竹线压缩堆在一侧,最好堆在价值图的左侧。下面的几幅图逐步展示了价格波动概率分布图的创建过程。请忽略竹线的粗细,着重理解它们是如何堆砌在价值图左侧的。

图 3-1a 是一个包含 1 根价值图竹线的价格波动概率分布图。当大量的价值图竹线堆积在一起时,它们就会形成一个钟形波动概率分布图。请观察一下图 3-1b、图 3-1c 和图 3-1d,它们分别增加了第二根、第三根和第四根竹线。到图 3-1d 时,你可以注意一下随着竹线的不断堆积,价格波动概率分布图的外形是如何改变的。

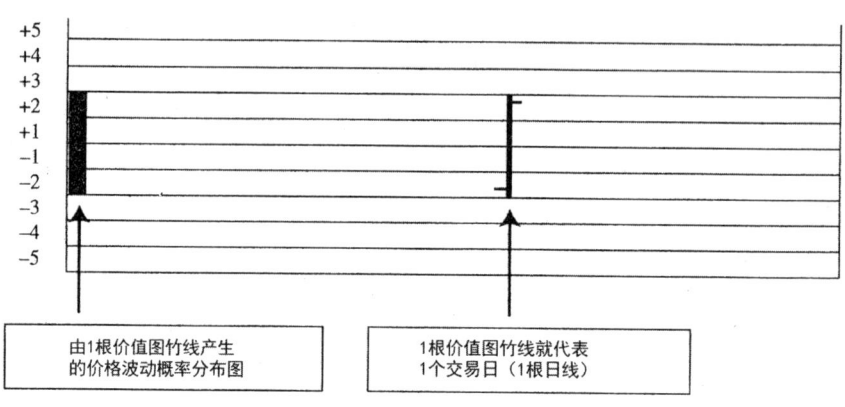

图 3-1a 创建价格波动概率分布图

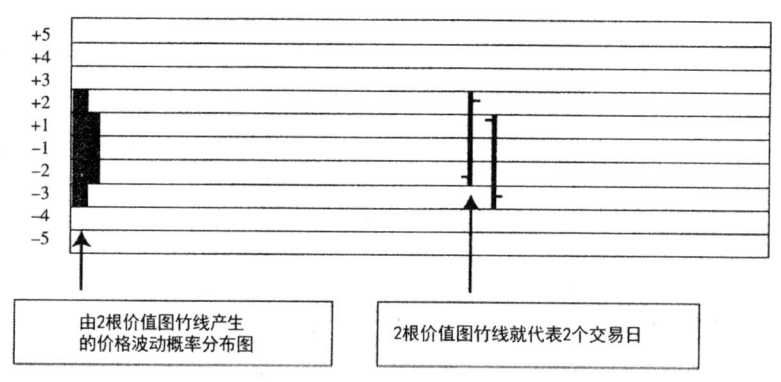

图 3-1b 创建价格波动概率分布图

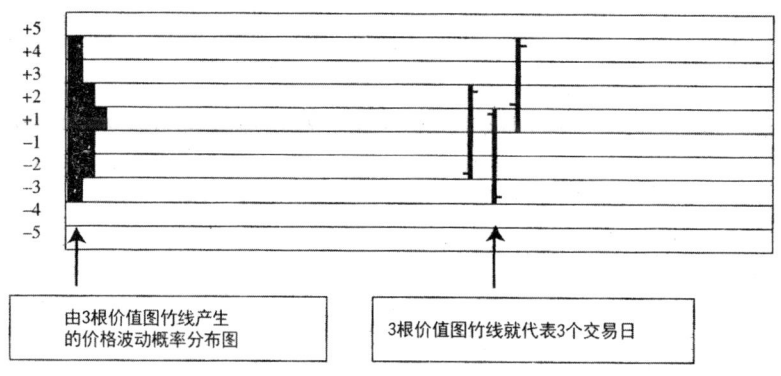

图 3-1c 创建价格波动概率分布图

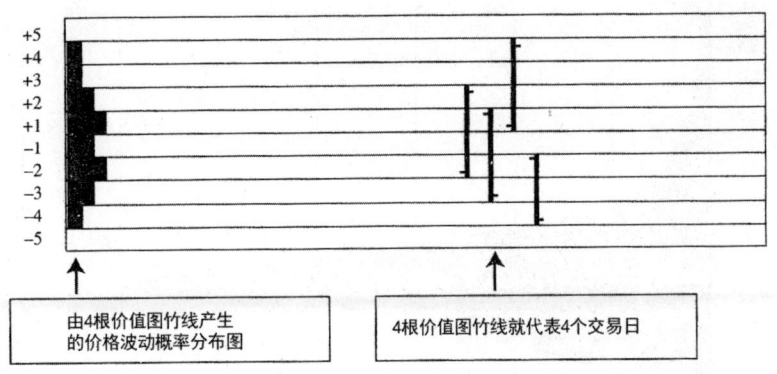

图 3-1d 创建价格波动概率分布图

要理解价格波动概率分布图是如何产生的一点也不难。当你查看图 3-1d 时,你可以计算一下每一个价值图指标值区间出现的竹线根数。比如,前 3 根价值图竹线都包括(0 到)+1 指标值区间,价格波动概率分布图就在+1 指标值区间出现了三层。随着价值图竹线的不断增加,价格波动概率分布图也不断地把新的价值图竹线堆积到左侧,最终形成一个钟形曲线。比较重要的一点是要理解价格波动概率分布图反映的是价值图竹线出现在每一个指标值区间的概率。

价格波动概率分布图确认价值图有效性

从图 2-2 中我们可以看出相对价格图就是价值图的雏形。价格波动概率分布图从统计学上有力地证明了价值图是一种有效的、实用的市场分析工具,也证明了相对价格图并没有什么实际应用价值。在下面几页中,我们将向你展示图 2-2 中相对价格图的价格波动概率分布图和图 2-4 中价值图的价格波动概率分布图。

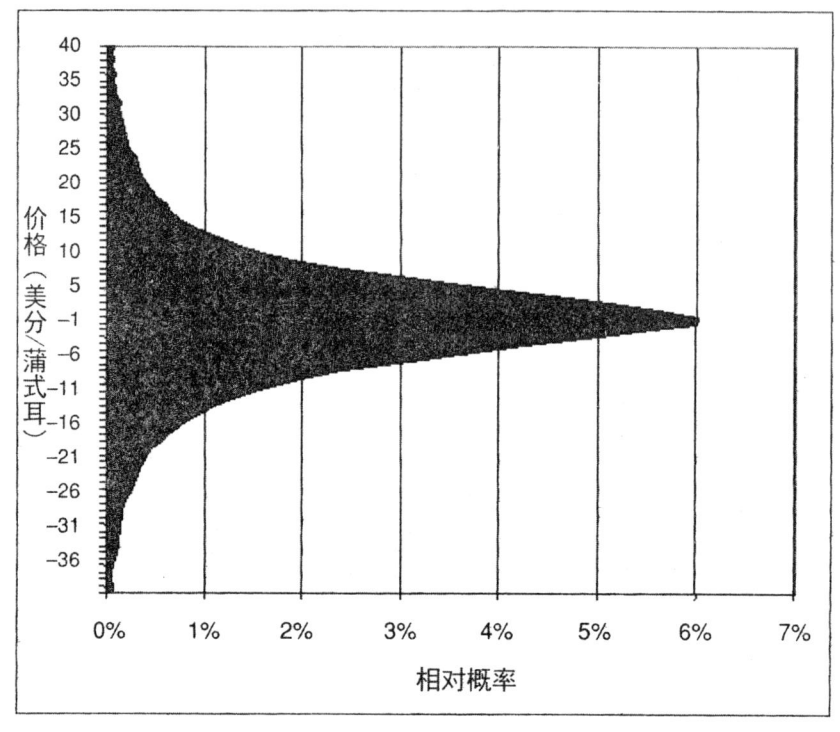

图3-2 大豆日线相对价格图的价格波动概率分布图

相对价格图要想在识别超买或超卖价位时发挥作用,它就必须具备适应各种振荡烈度的能力。图3-2展示的价格波动概率分布图就是根据图3-3中大豆相对价格图制作而成的,由于它的外形是一种尖刺状的外形,所以这种图形并没有什么统计学上的意义。形成这种尖刺状外形的原因是相对价格图的相对价格总是随着价格振荡而振荡。在相对价格图上,区分不同超卖或超买程度的基准价位线总是在不断变化之中。因为历史振荡烈度总是在不停变化而且很可能与当前市场振荡烈度不同,所以历史相对价格变动数据并没有什么实际价值。在需要确定各种级别超买和超卖程度的时候,我们需要在同样的基础上进行比较,相对价格图就是做不到这一点。

第三章　价格波动概率分布图

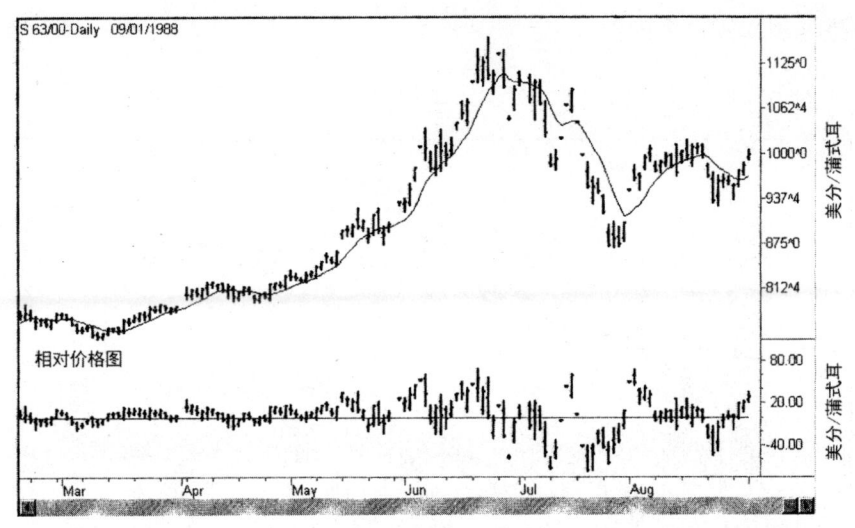

本图由欧米茄研究公司 TradeStation 2000i 软件制作

图 3-3　大豆传统日线价格图和相对价格图

　　现在我们需要根据图 3-4 中展示的价值图制作一张价格波动概率分布图。为了展示方便，图 3-4 仅包括 9 个月的数据。数据越多，制作出的价格波动概率分布图越有统计学上的意义，对我们越有用。再次说明，制作价格波动概率分布图就是把所有价值图竹线简单地堆砌在屏幕左侧。本例中，在制作图 3-5 展示的钟形价格波动概率分布图时，我们使用了差不多 30 年的数据。前一张分布图是根据相对价格图制作的，由于不具备振荡烈度自适应能力而没什么统计学上的意义。但是，你可以观察一下这张我们命名为价格波动概率分布图的图，它是由价值图竹线数据组成的，其外形就像一个大钟，这种形状在统计学上是一种正常有效的行为分布图，其意义非常重大。通过分析这种历史价值图数据形成的分布图，我们能够相当精准地预测未来的价值图变动行为。换言之，我们可以提前认为将来的价格波动概率分布图应该与以前的一样，这是因为价值图能够有效适应不断变化的市场振荡烈度。在接下来的几页中，我们将进一步探讨这个问题。

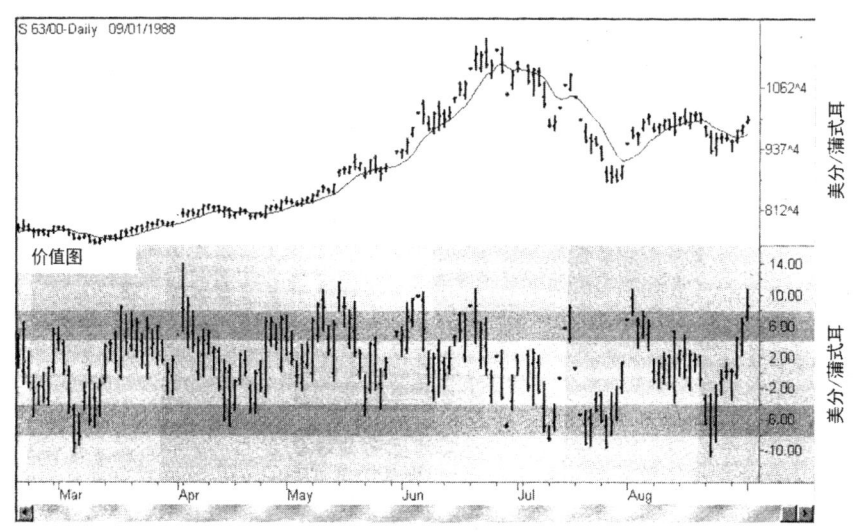

本图由欧米茄研究公司 TradeStation 2000i 软件制作

图 3-4　大豆传统日线价格图和价值图

从图 3-5 中你可以看到，价格波动概率分布图像一个大钟的外形曲线，而图 3-3 中不具备振荡烈度自适应能力的相对价格图制作的分布图就像一个尖刺。因为图 3-5 中的价格波动概率分布图与一个普通的钟形曲线非常相似，所以我们可以根据统计学原理推测大豆市场的未来价格行为。我们都知道，能够预测市场的未来行为对我们获得交易成功是非常有利的。

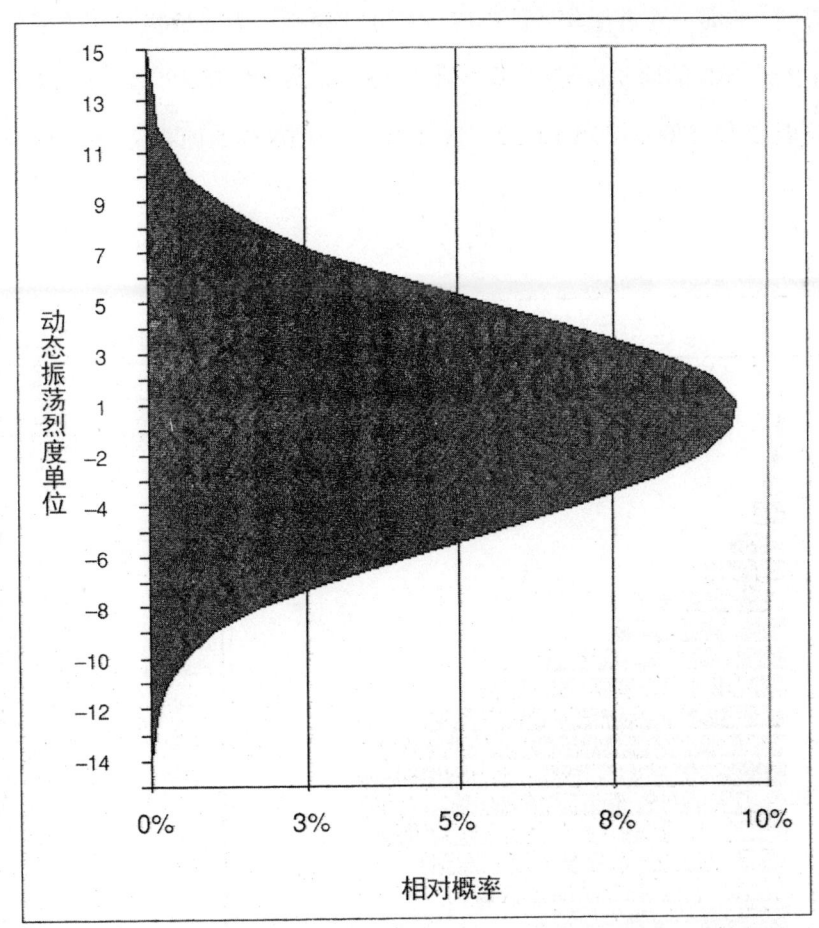

图 3-5　根据大豆日线价值图制作的价格波动概率分布图

通过进一步分析图 3-5 中的价格波动概率分布图,我们可以量化大豆价值图指标出现在每一个指标值区间的概率。图 3-6 展示的是这种分析的结果。

当分析图 3-6 的时候,有一点是比较重要的,那就是对于标准的钟形曲线图来说,±1 标准偏差区域内应该包括 68% 左右的分布图面积,±2 标准偏差区域内应该包括 95% 左右的分布图面积,±3 标准偏差区域内应该包括几乎所有的分布图面积（见图 3-7）。这个经验法则是一个公认的统计学惯例，也是一个在工作实践中应该遵守的原则。大豆价格波动概率分布图中大约 70% 的面积位于 ±1 标准偏差（$S=4.26$）区域内，大约 96% 的面积位于 ±2 标准偏差（$2S=8.52$）区域内，大约 100% 的面积位于 ±3 标准偏差（$3S=12.78$）区域内。

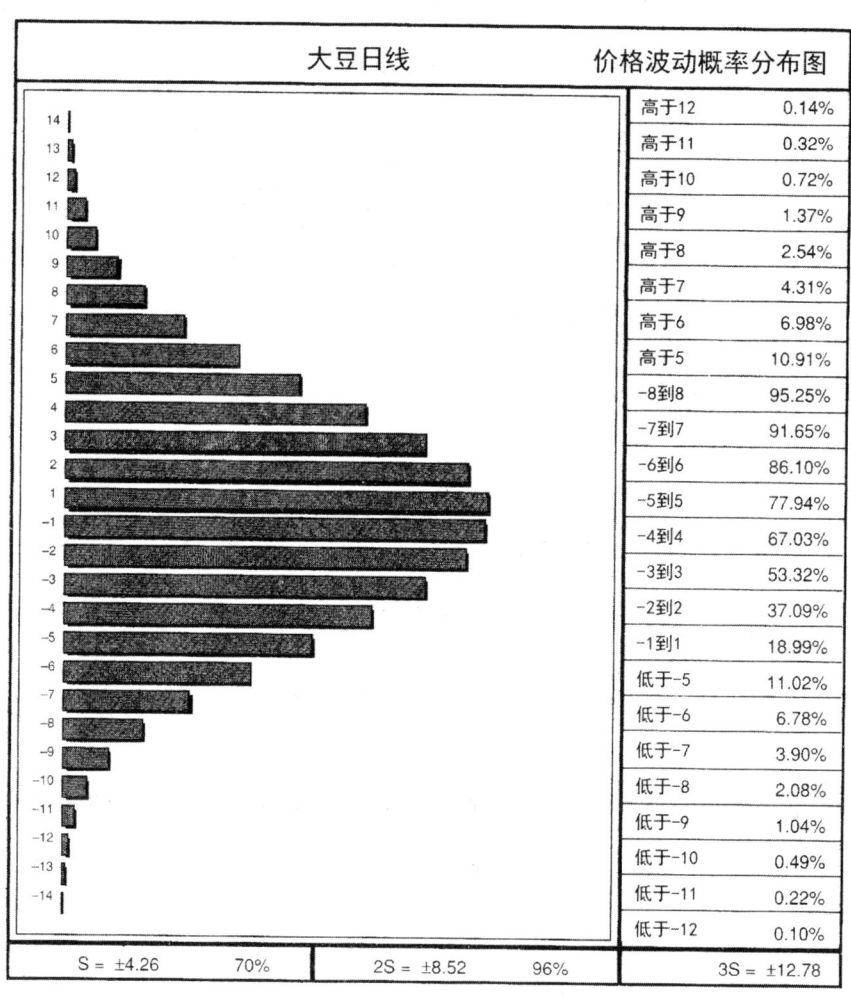

图 3-6　根据大豆日线价值图制作的价格波动概率分布图

因为这个经验法则充分考虑了在日常工作生活中碰到的各种钟形分布图，所以钟形曲线图的具体形状并不重要。你可以从图3-7中看到，在钟形分布图中心线附近的相对概率最大，越往两边去，相对概率越小。因为对于大多数价格波动概率分布图而言，±4价值图指标区间与±1标准偏差区域非常相似，±8价值图指标区间与±2标准偏差区域非常相似，所以为了方便起见，我们主要使用这些价值图指标区间取代标准偏差区域。

当我们再仔细观察图3-6时，我们可以从这个价格波动概率分布图上观察到有关大豆价值图的很多有用信息。比如，我们可以从价格波动概率分布图右侧的栏目内看到：价值图指标到达+12振荡单位以上的概率只有0.14%（见图3-8）。

我们可以看到大豆价值图指标出现在±2指标值区间内的概率是37.09%（见图3-9）。我们还可以看到价值图指标低于-8振荡单位的概率只有2.08%（见图3-10）。

在本书的剩余章节中，我们在价值图中使用位于±4和±8振荡单位的4条水平线。这主要是因为它们大致代表±1和±2标准偏差区域。

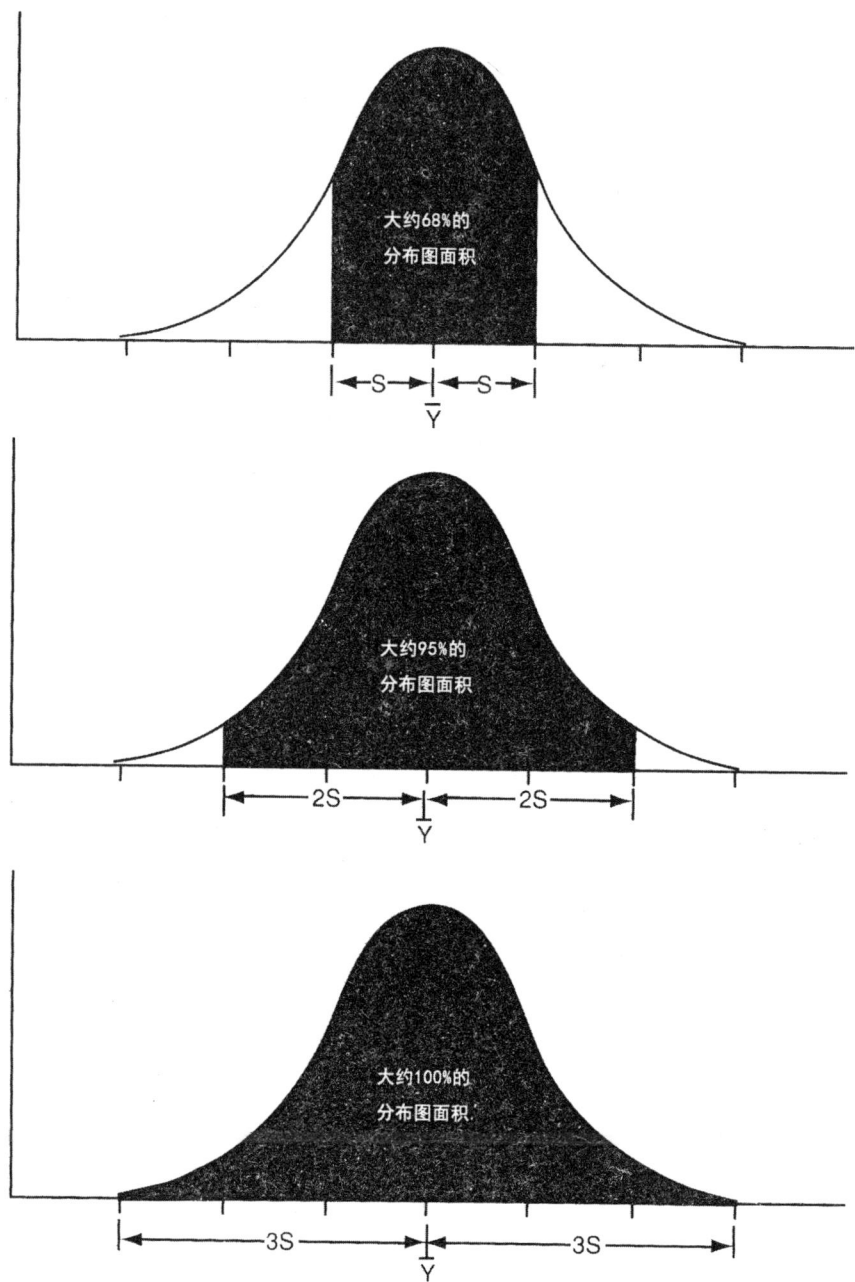

图 3-7 描述标准钟形曲线图的经验法则

第三章　价格波动概率分布图

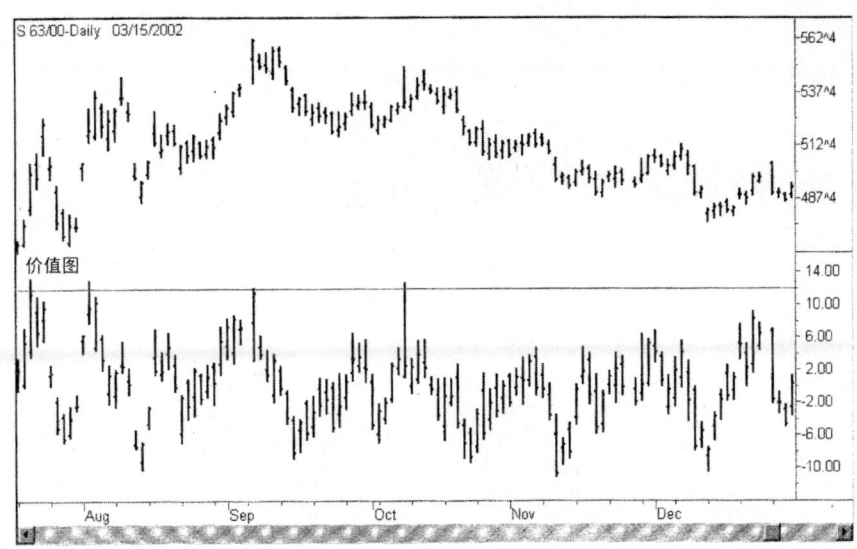

本图由欧米茄研究公司 TradeStation 2000i 软件制作

图 3-8　大豆日线价值图和+12 指标线

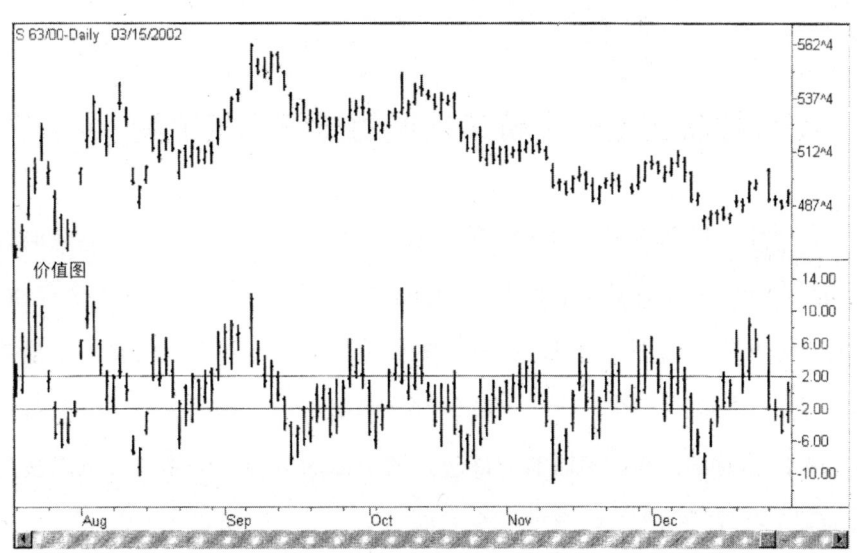

本图由欧米茄研究公司 TradeStation 2000i 软件制作

图 3-9　大豆日线价值图和±2 指标线

— 47 —

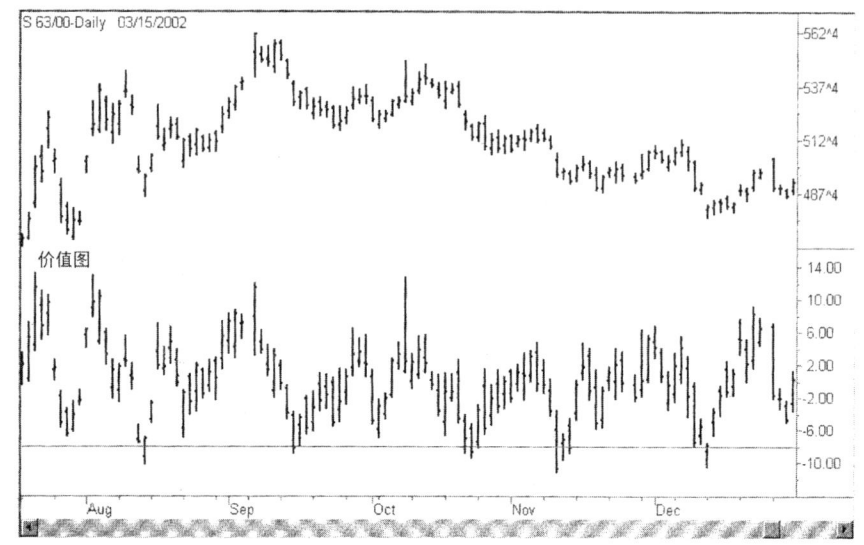

本图由欧米茄研究公司 TradeStation 2000i 软件制作

图 3-10　大豆日线价值图和-8 指标线

概率柱状图是一个价值连城的市场分析工具

统计学法则在很多行业领域都是一个非常有价值的工具。美国政府总是持续公布各种统计数据，统计科目包括从犯罪到平均寿命等各个方面。制造企业在它们的工厂内依靠统计数据监控产品质量。统计的目的是根据各种统计个体信息得出一个关于统计群体的推论。当我们在统计学范畴内提到群体的时候，我们指所有应该包括的个体的集合。**个体**或许可以被定义为某个统计群体集合包含的一个子集。

概率柱状图以一种简单明了的方式展示市场信息，这是非常有实用价值的。图表就是包含信息的简单图片。图表能够有效地浓缩各种信息，而且很容易被各种新老交易者理解。作为交易者，我们开发这种图表工具的目标就是在分析当前市场行为的基础上，对未来的市场行为进行预测。简言之，我们希望根据样本数据制作的价格波动概率分布图能够让我们针对整个价格数据群体做出准确的推断。历史价格数据的特征应该充分地反映出未来价格数据的特征，进而让交易者能够在一定程度上准确地预测未来价格行为。

价格波动概率分布图证实价值图有效性

价值图最有价值的关键特征是它能够自动适应各种市场中不断变化的振荡烈度。动态振荡烈度单位是价值图能够适应各种振荡烈度的调节因子，它让价值图能够有效地量化确定公允价格区域、相对超买区域和相对超卖区域。

为了我们能够充分相信价值图是一个有效的市场分析工具，它需要通过两项重要的测试。首先，根据几种不同市场的价值图创建的价格波动概率分布图应该是非常相似的。其次，对于任何给定的市场，在假定两个10年期间市场没有出现截然不同（就像熊市与牛市）的市场方向的情况下，根据其中一个10年期间的价格数据创建的价格波动概率分布图与另外10年对应的价格波动概率分布图应该是非常相似的。你已经看到，任何市场中的振荡烈度都可能随着时间的推进而出现剧烈的变化。第二项测试将会证明价值图能够有效地适应各种振荡烈度。对于这两种测试考验，我们使用最常用的竹线图——日线图。

对比不同市场的价格波动概率分布图

第一项测试就是要对比根据几种不同市场的价值图创建的几种价格波动概率分布图。如果价值图是一种有效的市场分析工具，那么即便是这几种市场的区别非常大，它们对应的几种价格波动概率分布图也应该是非常相似的。比如，大豆市场倾向于走大牛市走势，市场振荡烈度不断加剧，直到市场到达牛市顶点，振荡烈度也到达最剧烈的程度。另外，大豆市场很容易受各种天气的影响，一有风吹草动，就出现向上或向下的急剧波动。另一方面，欧元/美元外汇市场，倾向于走比较流畅的趋势，这种趋势反映的是政府的长期政策。虽然欧元/美元外汇市场有时候振荡剧烈，但相对于大豆市场而言，它更倾向于保持一种比较温和的走势。当我们对比这两种截然不同市场的价格波动概率分布图的时候，我们希望它们都与标准钟形曲线图相似，都符合图3-7中的经验法则。

当我们为每个市场创建价格波动概率分布图的时候，我们会用到所有可以获得的价格数据。对于我们要考虑的每个市场，我们都会创建一个价格波动概率分布图，并计算相应的分布图概率特征，就像图3-6一样。我们研究分析价格波动概率分布图的市场包括各种行业的期货品种，像谷物、食品、能源、金属、金融衍生品和股指期货，也包括几种广为人知的股票品种。通过分析各种截然不同的市场，我们可以确定价值图和价格波动概率分布图是否具有普遍的有效性。在下面几页中你将会看到有关各种市场价格波动概率分布图的详细分析。在最后一个价格波动概率分布图分析之后，你会看到一个对比各种价格波动概率分布图特征的汇总表。

当你观察下面几页价格波动概率分布图的时候，请注意看一下各个分布图的概率特征（列在各个价格波动概率分布图的右侧），尤其是各个价值图±4和±8指标值区间对应的分布概率。

比如，当你观察欧元/美元外汇市场的价格波动概率分布图时，比较重要的是理解它所包含的信息。这个价格波动概率分布图位于图3-11的左侧。通过这些数据，我们能够确定欧元/美元市场价值图竹线出现在每个指标区域的概率。例如，欧元/美元价值图竹线出现在-1到+1指标区域的概率是19.19%。我们可以通过图3-11右侧的数据看到这个信息。右侧第一列数据是价值图指标区域。第二列数据是价值图竹线在各个指标区域出现的概率。另外，有些价值图列出价值图竹线出现在一个标准偏差（S）或两个标准偏差（2S）区域内的概率。

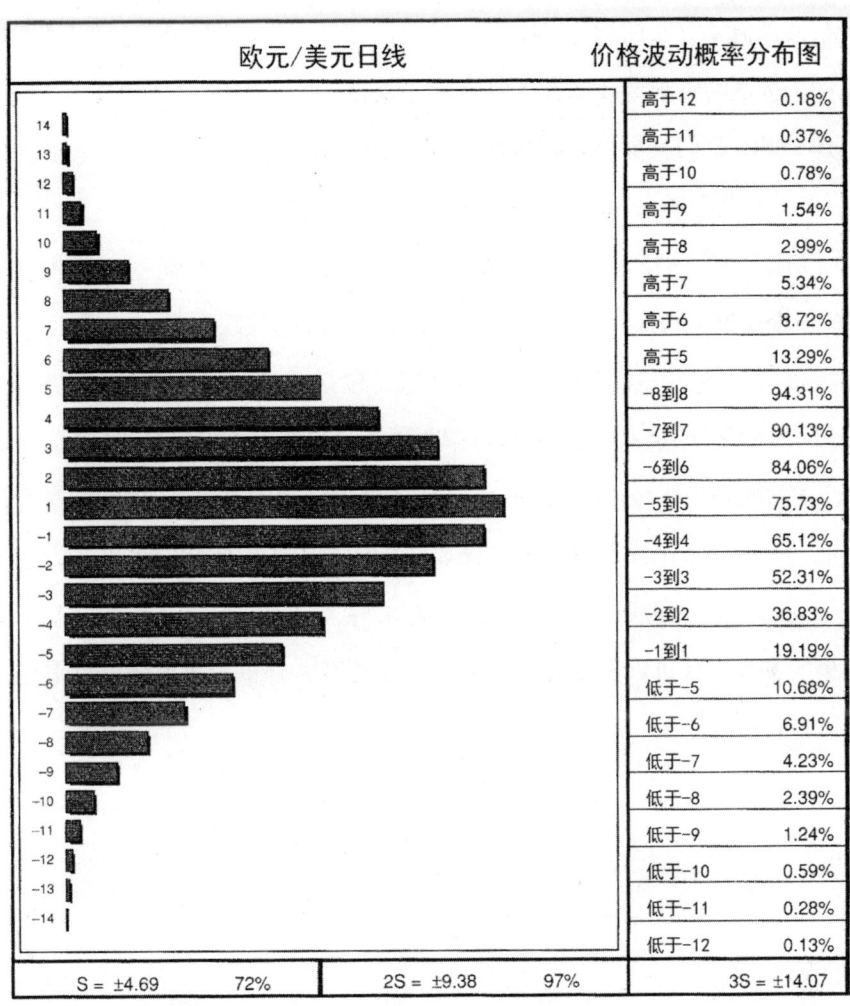

图3-11 根据欧元/美元外汇市场日线价值图创建的价格波动概率分布图

请注意图3-11中欧元/美元市场价格波动概率分布图±1标准偏差区域相当于±4.69振荡单位的指标区域,包括了价值图72%的竹线数量;±2标准偏差区域相当于±9.38振荡单位的指标区域,包括了价值图97%的竹线数量。虽然图中没有标出±3标准偏差区域包含的竹线数量比例,但它相当于±14.07指标区域,包括了99%的价值图竹线数量。图3-11展示的这个价格波动概率分布图满足了图3-7经验法则的要求,因此我们可以认为它是一个标准的钟形曲线图,从统计意义上来讲,这种图形是有效的。基于上述事实,我们就可以根据这个欧元/美元价格波动概率分布图来推测欧元/美元外汇市场未来的价格行为。

请注意图3-12中可可价格波动概率分布图±1标准偏差区域相当于±4.39振荡单位的指标区域,包括了价值图69%的竹线数量;±2标准偏差区域相当于±8.78振荡单位的指标区域,包括了价值图96%的竹线数量。虽然图中没有标出±3标准偏差区域包含的竹线数量比例,但它相当于±13.17指标区域,包括了100%的价值图竹线数量。图3-12展示的这个价格波动概率分布图满足了图3-7经验法则的要求,因此我们可以认为它是一个标准的钟形曲线图,从统计意义上来讲,这种图形是有效的。基于上述事实,我们就可以根据这个可可价格波动概率分布图来推测可可市场未来的价格行为。

第三章 价格波动概率分布图

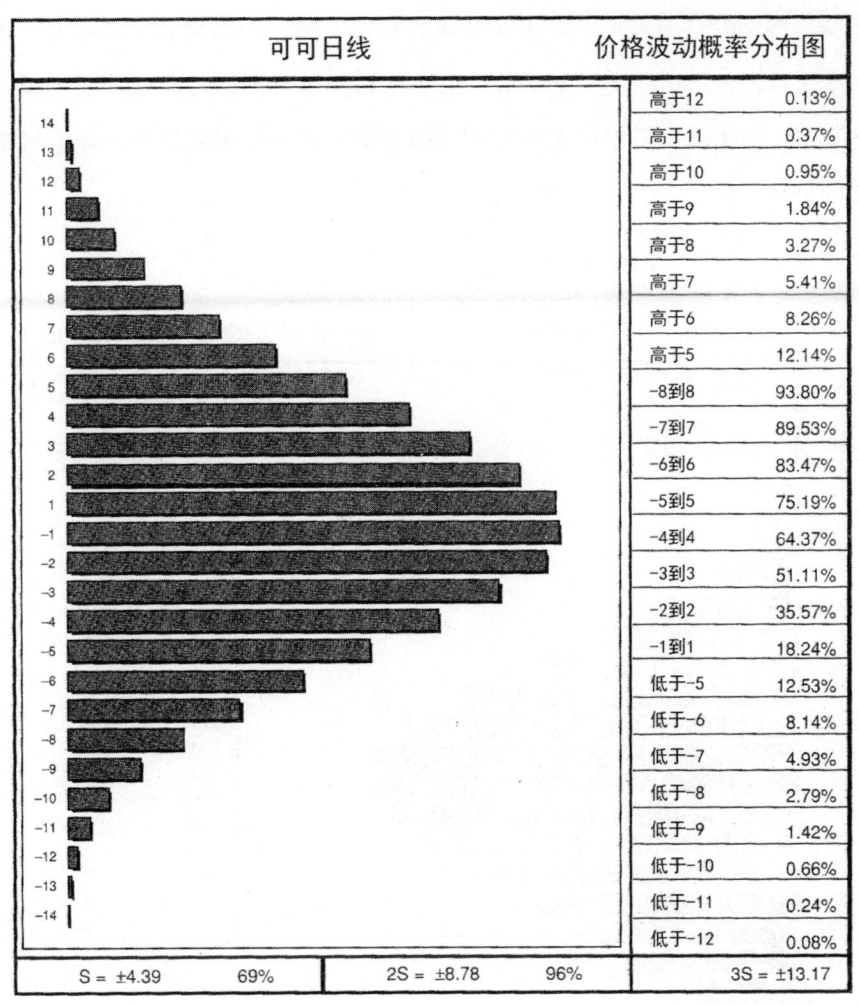

图 3-12 根据可可日线价值图创建的价格波动概率分布图

请注意图 3-13 中原油价格波动概率分布图±1 标准偏差区域相当于±4.47 振荡单位的指标区域，包括了价值图 71%的竹线数量；±2 标准偏差区域相当于±8.94 振荡单位的指标区域，包括了价值图 97%的竹线数量。虽然图中没有标出±3 标准偏差区域包含的竹线数量比例，但它相当于

±13.41指标区域，包括了100%的价值图竹线数量。图3-13展示的这个价格波动概率分布图满足了图3-7经验法则的要求，因此我们可以认为它是一个标准的钟形曲线图，从统计意义上来讲，这种图形是有效的。基于上述事实，我们就可以根据这个原油价格波动概率分布图来推测原油市场未来的价格行为。

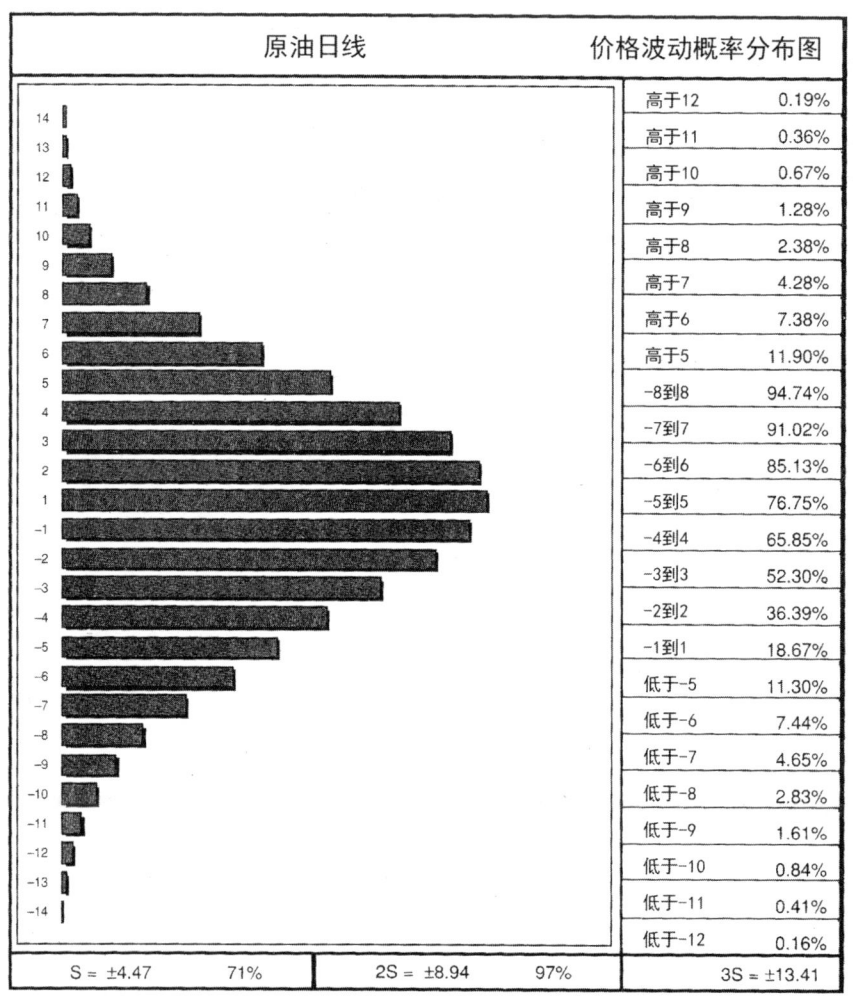

图3-13 根据原油日线价值图创建的价格波动概率分布图

第三章 价格波动概率分布图

请注意图 3-14 中黄金价格波动概率分布图±1 标准偏差区域相当于±4.58 振荡单位的指标区域，包括了价值图 74%的竹线数量；±2 标准偏差区域相当于±9.16 振荡单位的指标区域，包括了价值图 97%的竹线数量。虽然图中没有标出±3 标准偏差区域包含的竹线数量比例，但它相当于±13.74 振荡单位的指标区域，包括了 100%的价值图竹线数量。图 3-14 展示的这个价格波动概率分布图满足了图 3-7 经验法则的要求，因此我们可以认为它是一个标准的钟形曲线图，从统计意义上来讲，这种图形是有效的。基于上述事实，我们就可以根据这个黄金价格波动概率分布图来推测黄金市场未来的价格行为。

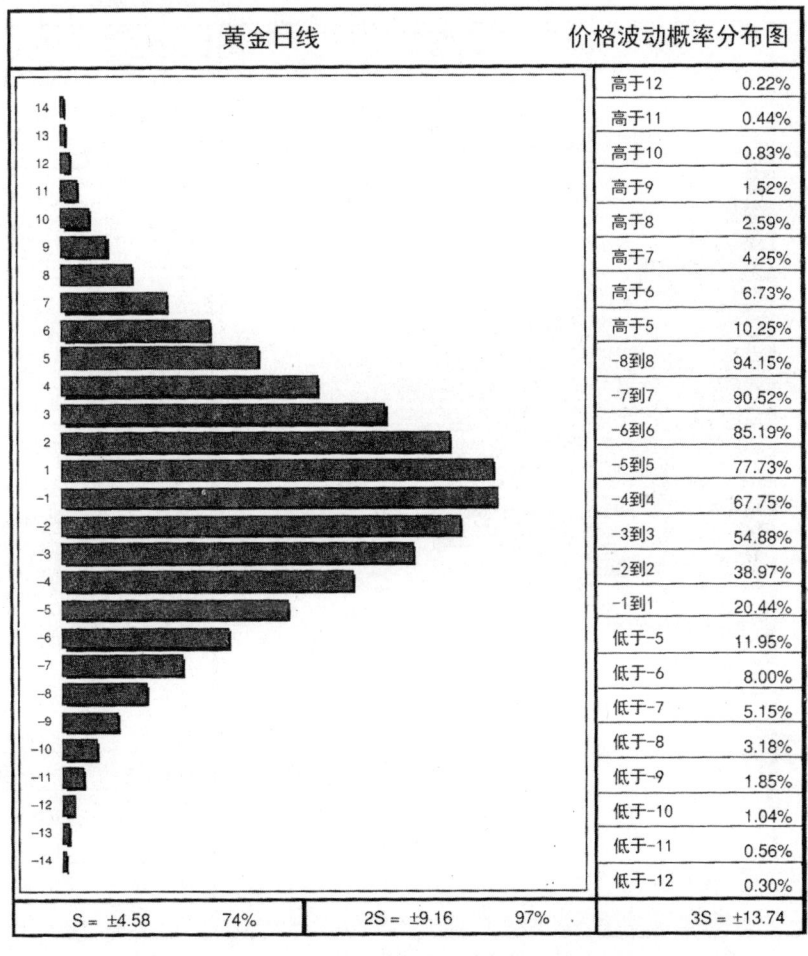

图 3-14　根据黄金日线价值图创建的价格波动概率分布图

请注意图 3-15 中生猪价格波动概率分布图±1 标准偏差区域相当于±4.04 振荡单位的指标区域，包括了价值图 69%的竹线数量；±2 标准偏差区域相当于±8.08 振荡单位的指标区域，包括了价值图 96%的竹线数量。虽然图中没有标出±3 标准偏差区域包含的竹线数量比例，但它相当于±12.12 指标区域，包括了 100%的价值图竹线数量。图 3-15 展示的这个生猪价格波动概率分布图满足了图 3-7 经验法则的要求，因此我们可以认为它是一个标准的钟形曲线图，从统计意义上来讲，这种图形是有效的。基于上述事实，我们就可以根据这个生猪价格波动概率分布图来推测生猪市场未来的价格行为。

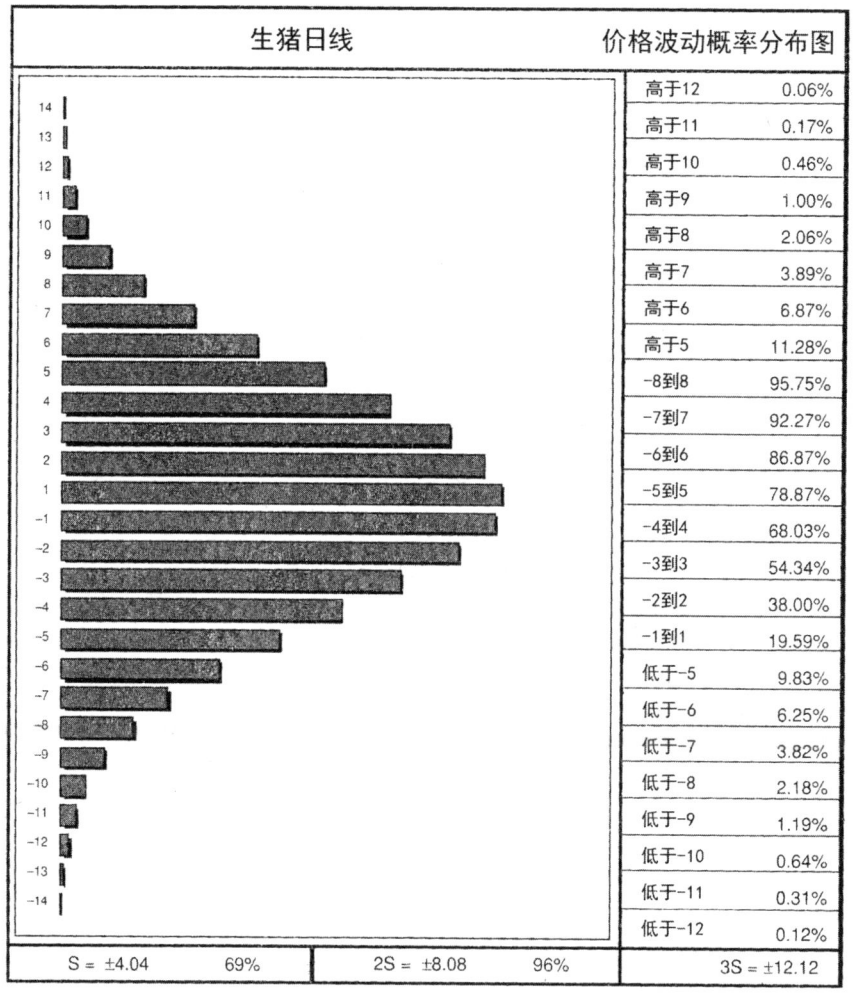

图 3-15　根据生猪日线价值图创建的价格波动概率分布图

请注意图 3-16 中标准普尔 500 价格波动概率分布图±1 标准偏差区域相当于±4.10 振荡单位的指标区域，包括了价值图 71%的竹线数量；±2 标准偏差区域相当于±8.2 振荡单位的指标区域，包括了价值图 97%的竹线数量。虽然图中没有标出±3 标准偏差区域包含的竹线数量比例，但它相当于±12.30指标区域，包括了 100%的价值图竹线数量。图 3-16 展示的这个标准普尔 500 价格波动概率分布图满足了图 3-7 经验法则的要求，因此我们可以认为它是一个标准的钟形曲线图，从统计意义上来讲，这种图形是有效的。基于上述事实，我们就可以根据这个标准普尔 500 价格波动概率分布图来推测标准普尔 500 市场未来的价格行为。

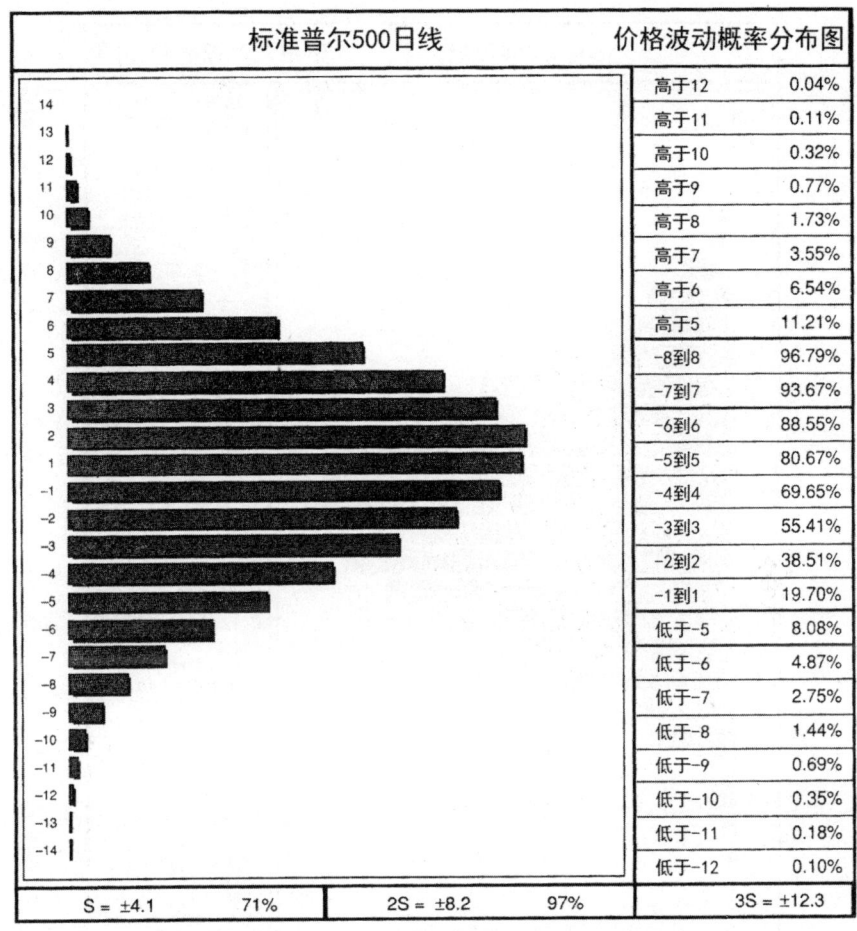

图 3-16 根据标准普尔 500 日线价值图创建的价格波动概率分布图

请注意图 3-17 中美国国债价格波动概率分布图±1 标准偏差区域相当于±4.22 振荡单位的指标区域，包括了价值图 69%的竹线数量；±2 标准偏差区域相当于±8.44 振荡单位的指标区域，包括了价值图 96%的竹线数量。虽然图中没有标出±3 标准偏差区域包含的竹线数量比例，但它相当于±12.66 指标区域，包括了 100%的价值图竹线数量。图 3-17 展示的这个美国国债价格波动概率分布图满足了图 3-7 经验法则的要求，因此我们可以认为它是一个标准的钟形曲线图，从统计意义上来讲，这种图形是有效的。基于上述事实，我们就可以根据这个美国国债价格波动概率分布图来推测美国国债市场未来的价格行为。

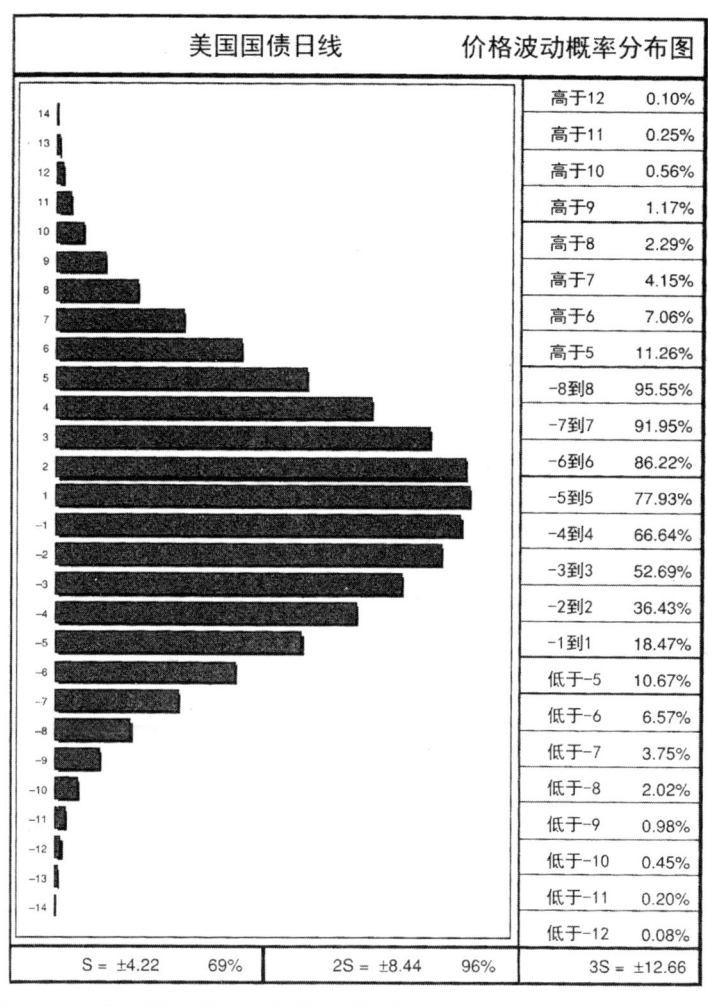

图 3-17　根据美国国债日线价值图创建的价格波动概率分布图

第三章 价格波动概率分布图

请注意图 3-18 中美国运通股票价格波动概率分布图 ±1 标准偏差区域相当于 ±4.17 振荡单位的指标区域，包括了价值图 68% 的竹线数量；±2 标准偏差区域相当于 ±8.34 振荡单位的指标区域，包括了价值图 95% 的竹线数量。虽然图中没有标出 ±3 标准偏差区域包含的竹线数量比例，但它相当于 ±12.51 指标区域，包括了 99% 的价值图竹线数量。图 3-18 展示的这个美国运通股票价格波动概率分布图满足了图 3-7 经验法则的要求，因此我们可以认为它是一个标准的钟形曲线图，从统计意义上来讲，这种图形是有效的。基于上述事实，我们就可以根据这个美国运通股票价格波动概率分布图来推测美国运通股票市场未来的价格行为。

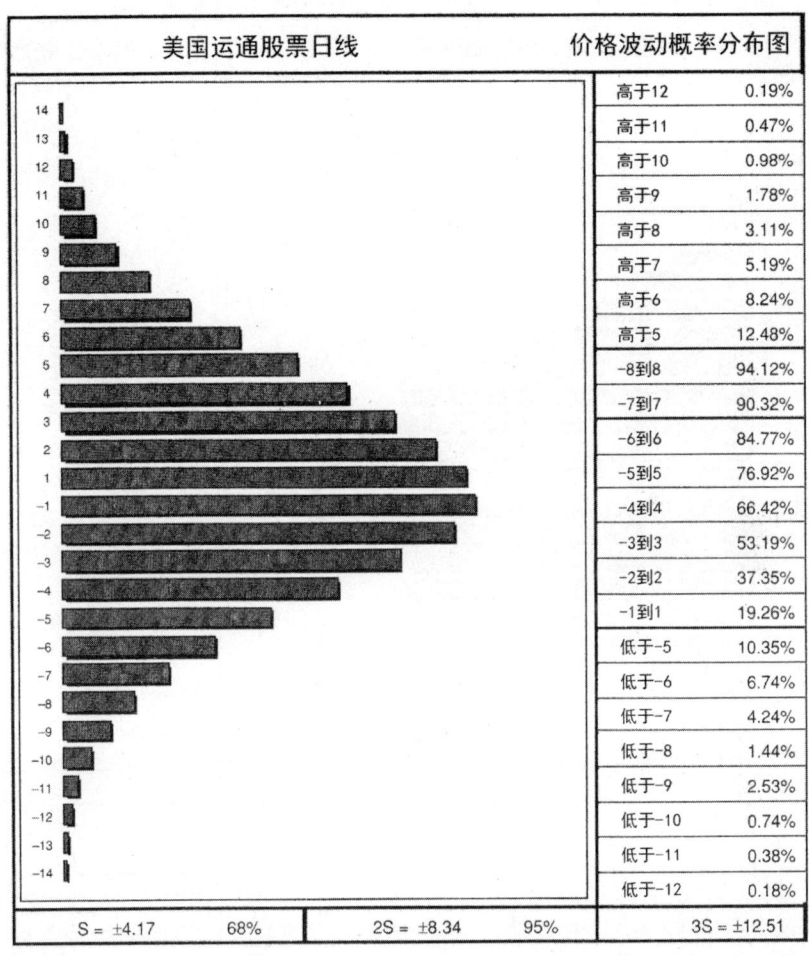

图 3-18 根据美国运通股票日线价值图创建的价格波动概率分布图

请注意图 3-19 中通用汽车股票价格波动概率分布图±1 标准偏差区域相当于±4.31 振荡单位的指标区域，包括了价值图 69%的竹线数量；±2 标准偏差区域相当于±8.62 振荡单位的指标区域，包括了价值图 96%的竹线数量。虽然图中没有标出±3 标准偏差区域包含的竹线数量比例，但它相当于±12.93 指标区域，包括了 100%的价值图竹线数量。图 3-19 展示的这个通用汽车股票价格波动概率分布图满足了图 3-7 经验法则的要求，因此我们可以认为它是一个标准的钟形曲线图，从统计意义上来讲，这种图形是有效的。基于上述事实，我们就可以根据这个通用汽车股票价格波动概率分布图来推测通用汽车股票市场未来的价格行为。

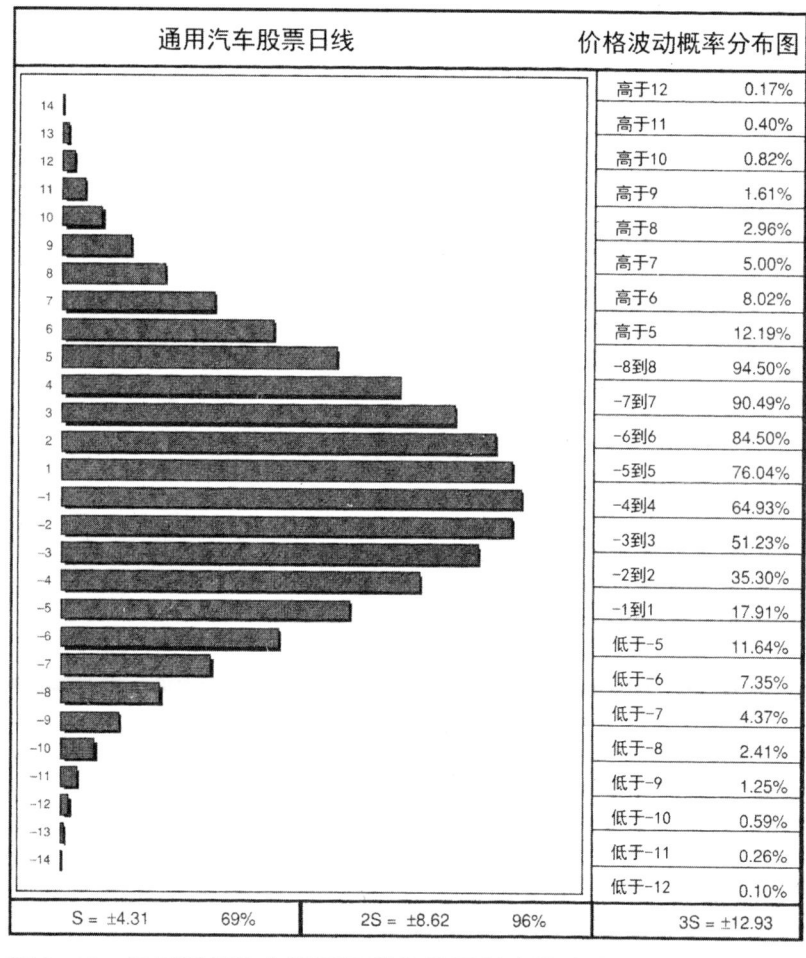

图 3-19　根据通用汽车股票日线价值图创建的价格波动概率分布图

请注意图 3-20 中惠普公司股票价格波动概率分布图±1 标准偏差区域相当于±4.18 振荡单位的指标区域，包括了价值图 68%的竹线数量；±2 标准偏差区域相当于±8.36 振荡单位的指标区域，包括了价值图 96%的竹线数量。虽然图中没有标出±3 标准偏差区域包含的竹线数量比例，但它相当于±12.54 指标区域，包括了 100%的价值图竹线数量。图 3-20 展示的这个惠普公司股票价格波动概率分布图满足了图 3-7 经验法则的要求，因此我们可以认为它是一个标准的钟形曲线图，从统计意义上来讲，这种图形是有效的。基于上述事实，我们就可以根据这个惠普公司股票价格波动概率分布图来推测惠普公司股票市场未来的价格行为。

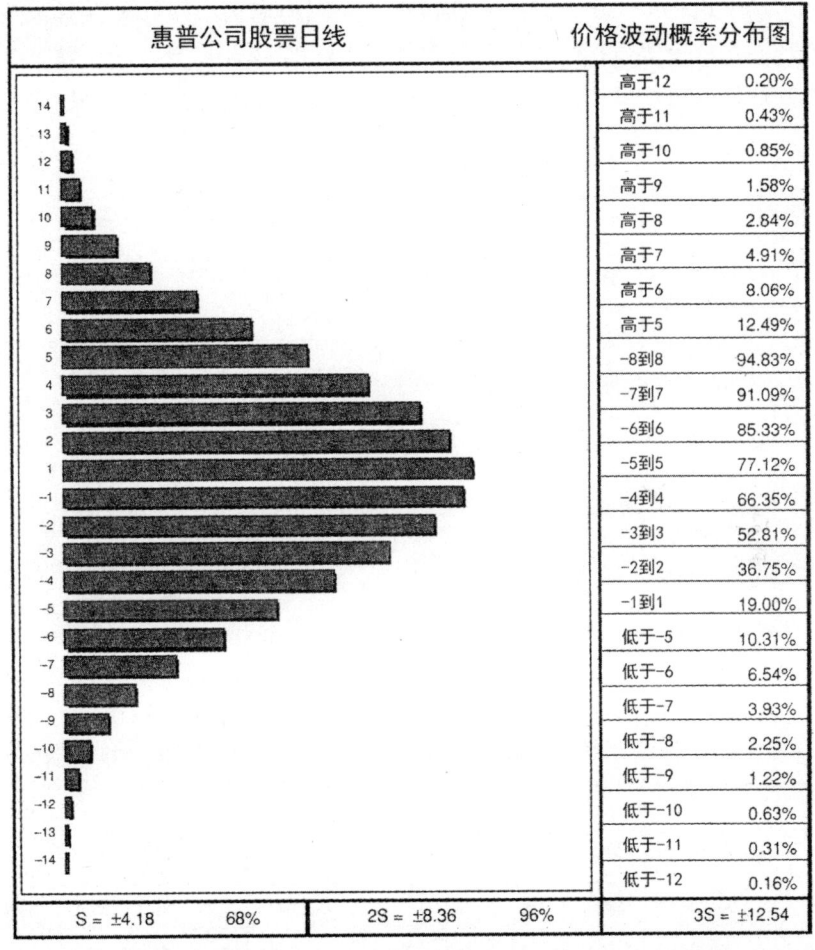

图 3-20 根据惠普公司股票日线价值图创建的价格波动概率分布图

表3-1列出了图3-11到图3-20中所有价格波动概率分布图的概率统计数据。通过分析这些数据，我们可以看出这些截然不同的市场的钟形曲线图都是非常相似的。大豆、瑞士法郎货币期货也包括在这个表中。表3-1中从左到右依次是大豆（S）、欧元/美元（ED）、可可（CC）、原油（CL）、黄金（GC）、生猪（LH）、美国国债（US）、标普500股指期货（SP）、瑞士法郎期货日盘（SF）、美国运通（AXP）、通用汽车（GM）和惠普（HWP）。这些市场代表了各种股票和期货，它们具有各种各样的市场特征。但是它们的价格波动概率分布图却是非常相似的。有一点需要注意的是表3-1中瑞士法郎期货日盘（SF）价格波动概率分布图好像比表中其他市场平坦一些。认识到这一点很重要，因为瑞士法郎日盘没有包括这个市场的所有价格数据。我们可以根据瑞士法郎24小时日线图创建一个更为准确的价格波动概率分布图。这个例子强调了信息完整的重要性。

表3-1 各种不同市场价格波动概率分布图数据分析

	大豆	欧元/美元	可可	原油	黄金	生猪	美国国债	标普500股指期货	瑞士法郎期货日盘	美国运通	通用汽车	惠普
高于+12	0.1%	0.2%	0.1%	0.2%	0.2%	0.1%	0.1%	0.0%	0.3%	0.2%	0.2%	0.2%
高于+11	0.3%	0.4%	0.4%	0.4%	0.4%	0.2%	0.2%	0.1%	0.7%	0.5%	0.4%	0.4%
高于+10	0.7%	0.8%	0.9%	0.7%	0.8%	0.5%	0.6%	0.3%	1.2%	1.0%	0.8%	0.9%
高于+9	1.4%	1.5%	1.8%	1.3%	1.5%	1.0%	1.2%	0.8%	2.2%	1.8%	1.6%	1.6%
高于+8	2.5%	3.0%	3.3%	2.4%	2.6%	2.1%	2.3%	1.7%	3.6%	3.1%	3.0%	2.8%
高于+7	4.3%	5.3%	5.4%	4.3%	4.2%	3.9%	4.2%	3.5%	5.7%	5.2%	5.0%	4.9%
高于+6	7.0%	8.7%	8.3%	7.4%	6.7%	6.9%	7.1%	6.5%	8.7%	8.2%	8.0%	8.1%
高于+5	10.9%	13.3%	12.1%	11.9%	10.2%	11.3%	11.3%	11.2%	12.7%	12.5%	12.2%	12.5%
-8到8	95.2%	94.3%	93.8%	94.7%	94.2%	95.7%	95.5%	96.8%	92.7%	94.1%	94.5%	94.8%
-7到7	91.7%	90.1%	89.5%	91.0%	90.5%	92.3%	92.0%	93.7%	88.2%	90.3%	90.5%	91.1%

续表

-6 到 6	86.1%	84.1%	83.5%	85.1%	85.2%	86.9%	86.2%	88.6%	81.9%	84.8%	84.5%	85.3%
-5 到 5	77.9%	75.7%	75.2%	76.7%	77.7%	78.9%	77.9%	80.7%	73.3%	76.9%	76.0%	77.1%
-4 到 4	67.0%	65.1%	64.4%	65.8%	67.7%	68.0%	66.6%	69.7%	62.5%	66.4%	64.9%	66.4%
-3 到 3	53.3%	52.3%	51.1%	52.3%	54.9%	54.3%	52.7%	55.4%	49.6%	53.2%	51.2%	52.8%
-2 到 2	37.1%	36.8%	35.6%	36.4%	39.0%	38.0%	36.4%	38.5%	34.6%	37.3%	35.3%	36.7%
-1 到 1	19.0%	19.2%	18.2%	18.7%	20.4%	19.6%	18.5%	19.7%	17.7%	19.3%	17.9%	19.0%
低于-5	11.0%	10.7%	12.5%	11.3%	11.9%	9.8%	10.7%	8.1%	13.8%	10.4%	11.6%	10.3%
低于-6	6.8%	6.9%	8.1%	7.4%	8.0%	6.2%	6.6%	4.9%	9.3%	6.7%	7.4%	6.5%
低于-7	3.9%	4.2%	4.9%	4.7%	5.2%	3.8%	3.7%	2.7%	5.9%	4.2%	4.4%	3.9%
低于-8	2.1%	2.4%	2.8%	2.8%	3.2%	2.2%	2.0%	1.4%	3.6%	2.5%	2.4%	2.2%
低于-9	1.0%	1.2%	1.4%	1.6%	1.9%	1.2%	1.0%	0.7%	2.0%	1.4%	1.2%	1.2%
低于-10	0.5%	0.6%	0.7%	0.8%	1.0%	0.6%	0.4%	0.3%	1.1%	0.7%	0.6%	0.6%
低于-11	0.2%	0.3%	0.2%	0.4%	0.6%	0.3%	0.2%	0.2%	0.5%	0.3%	0.3%	0.3%
低于-12	0.1%	0.1%	0.1%	0.2%	0.3%	0.1%	0.1%	0.1%	0.2%	0.2%	0.1%	0.2%

所有这些根据不同市场创建的价格波动概率分布图的标准偏差区域都是非常相似的。从一个标准钟形曲线图的中线向两侧各一个标准偏差的区域内应该包括大约68%的样本数据（本例中指日线价格竹线）。事实上，前面这些价格波动概率分布图的±1标准偏差区域平均包括69.9%的日线价值图竹线。另外，从一个标准钟形曲线的中线向两侧各两个标准偏差的区域内应该包括大约95%的样本数据。实际上，这些价格波动概率分布图的±2标准偏差区域平均包括96.3%的日线价值图竹线。通过对表3-1中价格波动概率分布图数据的分析，我们可以确认价值图能够有效适应各种截然不同的市场环境。

你已经看到，各种不同市场的价格波动概率分布图是非常相似的。我们曾经说过价格波动概率分布图描绘的就是某个市场价值图竹线的分布情况，表3-1中的数据表明这些市场价值图竹线的分布情况都是非常相似的。因此，不论是哪个市场，价值图都应该能够确定其市场估值。我们现在可以据此制定一个根据价格波动概率分布图确定市场估值的规则，如图3-21所示。

我们以前说过，所有±4价值图指标区域都属于公允价格区域。这个区域大致相当于±1标准偏差区域。我们可以把+4到+8或-4到-8价值图指标区域分别认为是中度超买或中度超卖区域。这两个中度超买和中度超卖区域基本上相当于±1标准偏差区域和±2标准偏差区域之间的区域。对于高于+8振荡单位或低于-8振荡单位的价值图区域，我们可以把它们分别归于严重超买或严重超卖区域。这两个严重超买和严重超卖区域基本上相当于±2标准偏差区域之外的区域。现在请你在一个样本价值图上观察一下这个规则。

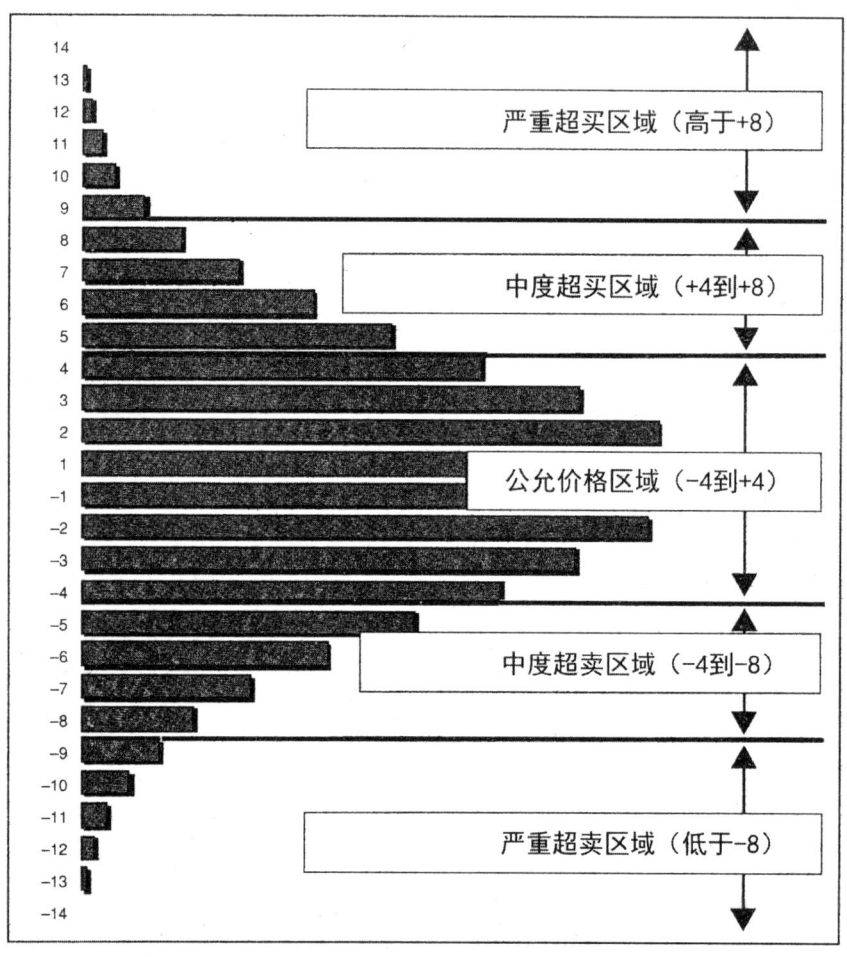

图3-21　价格波动概率分布图相对估值区域

通过分析图3-22和图3-23，我们可以看到4条水平线把价值图和价格波动概率分布图分成5个不同的估值区域。价值图内侧2条水平线之间的区域是公允价格区域。上面2条水平线之间的区域属于中度超买（中度高估）区域，下面2条水平线之间的区域属于中度超卖（中度低估）区域。另外，最上面1条水平线及其以上区域属于严重超买（严重高估）区域，最下面1条水平线及其以下区域属于严重超卖（严重低估）区域。

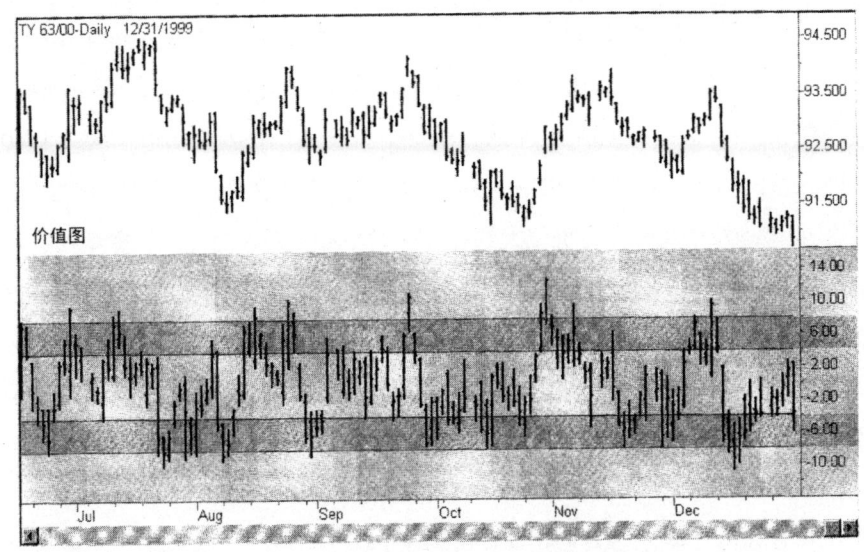

本图由欧米茄研究公司 TradeStation 2000i 软件制作

图3-22　美国国债传统日线价格图和日线价值图

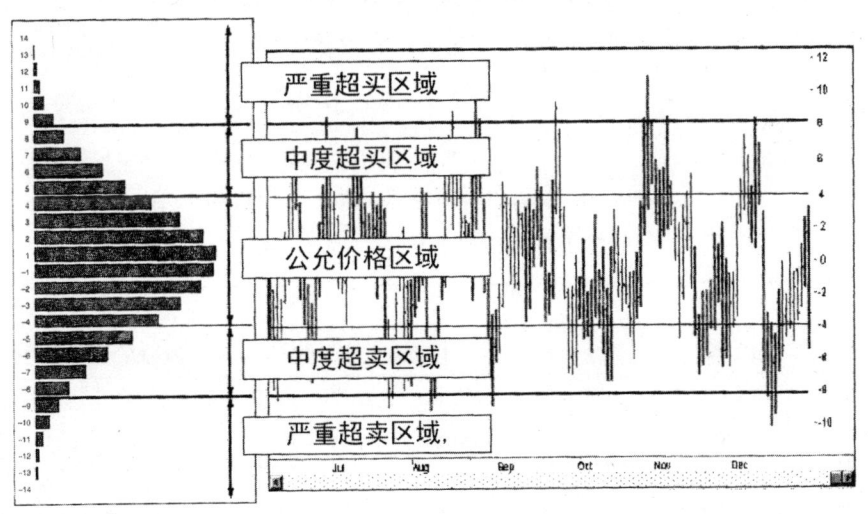

本图由欧米茄研究公司 TradeStation 2000i 软件制作

图3-23　价值图和对应的价格波动概率分布图

对比两个不同 10 年期间的价格波动概率分布图

对于价值图这个市场分析工具的另一项重要测试就是分析同一市场在两个不同 10 年期间的价格变动情况，对比不同时间期间的价格波动概率分布图。每段时间期间应该大致包括 10 年的日线价格竹线数据。我们知道，从一个 10 年期间到另一个 10 年期间，市场振荡烈度可能会产生重大改变。在 20 世纪 80 年代，标普 500 市场的交易价位大约在 400 点左右。而在 20 世纪 90 年代，它的交易价位大约在 1400 点左右。对于这两种截然不同的市场振荡烈度特征，价值图应当能够有效适应每一个 10 年期间的市场波动情况，并且能够有效确定标普 500 股指期货市场的估值。如果价值图能够有效地适应市场中持续增加的振荡烈度，那么这两个 10 年期间的标普 500 价格波动概率分布图应该是非常相似的。

我们知道，当标普 500 股指期货市场在 1400 点附近进行交易时，它的振荡烈度应该会远远大于它在 400 点附近进行交易时的振荡烈度。如果这两个 10 年期间的价格波动概率分布图是非常相似的，那么我们就可以得出这样的结论：应用在价值图中的动态振荡烈度单位是能够有效适应市场中不断变化的振荡烈度的。

表 3-2　标普 500 股指期货市场 20 世纪 80 年代和 90 年代
价格波动概率分布图数据对比分析

	80 年代	90 年代
高于+12	0.0%	0.0%
高于+11	0.1%	0.1%
高于+10	0.3%	0.3%
高于+9	0.8%	0.8%
高于+8	1.8%	1.7%
高于+7	3.5%	3.6%

续表

高于+6	6.5%	6.7%
高于+5	11.0%	11.5%
-8 到 8	96.8%	96.8%
-7 到 7	93.7%	93.6%
-6 到 6	88.5%	88.6%
-5 到 5	80.5%	80.8%
-4 到 4	69.5%	69.8%
-3 到 3	55.1%	55.6%
-2 到 2	38.2%	38.8%
-1 到 1	19.5%	19.8%
低于-5	8.6%	7.6%
低于-6	5.0%	4.7%
低于-7	2.7%	2.7%
低于-8	1.4%	1.5%
低于-9	0.7%	0.7%
低于-10	0.4%	0.3%
低于-11	0.2%	0.1%
低于-12	0.2%	0.1%

表3-2展示了标普500股指期货市场在20世纪80年代和90年代的价格波动概率分布图数据。表中的两列数据都是根据大约10年的日线数据计算出来的。比如第一列标识为80年代的数据展示的是根据标普500市场80年代日线数据制作的价格波动概率分布图的分析结果。第二列标识为90年代的数据展示的是根据标普500市场90年代日线数据制作的价格波动概率分布图的分析结果。你可以看到，-4到+4价值图指标区域基本上相当于±1标准偏差区域，-8到+8价值图指标区域基本上相当于±2标准偏差区域。另外你还可以看到，两个不同10年期间的价格波动概率分布图分析结果的相似性是非常惊人的。在20世纪80年代，-4到+4价值图指标区域包括了69.5%的价值图竹线数量，而在90年代，同样的价值图指标区域包括了69.8%的价值图竹线数量。更令人印

象深刻的是在80年代和90年代，-8到+8价值图指标区域都包括96.8%的价值图竹线数量。对于90年代标普500股指期货市场振荡烈度已经大幅增加的市场状况，这种结果是非常令人惊奇的。

两个不同10年期间的价格波动概率分布图有可能出现偏差

对于某个给定的市场，两个不同10年期间的价格波动概率分布图有可能出现与前面标普500市场价格波动概率分布图非常不一样的情况。例如，20世纪70年代可可市场经历了一个爆炸性的大牛市。但是在20世纪80和90年代，它却经历了一个更加漫长的熊市（见图3-24）。

本图由欧米茄研究公司TradeStation 2000i软件制作

图3-24　可可月线价格图

我们可以预测到，根据20世纪70年代可可市场日线数据制作的价格波动概率分布图应该是偏态分布的，大于50%比例的价值图竹线数量应该会分布在价值图中高于0指标值的地方（即向上偏态分布）。20世纪80和90年代可可市场的价格波动概率分布图应该呈现出一种偏向下方的偏态分布情况。这种不同时间期间价格波动概率分布图出现差异的情况，主要是由于市场出现大牛市或大熊市引起的。第九章将会更加深入地探讨可可市场，研究如何使用有条件的价格波动概率分布图。如果我们根据足够多的价格数据，比如利用一个完整的市场循环（牛市和熊市）的价格数据制作价格波动概率分布图，那么最终得到的价格波动概率分布图将会与图3-11到图3-20中的价格波动概率分布图非常相似。

既然我们已经学习了价值图和价格波动概率分布图是如何制作的，那我们就可以进一步探讨如何把它们应用到具体的市场中去。

第四章 降低资金风险

在任何自由流动的市场中,每一次开仓交易都伴随有一定的资金风险。为了我们在本章中探讨方便,我们使用亏损风险来表示每次开仓交易时有可能亏损的资金数额。理想情况下,我们希望一开仓就立即开始获利。但是,在现实交易中,这几乎是不可能实现的。随着价值图和价格波动概率分布图的出现,我们现在能够更好地确定低风险的入场机会。图4-1展示了一个买入机会,在入场后 100 个交易日内都没有亏损风险。

图 4-1 展示了 1995 年 7 月 19 日出现的当日最低价位,对于随后的 100 多个交易日而言,它是一个无风险的买入机会。这一点我们可以通过从这个日内最低价位向右(指向未来)画一条水平线来确定,如图 4-1 所示,我们没有看到别的价格竹线与这条水平线交叉。低风险获利图在随后的 100 多个交易日内从未出现负值,如图 4-2 所示。

图 4-2 展示的低风险获利图是由 1995 年 7 月 19 日后每个交易日最低价减去 7 月 19 日最低价(入场买入价位)而得到的。你可以看到,从入场交易到 1996 年 4 月 3 日,这张图没有产生负值。如果我们花些时间在图 4-1 中寻找更多的低风险买入机会,我们就可以找到几根价格竹线,在这些竹线的下半部分交易区间内出现了无风险的买入机会,在它们随后的 100 多个交易日内都没有亏损风险,我们用几条虚水平线和几个方框分别标出这些机会,每个方框表示的都是适合买入的竹线区间,如图 4-3 所示。图上标出的每个低风险买入机会都会产生一个低风险获利图,在随后的 100 多个交易日内,这些低风险获利图都不会产生负值。

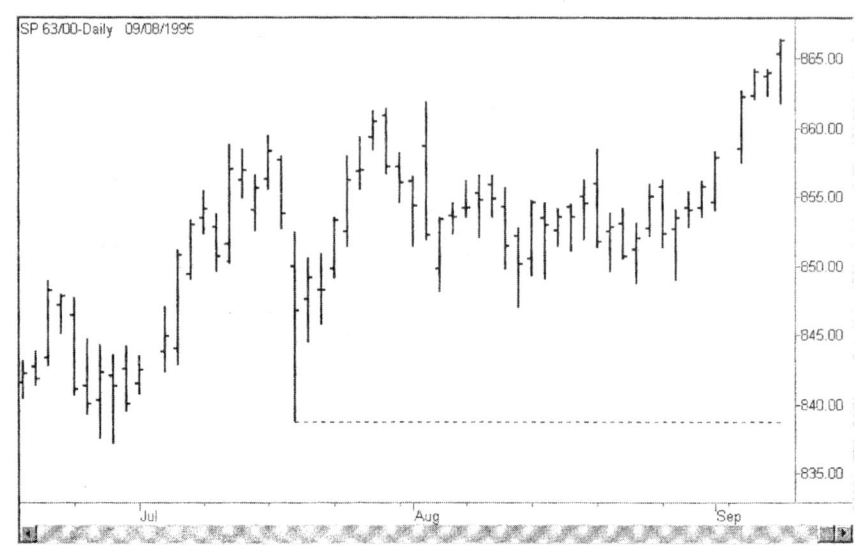

本图由欧米茄研究公司 TradeStation 2000i 软件制作

图 4-1　标普 500 市场无风险买入点

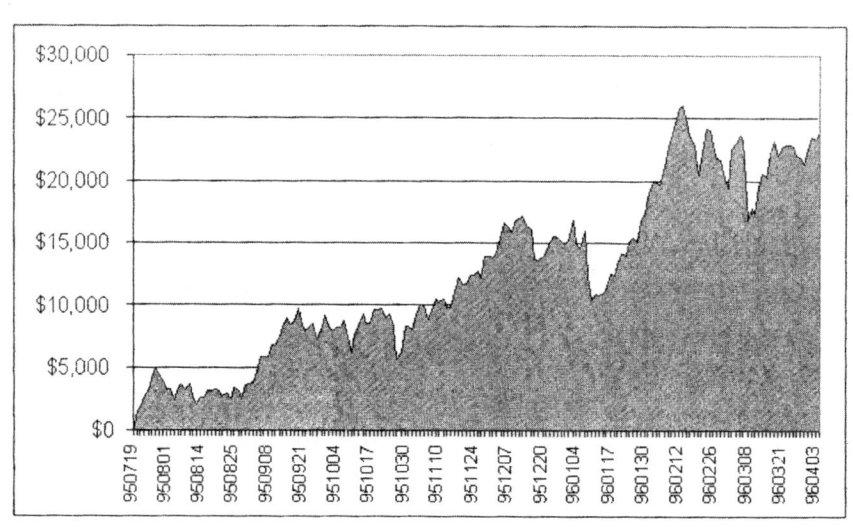

本图由欧米茄研究公司 TradeStation 2000i 软件制作

图 4-2　根据图 4-1 中的买入点绘制的低风险获利图

第四章 降低资金风险

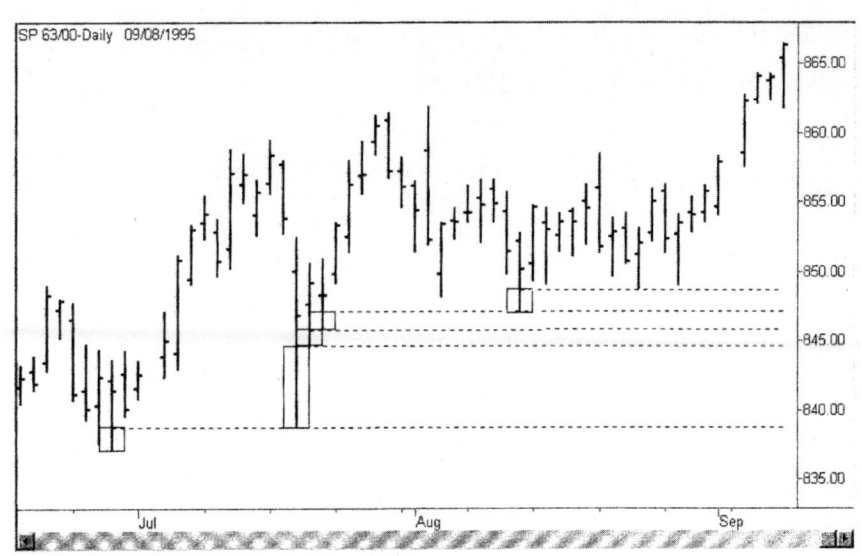

本图由欧米茄研究公司 TradeStation 2000i 软件制作

图 4-3　标普 500 股指期货市场无风险买入点

确定低风险买入机会的原则同样适用于确定低风险卖出机会的过程。为了观察做空仓位的亏损风险情况，我们需要从做空卖出点开始向右画一条水平线，指向未来的价格竹线。出现任何超越这条水平线的价格竹线都意味着做空仓位出现资金亏损风险。在图 4-4 中，你可以看到图中标识的卖出点在产生利润前曾经出现亏损。在现实交易中，即使有时候我们发现了很好的交易机会，而且事实后来表明我们对市场短期方向判断正确，我们也会经常在获利前遭遇亏损。图 4-5 是根据图 4-4 标出的做空入场点绘制的低风险获利图，你可以看出图 4-5 在出现正值（空单获利）前曾经出现负值。

在绘制图 4-2 和图 4-5 这两个低风险获利图时，我们假定仅交易一手合约，而且不考虑手续费。为了得出更加真实的结果，各种手续费应该从获利图中减去。前面例子中的低风险获利图仅仅是为了展示获利能力与低风险入场点的关系。图 4-1、图 4-3 和图 4-4 中的低风险入场点或许看起来非常直观，但现实是大多数交易者没有把确定低风险入场点当作最优先的事情。好像很多交易者太过强调出场的重要性。然而，如果交易者能够在低风险价位处入场,他或她将会获得大量的利润。关注交易的这个方面可以大大改善任何交易方法的交易结果。

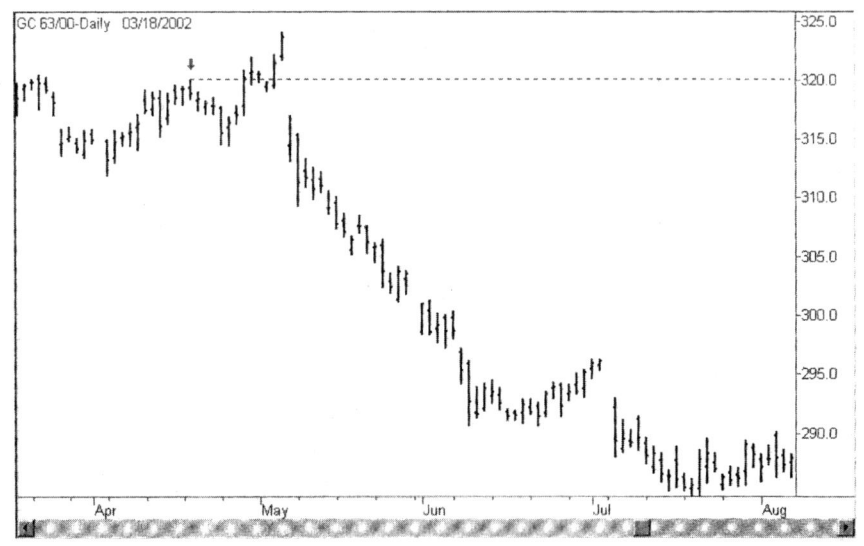

本图由欧米茄研究公司 TradeStation 2000i 软件制作

图 4-4 黄金市场低风险做空入场点

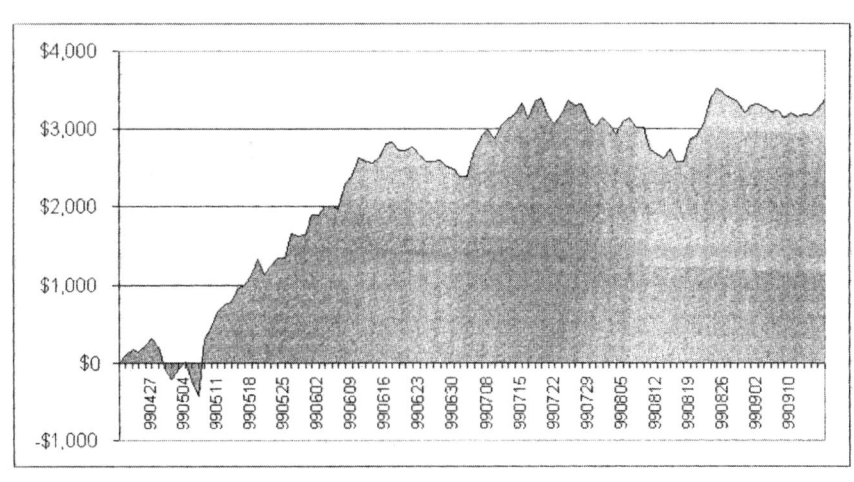

图 4-5 根据图 4-4 中的做空点绘制的低风险获利图

第四章 降低资金风险

大多数交易者没有重视寻找低风险入场点的主要原因之一就是：到目前为止，还没有技术指标帮助他们识别最优相对价位入场点。当我们寻找低风险入场点时，价值图和价格波动概率分布图是非常有效的工具。它们可以独立使用，也可以与其他指标或交易策略联合使用。价值图和价格波动概率分布图是可以帮助亏损交易者变成获利交易者的工具，是可以帮助获利交易者变成更加成功交易者的工具。

我们现在看一下如何把价值图和价格波动概率分布图用作一个独立的市场分析工具来确定标普500股指期货市场中的低风险买入点（见图4-6）。比较重要的一点是要记住某个市场出现一定的超卖程度并不意味着它不会出现更加超卖的程度。这就是我们建议使用其他比较有效的技术指标或交易系统来补充价值图和价格波动概率分布图的原因。

图3-16是标普500市场的价格波动概率分布图，我们可以从中看出标普500股指期货价值图竹线出现在低于-6指标位的概率是4.87%。图4-6标出的17个买入点中有9个是无风险入场点，随后的100多个交易日没有出现任何亏损风险；另外8个入场点在随后的几个交易日出现了短暂的亏损风险。我们选择-6价值图指标位的原因是它在标普500过去的牛市中能够有效识别低风险入场点。值得注意的是图4-6中标普500市场的牛市环境是这种交易策略的理想环境。

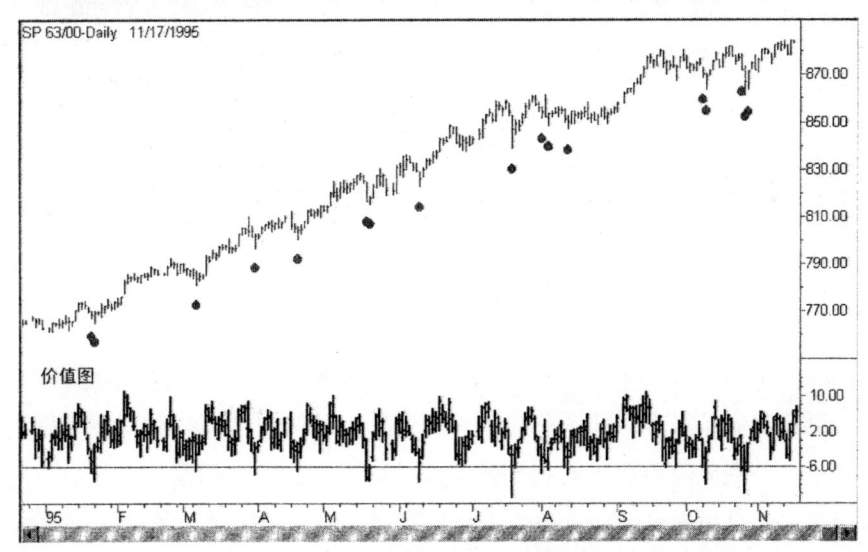

本图由欧米茄研究公司TradeStation 2000i软件制作

图4-6 价值图确定的低风险买入点

既然我们已经展示了价值图具有识别低风险买入点的能力,那我们可以观察一下图4-6中所有17个入场点对应的平均获利图(见图4-7)。值得注意的是价值图帮我们识别了17个低风险入场点,他们的获利能力可以从图4-7中看到。虽然在1995年标普500股指期货市场是一个强劲的大牛市,但是价值图仍然成功地识别出了很多最佳入场点。你应该知道,像图4-6显示的这种大牛市是一种比较少见的例外情况,而不是普通的市场状况。由于这个原因,交易者使用其他有效指标和交易系统强化价值图和价格波动概率分布图显得尤为必要。

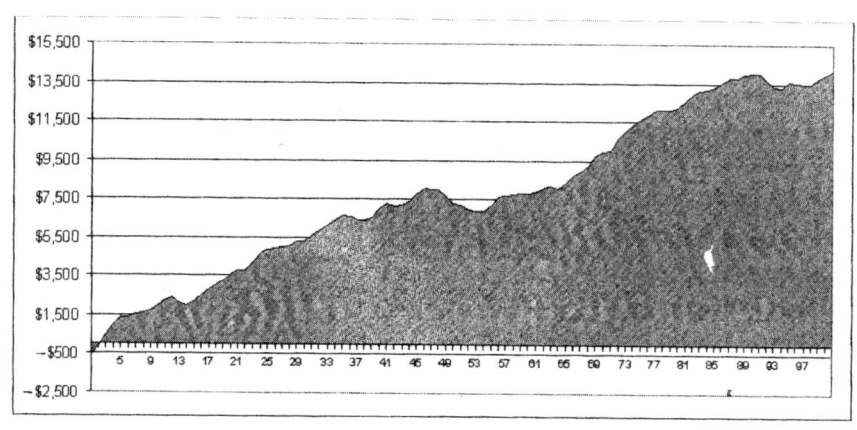

图4-7　根据图4-6中的买入点绘制的平均获利图

图4-7中的平均获利图代表了图4-6中17个买入点在随后100个交易日的平均获利能力。难以置信的是,在标普500股指期货市场价值图出现低于-6指标位的三天内,平均交易结果就开始出现了盈利。图4-6给出的买入点几乎就是交易者希望得到的完美入场点。

既然我们已经看到几个有关低风险入场点的例子,那我们现在可以对比观察一下高风险股票买入点和低风险股票买入点。我们很快会知道,低风险入场交易单经常会比高风险入场交易单更快获利。当交易者的仓位处于获利状态时,他在选取出场策略方面就有更大的灵活性。大多数交易者痛恨退出一次亏损的交易,因为这种出场让亏损成为一种现实。正因为如此，交易者常常会过长时间地持有亏损仓位，这是由于他们希望亏损的仓位会最终转变成盈利的仓位。

当交易者进入市场的时候他们需要采取外科医生的精准手法。他们可以通过独立使用价值图和价格波动概率分布图或者把它们与其他指标联合使用做到这一点。我们应该一直坚持使用这种方法寻找低风险入场点。这或许意味着交易者会偶尔错过一个买入机会，比如像某个市场在强势上涨时没有出现任何调整，一直保持超买状态的情况。作为交易者，我们需要把我们的交易预期建立在统计意义上比较有把握的市场状况基础上，而不是那些不正常的情况。我们现在考虑一下如何把一个普通的股票买入交易提高成一个低风险的买入交易。

因为交易者需要市场价格产生与预期方向一致的变动，才确认自己的观点，所以他们经常在市场已经上涨的情况下开始买入，这就导致他们常常买在一个短期超买价位。他们这样的建仓行为已经增加了亏损的风险。假定我需要市场在我预期方向上发展后，加强我的观点才肯买入，那我要想买入 IBM 公司股票，就要在它上涨一段后买入（见图 4-8）。

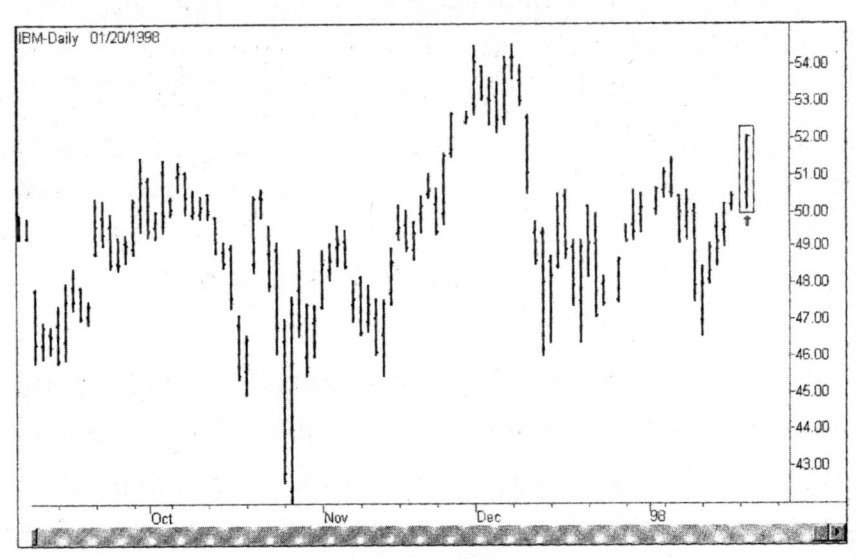

本图由欧米茄研究公司 TradeStation 2000i 软件制作

图 4-8　IBM 股票日线价格图

如图 4-8 所示，IBM 股票已经在过去的 5 个交易日上涨了每股 5 美元，当前价格竹线是最右侧的那根竹线。基本面专家正在寻找支持股票上涨的积极因素。当我们分析图 4-8 时，我们对于后期价格上涨变得非常乐观。但是最近 5 美元的上涨已经把股票价格推到了一个超买价位。假如在 1998 年 1 月 20 日收盘时我们买入 1000 股股票，我们就在一个具有亏损风险的价位进入了这个市场，这主要是因为在这个价位，IBM 股票市场已是处于短期高估状态（见图 4-9）。

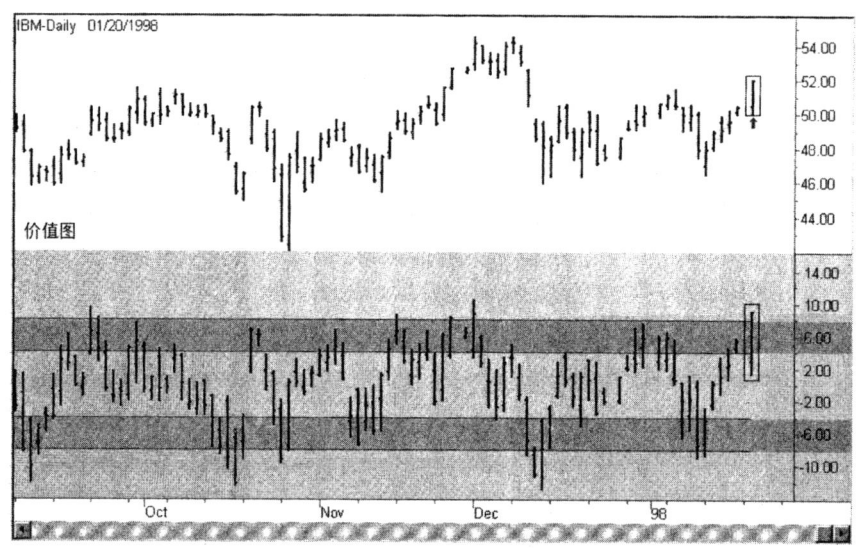

本图由欧米茄研究公司 TradeStation 2000i 软件制作

图 4-9　IBM 股票日线价格图和价值图

既然我们可以把价值图应用到 IBM 股票日线图上，我们就能够看清 1998 年 1 月 20 日我们要买入 IBM 股票时的市场估值。1998 年 1 月 20 日收盘价是 52.02 美元，相应的价值图指标位在 +9.15。我们从前一章学到，一般情况下，价值图指标高于 +8 或低于 -8 就相当于超越了 ±2 标准偏差区域。换句话说，我们可以大致推测 IBM 股票价值图指标高于 +8 的概率大约是 2.5%。我们现在需要做的就是分析根据 IBM 历史价格数据制作的价格波动概率分布图，以确定 IBM 价值图竹线出现在每个指标位的概率（见图4-10）。如果我们确认 IBM 价值图竹线出现在高于+8 指标位的概率非常低，那么就可以确认我们正要买入的 IBM 股票价位是严重超买的价位。在严重超买价位买入任何股票或合约很可能会导致较大的亏损风险。就像我们在本章早些时候说过的，我们需要用外科医生的精准手法，在低风险的入场价位进入市场。

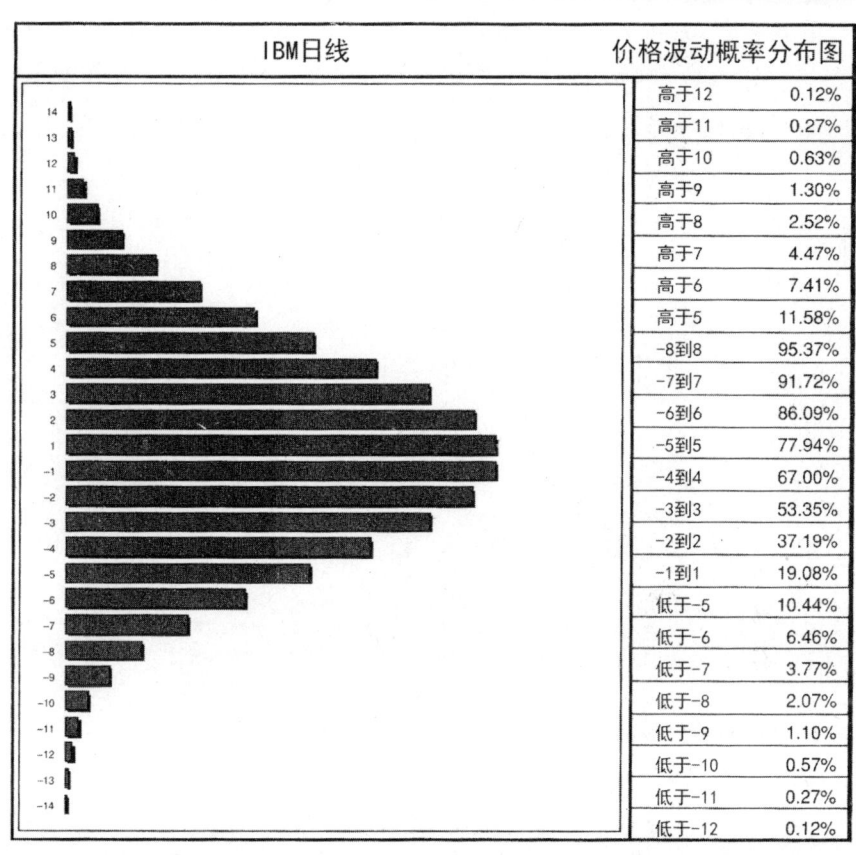

本图由欧米茄研究公司 TradeStation 2000i 软件制作

图 4-10　根据 IBM 股票日线价值图创建的价格波动概率分布图

通过分析图4-10，我们可以看出 IBM 价值图竹线出现在高于+8 指标位的概率仅为 2.52%，而在 1998 年 1 月 20 日收盘时，相应的价值图指标位在+9.15。查阅图4-10,我们看到IBM价值图竹线出现在高于+9指标位的概率仅为1.3%。图3-21和图3-22b表明日线价值图竹线出现高于+8指标位的部分都属于短期严重超买区域。我们决定购买1000股IBM股票,是因为我们相信它的长期趋势是上升的。但我们需要在一个能够最小化亏损风险的价位进入市场。在价值图指标位到达+9.15的时候买入股票将会增加我们的资金亏损风险,而不是降低亏损风险。因此我们决定在价值图指标位到达-5时再买入股票,因为IBM股票价值图竹线出现在低于-5指标位的概率是10.44%。现在我们来观察一下1998年1月20日以后几个交易日的市场走势(图4-11),看看我们准备在更有利价位买入股票的决定是否能够取得成功。

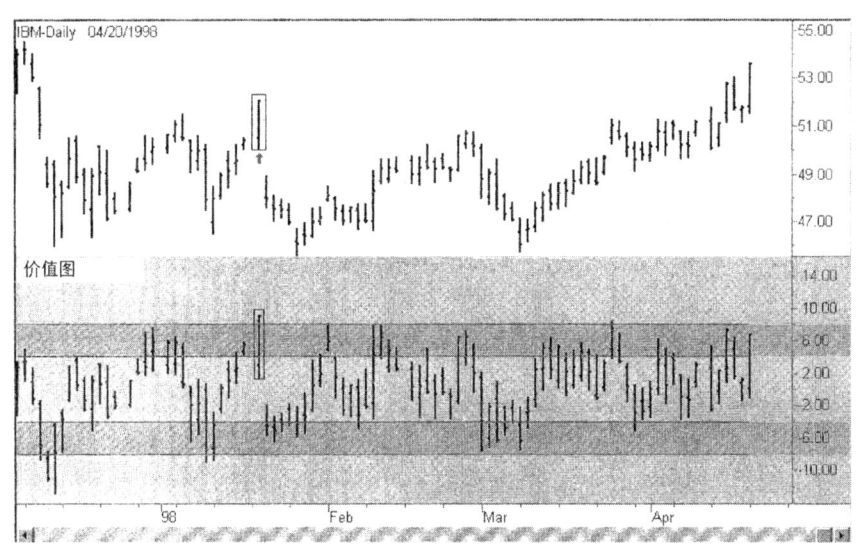

本图由欧米茄研究公司 TradeStation 2000i 软件制作

图4-11　IBM股票日线价格图和价值图

如图4-11所示,IBM股票价格在1998年1月20日以后几个交易日内急剧下跌。就在1月20日后的第二个交易日,IBM股票市场跳空低开,开盘在47.98美元,对应的价值图竹线开盘在-4.49振荡单位。当天价值图竹线最低点击穿我们的进场目标位-5振荡单位。这触发了我们的买入信号，我们买入 1000 股 IBM 股票，买入价为每股 47.79 美元。因为我们要在价值图指标出现中度超卖时（低于-5 时）买入股票，而不是在前一天收盘时以每股 52.02 美元（对应的价值图指标位是+9.15）的价格买入，所以我们能够大幅降低我们的资金亏损风险。当我们看到 IBM 股票第二天开盘价比前一天低了每股 4.04 美元时，在前一天价值图指标位到达+9.15时（就短期而言市场已经达到严重超买状态）买入股票的资金亏损风险就非常明显了。如果我们已经在每股 52.02 美元买入 IBM 股票，那我们从交易开始建仓时就遭受了亏损，这是因为第二天股票价格就开始急剧下跌，你可以从图 4-11 中看出这一点。由于我们使用了价值图这个市场分析工具，有效地确定了相对超买和超卖价位，才使得我们在买入 1000 股 IBM 股票时，节省了 4230 美元。

现在我们来进一步分析前面描述的这两种买入股票建仓的情形。在第一种情形中，我们以每股 52.02 美元的价格（严重超买）买入 1000 股 IBM 股票；在第二种情形中，我们以每股 47.79 美元的价格（中度超卖）买入 1000 股 IBM 股票。有关超卖和超买的程度，图 4-11 的价值图已经明确显示出来了。我们现在可以看看这两种建仓情况的获利图，如图 4-12、图 4-13 和图 4-14 所示。

图 4-12、图 4-13 和图 4-14 这三张获利图是根据前面所述的两种情况计算出来的。每天的盈亏额都是按照入场后每个交易日 IBM 股票市场的收盘价来计算的。首先看一下图 4-12，这是针对我们以每股 52.02 美元（对应的价值图指标位在+9.15）买入股票的情况来绘制的。我们之所以在这个价位买入，是因为这种上涨情形强化了我们认为 IBM 股票市场会走牛市的观点。不幸的是，我们要求市场出现能强化我们观点的积极信号，却让我们在一个严重超买的价位做多入场。

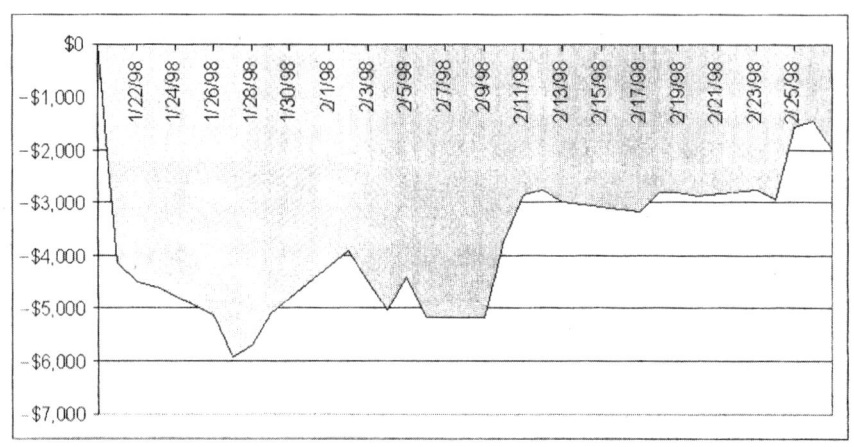

图 4-12 在每股 52.02 美元的价位买入 IBM 股票（价值图指标位在 +9.15）

在图 4-13 中，我们看到了以每股 47.79 美元（对应的价值图指标位在 -5）买入 IBM 股票的获利图。在这种情况下，我们同样是看多 IBM 股票市场，但我们是按照策略利用价值图和价格波动概率分布图来帮助我们买入股票，建立多头仓位，这两种市场分析工具帮我们确定了市场的超买和超卖程度。我们可以利用图 4-14 来对这两种情况进行对比分析，我们发现第二种策略大大降低了我们的资金亏损风险。

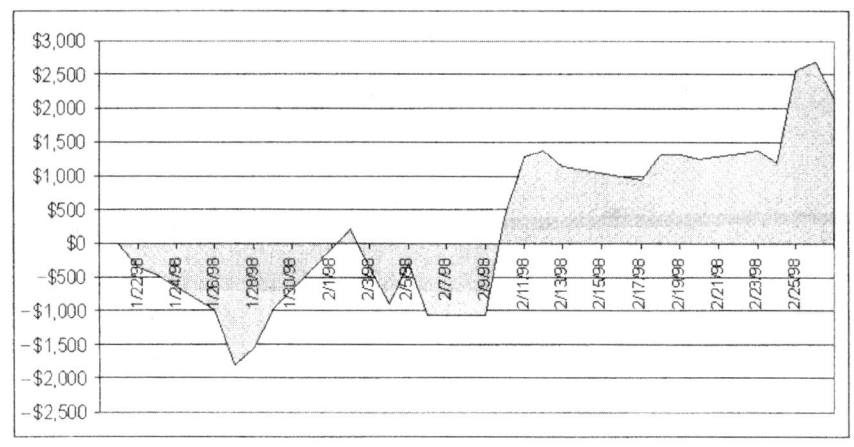

图 4-13 在每股 47.79 美元的价位买入 IBM 股票（价值图指标位在 -5.00）

27个交易日过去后，我们发现第一种买入股票的情况（买入价为每股52.02美元）仍然亏损1969美元，而第二种买入股票的情况（买入价为每股47.79美元）已经获利2199美元。而且，在分析两种情况后，我们发现第一种情形承担的亏损压力要远大于第二种情形。在27个交易日期间内，第一种交易情况最大的浮亏是5937美元，而第二种交易情况最大的浮亏是1769美元。在这个例子中，我们可以清楚地看到，在我们交易任何股票、债券、期货品种时，价值图具有的这种确定相对超买和超卖程度的能力是可以帮助我们降低资金亏损风险的。

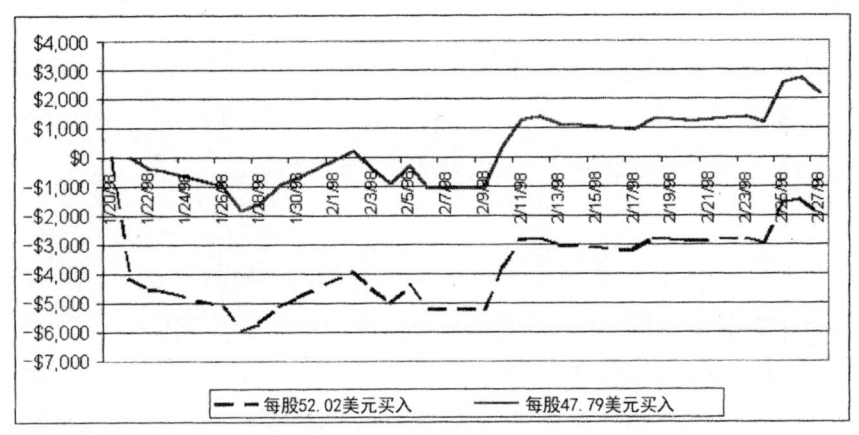

图4-14 分别在每股52.02和47.79美元的价位处买入1000股IBM股票的盈亏状况对比

我们要研究的另外一个例子是，对比在牛市市场环境下以两种不同方式买入美国运通公司股票的亏损风险情况，一种是在价值图指标位到达+8振荡单位时买入股票，另一种是在价值图指标位到达-8振荡单位时买入股票。当一次投资或交易具有较低的亏损风险时，它通常会有更大的机会实现盈利。我们现在要分析一下美国运通公司股票的牛市走势（见图4-15）。牛市市场走势一般适合交易者进行做多交易。当交易者在牛市中寻求做多的时候，他们应该有更多的获利机会。

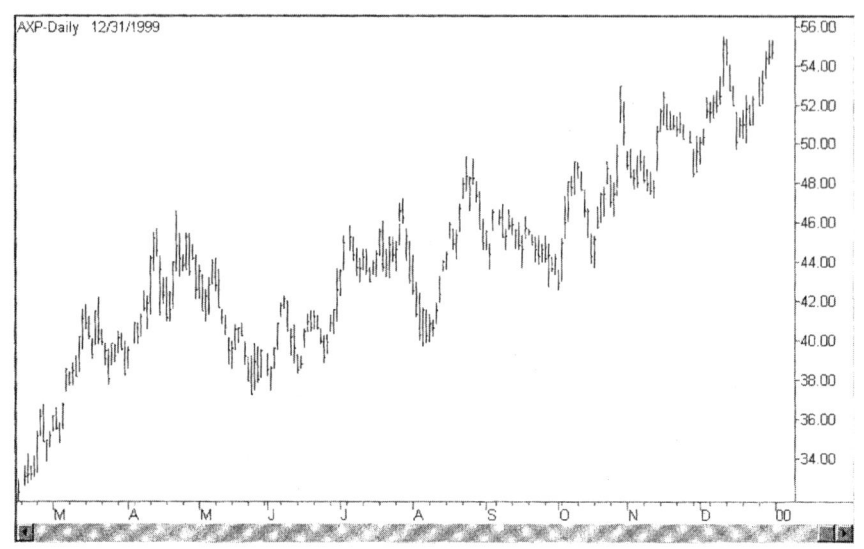

本图由欧米茄研究公司 TradeStation 2000i 软件制作

图 4-15　美国运通股票日线价格图

通过观察图 4-15 中美国运通公司股票价格日线图，我们可以明显看出，在此期间，任何寻机买入这只股票的交易者都应该能获利。经验鼓励交易者顺着趋势的方向进行交易。就像我们在前一个例子中讨论的那样，很多人在市场上涨后开始做多买入，因为市场价格上涨强化了他们的观点。然而，我们也可能看到另外一种情况，就是交易者按照策略在美国运通股票市场大牛市环境中寻找低风险的入场点进行做多交易。

我们需要为图 4-15 中展示的美国运通日线图制作一个价值图。但我们首先要根据美国运通股票历史价值图日线数据创建一个价格波动概率分布图，如图 4-16 所示。

第四章 降低资金风险

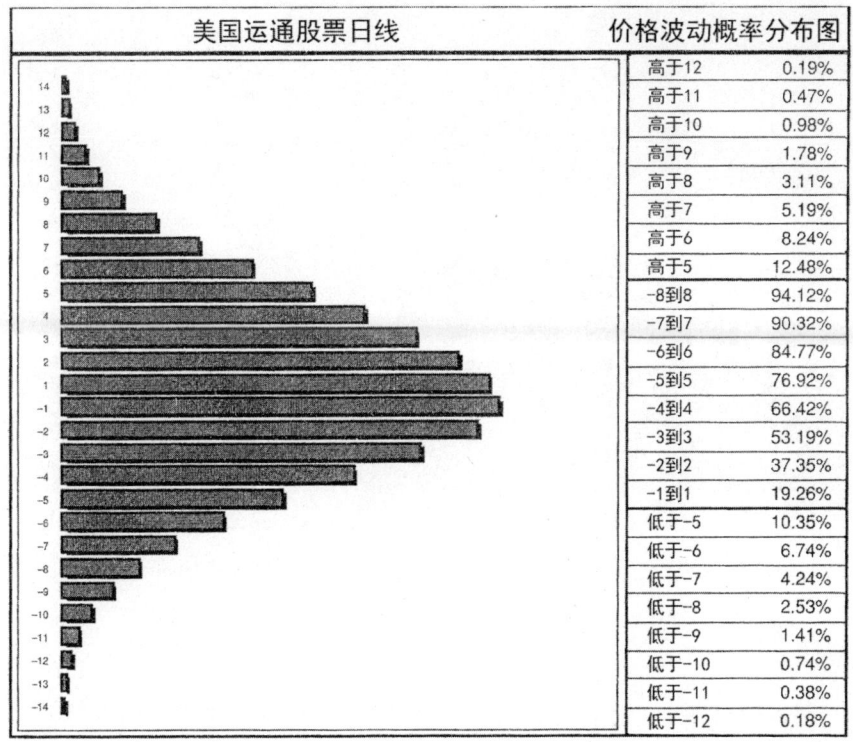

图 4-16 根据美国运通股票日线价值图创建的价格波动概率分布图

在图 4-16 中你可以看到，这个美国运通股票价格波动概率分布图外形好像一个钟形。利用图 4-16 中的价格波动概率分布图数据，我们可以在图 4-15 展示的美国运通股票市场大牛市走势中寻找低风险的入场价位。假定当美国运通股票价值图指标低于 -8 振荡单位时，我们开始寻找做多机会。通过图 4-16 中的价格波动概率分布图数据，我们可以看到美国运通股票价值图竹线出现低于 -8 指标位的概率是 2.53%。我们现在要根据图 4-15 展示的美国运通股票日线图来创建一个相应的价值图（见图 4-17）。

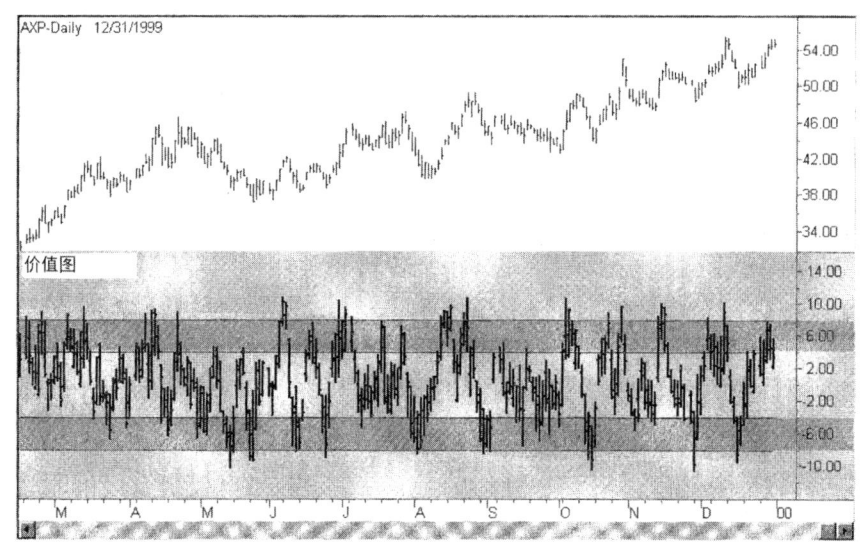

本图由欧米茄研究公司 TradeStation 2000i 软件制作

图 4-17　美国运通股票日线价格图和价值图

通过图 4-17，我们可以看到价值图竹线有很多次击穿 -8 指标位，它们都是低风险的入场做多机会。理想情况下，当我们开始做多或做空交易时，我们希望一入场就开始获利。但在现实世界中，即使是我们的交易单最终会获利，我们也经常不得不在获利前忍受浮亏。当我们分析大多数市场短期的价格行为时，我们观察到市场价格倾向于在被高估的价位和被低估的价位之间来回摆动。随着市场振荡烈度的提高，这种来回摆动的烈度也不断加剧。在价值图出现前，我们很难在一个持续变化的市场环境中确定市场相对估值。但是，现在价值图能够让我们锁定低风险的入场点。这种以较低风险进入市场的能力可以大大提高交易者获利的胜算。

现在我们仔细看一下图 4-17 中美国运通股票价值图指标位低于 -8 的价格竹线。我们用小圆点标识这些竹线（见图 4-18）。

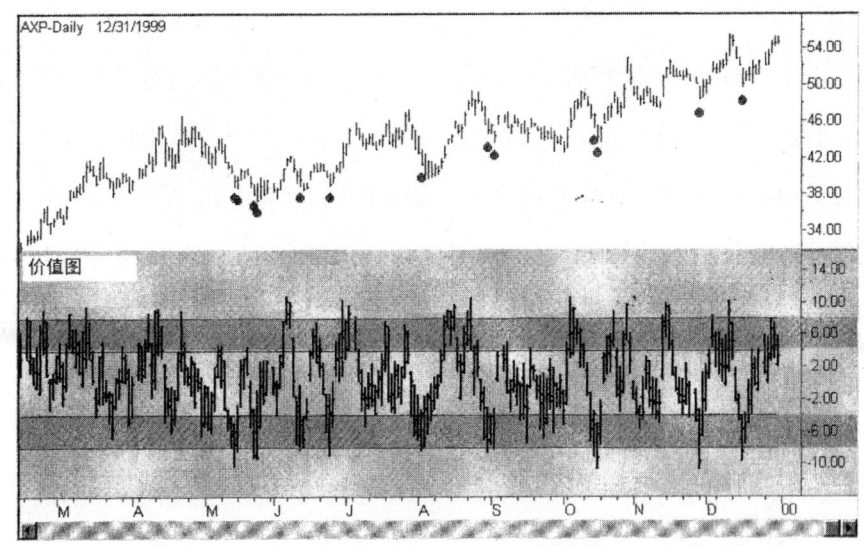

本图由欧米茄研究公司 TradeStation 2000i 软件制作

图 4-18　美国运通股票日线价格图低风险买入点

从图 4-18 中我们可以看到，低于-8 价值图指标位的很多价格竹线都是很好的做多机会。在图 4-19 中，我们用圆点标识出了价值图指标位高于+8 的价格竹线。

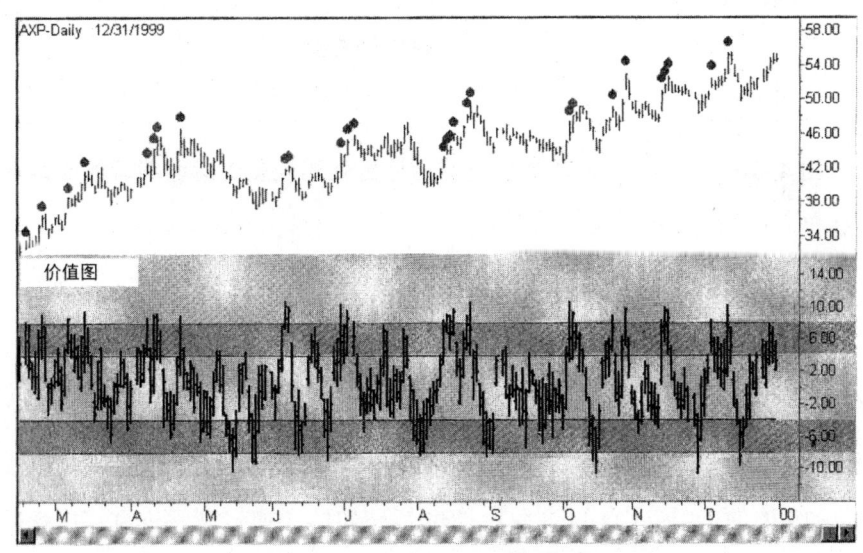

本图由欧米茄研究公司 TradeStation 2000i 软件制作

图 4-19　美国运通股票日线价格图高风险买入点

图 4-20 展示了按照图 4-18 和图 4-19 这两种买入点进行做多交易的盈亏状况。图 4-18 标识出了 13 个做多买入点，它们对应的价值图指标位都低于-8，我们把它们的平均盈亏金额制作成一条实线，显示在图 4-20 的顶部。图 4-19 标识出了 28 个做多买入点，它们对应的价值图指标位都高于+8，我们把它们的平均盈亏金额制作成一条虚线，显示在图 4-20 的底部。

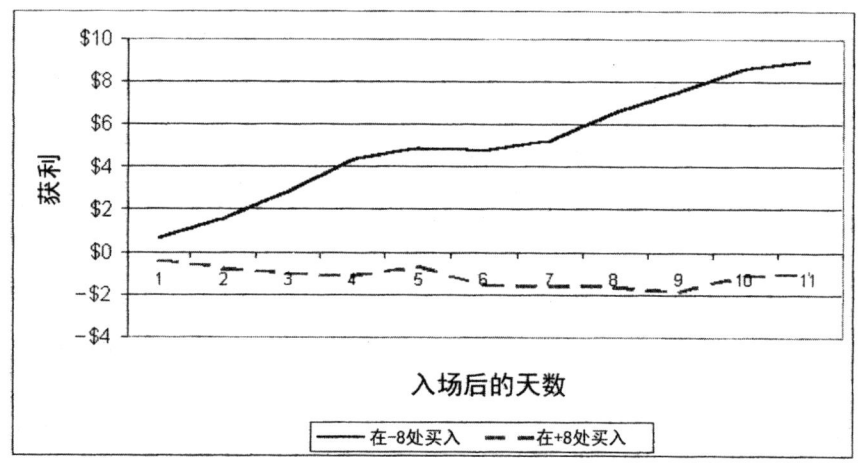

图 4-20　在-8 和+8 两种价值图指标位处买入美国运通股票的平均盈亏结果

在图 4-18 中每一个做多买入点出现后，我们使用随后 10 个交易日的收盘价分别减去相应的买入价计算出相应的盈亏额，再进行 13 个买入点的平均计算，得出入场后 10 个交易日期间每一天的平均盈亏额。对于图 4-19 中的 28 买入点的盈亏计算也是一样的。通过观察图 4-20 我们可以看到在第十一天，图 4-18 中的 13 个买入点产生的平均利润是 8.94 美元，而图 4-19 中的 28 个买入点产生的平均利润是-0.91 美元。通过

第四章　降低资金风险

这种对比，我们可以从中清楚地看出，这两种不同入场方式的交易结果充分地说明了在严重超卖的价位进行做多买入是非常有利的。平均算下来，在美国运通股票市场经历牛市的情况下，在相应价值图指标到达-8时买入股票的策略确实能够降低我们的资金亏损风险。

我们可以更加仔细地观察一下图4-19中前八个买入点，如图4-21所示。你可以看到，如果没有价值图的帮助，它们就没有一个看起来是不合理的做多入场位。但是，事实情况并非如此。即使在一个强劲的牛市环境中，两种买入方式的交易结果也有很大的差异。图4-20充分证明了价值图和价格波动概率分布图在确定严重超买（高风险买入点）和严重超卖价位（低风险买入点）方面是非常有效的市场分析工具。

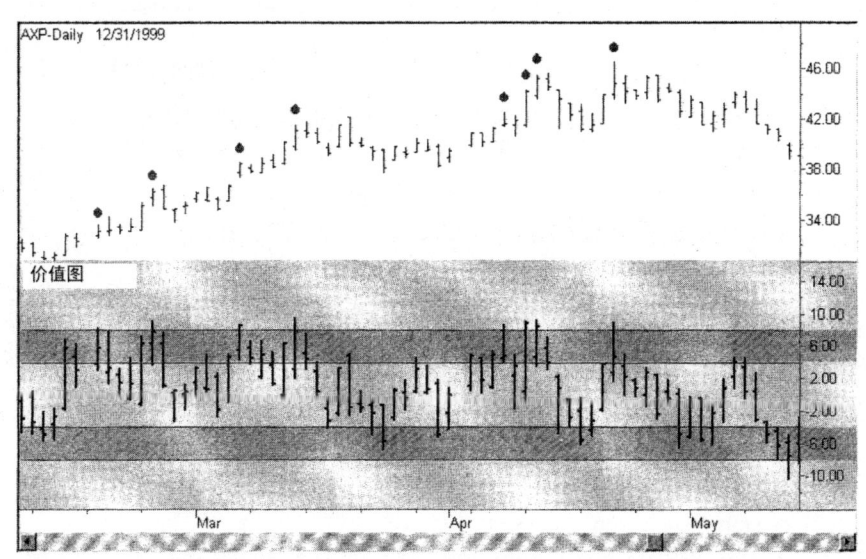

本图由欧米茄研究公司TradeStation 2000i 软件制作

图4-21　图4-19中前八个美国运通股票高风险买入点

现在我们可以观察一下图4-18中前六个低风险买入点，如图4-22所示，你可以看到它们是多么让人惊讶的入场点。

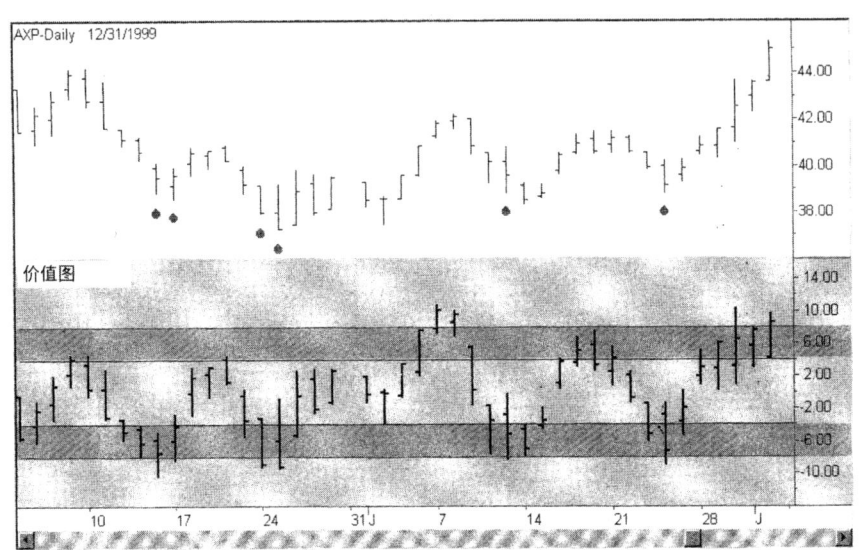

本图由欧米茄研究公司 TradeStation 2000i 软件制作。

图 4-22　图 4-18 中前六个美国运通股票低风险买入点

为了更加全面地分析图 4-22 展示的几个低风险买入机会，我们可以只考虑价值图指标向下击穿 -8 振荡单位（价值图 4 条水平线最下面一条线对应的指标位）的价格竹线，而且我们只会在这一段低于 -8 价值图指标位的价格竹线内买入。通过观察图 4-22 中 6 根被标识竹线的最后一根竹线，如图 4-23 所示，我们可以更加全面地领会某些低风险买入点的亏损风险究竟有多低。

第四章 降低资金风险

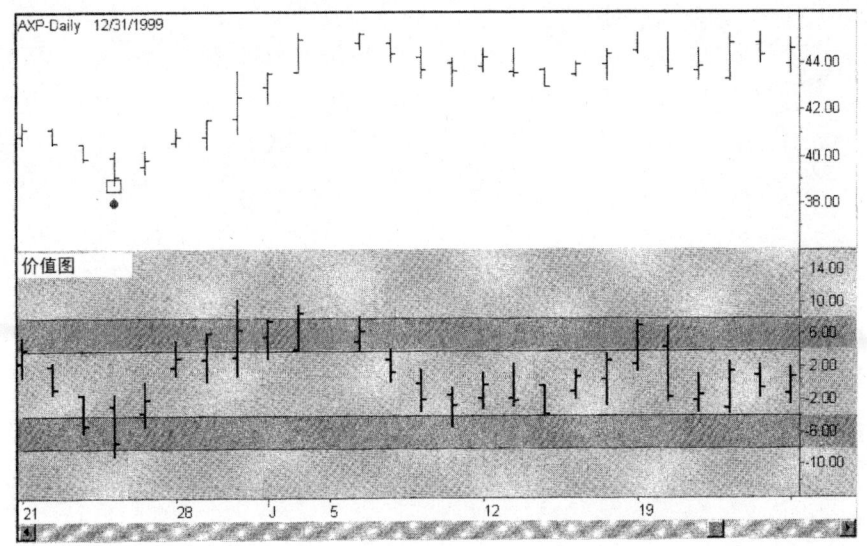

本图由欧米茄研究公司 TradeStation 2000i 软件制作

图4-23 图4-22中最后一个美国运通股票低风险买入点（方框框住的部分竹线就是买入点）

图4-23展示的买入信号是由低于-8价值图指标位的部分价格竹线产生的，这一部分价格竹线仅指1999年6月24日价格竹线底部0.5美元区间的部分。这个买入机会最大的浮亏是0.17美元，即1999年6月24日入场价位39.00美元减去当日最低价38.83美元，而且产生浮亏的时间是非常短的。这次交易在入场后第二个交易日立即开始产生利润，而且入场7天后，在1999年7月6日市场收盘价到达每股45.26美元时，这次交易的利润已经增长到16%（每股6.26美元）。虽然图4-23展示的交易信号是一种比较理想的状况，但它至少见证了价值图和价格波动概率分布图作为市场分析工具的潜能。

比较客观地讲，价值图和价格波动概率分布图应该成为整体交易策略的一个重要组成部分。换句话说，为了提高整体交易策略的实战收益，可以把其他很多技术和基本面分析工具与价值图和价格波动概率分布图融合在一起使用。

第五章　使用短线交易系统优化价值图

在第四章我们了解到价值图和价格波动概率分布图对于降低资金亏损风险而言是非常有价值的市场分析工具。我们现在知道维持较低的亏损风险是每个市场参与者应该考虑的重要问题。经验告诉我们没有一种市场分析工具是完美无缺的，价值图和价格波动概率分布图也不例外。但是，我们可以通过把价值图和价格波动概率分布图与其他技术分析指标或交易系统融合在一起来改善我们的整体交易策略。请看一下图5-1所示的原油日线价格图，这种价格图与本书其他类似的图一样，是一种连续向前调整的走势图。因此，虽然原油市场相对价格变动是准确的，但是它的Y轴价格点位却不是准确无误的。

在图5-1中，价值图和价格波动概率分布图通过标识低于-8价值图指标位的价格竹线，成功确定了6个原油牛市行情中的短期底部入场点。根据图5-2中的原油价格波动概率分布图，我们可以看到原油市场价值图竹线出现在低于-8指标位的概率只有2.83%。我们也在图5-1中注意到原油市场在10月份出现了一个大级别调整，这次回撤调整向下穿越了前三个已经标识出低于-8指标位的价格竹线。如果我们仅仅依据价值图和价格波动概率分布图进行交易，那么在这次调整进行中当价值图竹线第一次击穿-8指标位时，我们就已经入场做多了，这样的话，在入场后几个交易日我们就会不可避免地出现亏损风险。

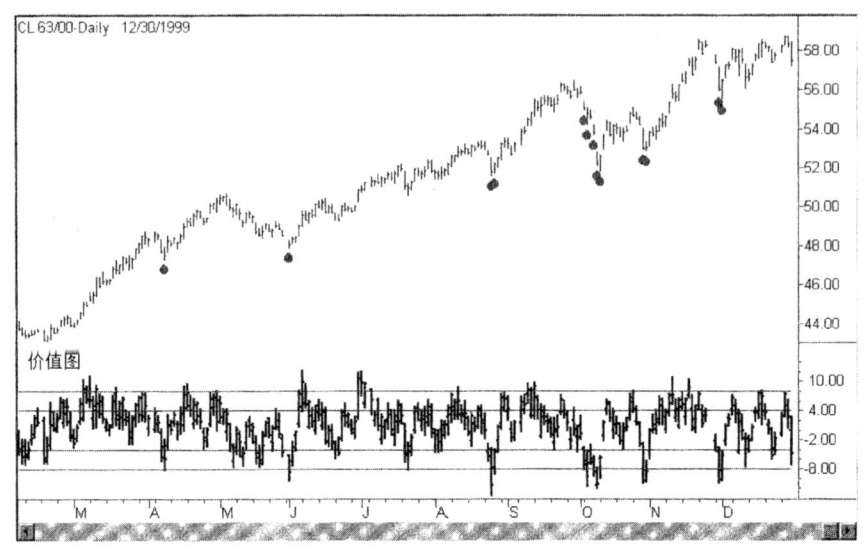

本图由欧米茄研究公司 TradeStation 2000i 软件制作

图 5-1　原油日线价格图低风险买入点

使用短线交易系统优化价值图

虽然在图 5-1 中我们通过标识低于 -8 价值图指标位的价格竹线可以确定 6 个比较理想的买入点，但是当原油市场在 1999 年 10 月份出现大调整时我们却出现了一次例外。由于这次调整中原油价值图竹线接连 5 次出现低于 -8 指标位的情况，我们也因此相应地标识了 5 个价格竹线买入点。如果每次价值图竹线出现低于 -8 指标位时（就像图 5-1 标识出的那样）我们都买入原油，那么我们将会已经参与了 10 个低风险买入机会（10 个价格竹线标识点确定了 6 个原油市场回调低点）和 3 个高风险买入机会（如图 5-3 中的方框所示）。

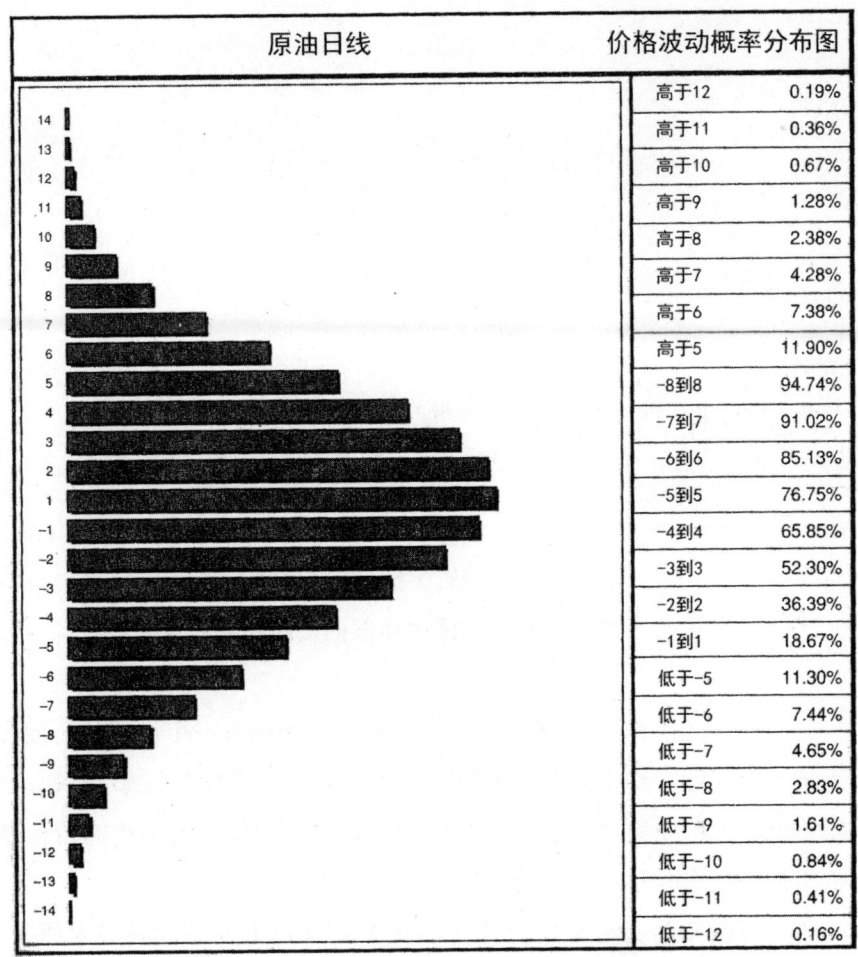

图 5-2　根据原油日线价值图创建的价格波动概率分布图

在图 5-3 中，方框中圆点标识出的 3 根价格竹线都出现了相应价值图竹线低于 -8 指标位的情况。但是，我们可以看到，这些价格竹线并不是低风险买入机会，它们与图 5-3 中其他 8 根带有圆点标识的价格竹线不一样。然而，如果我们在 30 分钟原油市场价格竹线图中加入一个短线交易系统，我们就能提高在市场出现调整时入场交易的效果。这样做，我们将会有希望避免在大级别调整时过早进场交易。

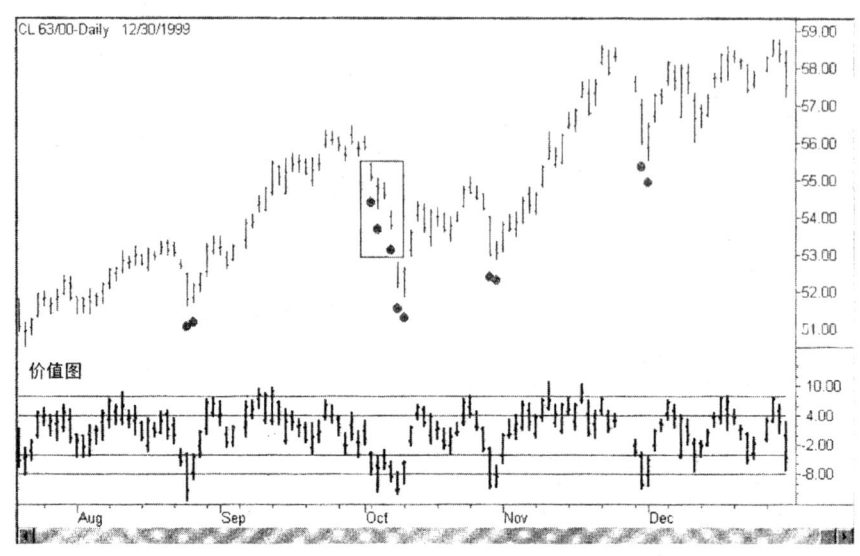

本图由欧米茄研究公司 TradeStation 2000i 软件制作

图 5-3 原油日线价格图中错误的低风险买入点

交易者可以在 30 分钟原油市场价格竹线图中加入一个简单的短线交易系统，在实际交易中遵循几个原则。图 5-4 列出了几个在 30 分钟原油市场价格竹线图中应用短线交易系统的原则，希望能够帮助提高价值图和价格波动概率分布图在识别低风险入场机会方面的有效性。

图 5-4 给出的交易原则允许我们在市场满足下列条件时买入原油：1. 市场上涨的趋势已经确立；2. 原油价值图竹线出现低于-8 指标位的情况；3. 遵循在 30 分钟价格竹线图中应用的 10 根竹线突破系统确定的入场信号。我们会在原油价值图竹线出现高于+8 指标位的情况时退出多头仓位，或者在市场价格低于 30 分钟竹线图入场点对应的止损点时止损出局。

买入信号

对于 30 分钟原油价格竹线图，当市场出现高于最近 10 根竹线最高价一个点时买入原油。

出场信号

当原油日线价值图指标到达+8 或高于+8 指标位时出场。

资金管理止损位

在 30 分钟竹线图中，把止损点设置在短线突破系统买入信号出现前的 10 根竹线最低价的最低价下面一个最小价格变动单位的价位，市场跌破止损点时立即止损出局。

原油买入策略

第一重滤网　　趋势跟踪系统确认上涨趋势确立，并遵循顺势交易信号。对于依据收盘价计算的简单移动平均线，当 25 日简单移动平均线向上穿越 75 日简单移动平均线并保持在上方时，上涨趋势确立。

第二重滤网（买入信号）　　一旦移动平均线趋势跟踪系统（第一重滤网）确认上涨趋势，当价值图指标低于-8 时就开始寻机买入原油。图 5-2 是原油的价格波动概率分布图，我们可以从中看到价值图竹线出现在低于-8 指标位的概率是 2.83%。

短线交易系统优化价值图　　如果市场满足了前面两重滤网条件，我们就会在原油 30 分钟价格竹线图上应用 10 根竹线突破系统，并遵循它确认的买入信号。一旦原油上涨趋势确立，而且原油价值图指标低于-8 振荡单位，我们就会启动短线交易系统。一旦启动短线突破交易系统，我们就会遵循随后出现的买入信号。但是 10 根竹线短线突破交易系统产生的其他买入或卖出信号都将被忽略。

图 5-4　原油交易策略原则

我们列举这个交易系统的目的就是想说明，为了优化价值图和价格波动概率分布图，我们可以使用很多不同的交易分析工具或系统。我们的目的是要确定低风险入场点。如果我们能够在低风险入场点进场交易，那我们在决定如何出场方面就会有更大的灵活性。如果我们在高风险入场点进场交易，那么即使后来事实证明我们判断的长期趋势方向是正确的，我们也很可能会在入场后的几个交易日内面临亏损的风险。在交易系统开发领域，价值图和价格波动概率分布图的潜在应用是非常广泛的。我们现在可以继续评估应用在1999年原油市场牛市走势中的交易系统（就是图5-4说明的交易系统）。我们的第一步就是根据图5-4中的第一重滤网，判断原油市场是否正在牛市行情当中。通过移动平均线交叉交易系统，我们确认原油市场确实正在牛市行情当中（见图5-5）。

你可以从图5-5中看到，移动平均线趋势跟踪系统在1999年3月8日表明原油市场开始走牛，而且一直到这年年底，25日移动平均线都在75日移动平均线上方。根据图5-4第一重滤网标准，我们可以判断出在这一年整个原油市场确实在一个上升趋势当中。

在图5-1中，我们曾经观察到13个标有圆点的价格竹线，与它们对应的价值图指标都曾经低于-8指标位。这些价格竹线满足了图5-4说明的第二重滤网标准。这13根价格竹线中有6根竹线确定了原油市场牛市行情中的回调低点。我们现在可以评估一下短线交易系统的买入信号。从图5-4中，我们知道，只有在原油市场处于牛市行情当中，且价值图指标出现低于-8振荡单位的情况时，我们才开始启用短线突破交易系统。从图5-6开始，我们将依次展示这次原油市场牛市当中的6次回调。同时也将详细展示突破交易系统产生的短线交易信号。再次说明，竹线图右侧的Y轴价格点位是无关紧要的，重要的是图中展示的连续价格变动情况是准确的。

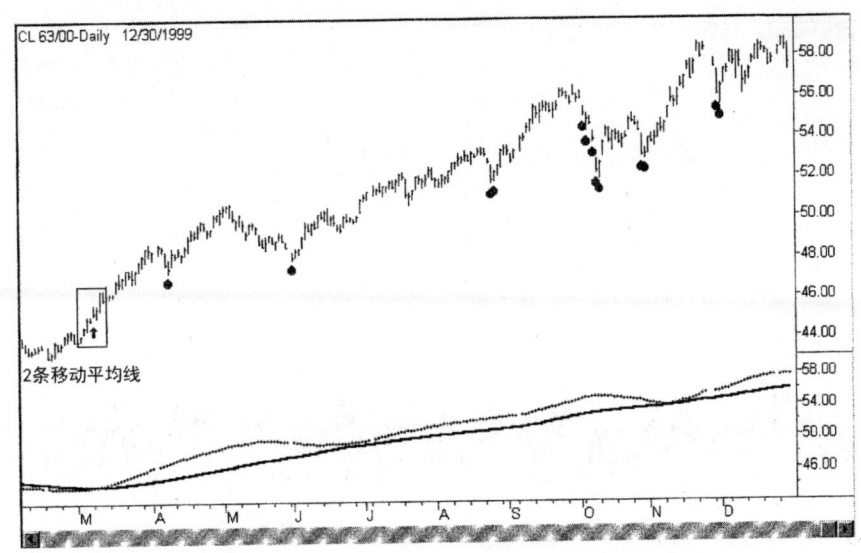

本图由欧米茄研究公司 TradeStation 2000i 软件制作

图 5-5　应用在原油日线价格图中的趋势跟踪移动平均线交叉系统

　　从图 5-6 到图 5-17，我们可以观察一下各个交易机会的结果。这些交易机会都是按照图 5-4 的原则确定出来的。值得注意的是图 5-6、图5-8、图 5-10、图 5-12、图 5-14 和图 5-16 都属于连续向前调整的原油价格图。合约移仓价格跳空缺口已经被删去，Y 轴价格点位因此变得有些失准。但是原油价格的相对变动是非常准确的，相应的分析也是可靠的。同样，图 5-7、图 5-9、图 5-11、图 5-13、图 5-15 和图 5-17 展示的 30 分钟原油价格竹线图也都属于连续向前调整的原油价格图。当我们在任何期货品种上测试交易系统时，构建连续向前调整或连续向后调整的竹线图都是很重要的一步。这将会确保待测交易系统的盈亏结果是建立在合约价格变动的基础上，而不是合约移仓产生的价格跳空缺口上。表5-1展示的是图 5-6 到图 5-17 中各次交易的盈亏结果。

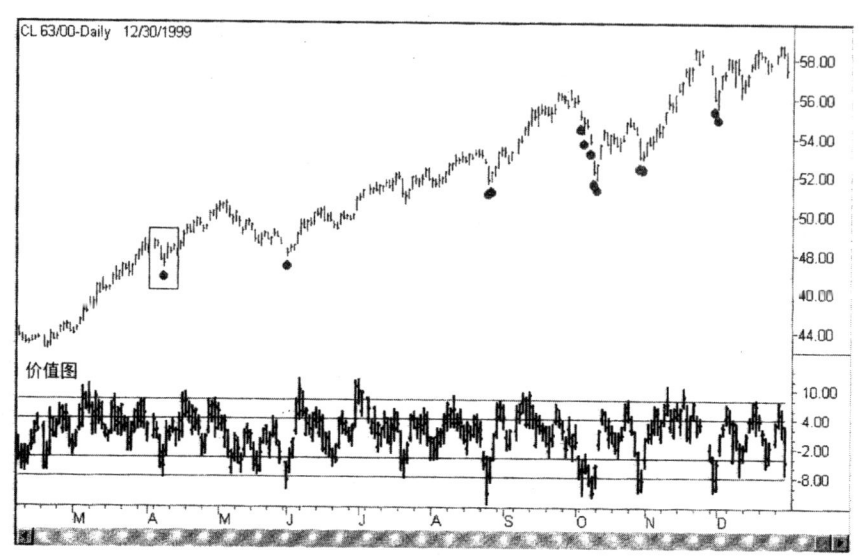

本图由欧米茄研究公司 TradeStation 2000i 软件制作

图 5-6　1999 年 4 月 8 日低风险买入点

表 5-1 展示的交易系统最终盈亏结果是非常令人鼓舞的。当我们在计算交易结果时，我们假定买卖一手合约的手续费是 25 美元，每次交易仅买入或卖出一手合约，而且不考虑成交价差的影响。

图 5-4 展示的原油买入交易系统在 1999 年原油市场中的表现是非常成功的。获利交易单的平均盈利是亏损交易单平均亏损的两倍以上。在假定原油市场没有出现跳空击穿止损位的情况下，每次交易的平均亏损风险是 535 美元。请注意，在 1999 年 10 月 7 日，原油市场价格确实跳空击穿我们的止损位，很明显，这次交易的亏损金额明显大于我们提前设定的亏损风险。所有交易次数的交易成功率达到 75%，这给人留下了深刻的印象。

表 5-1　根据图 5-4 展示的交易策略进行原油做多交易的交易结果

参考图	入场日期	买入价格（美元/桶）	出场日期	卖出价格（美元/桶）	利润/亏损（美元）	亏损风险（止损）（美元）
图 5-6、5-7	1999.4.9	15.33	1999.4.16	16.47	1115.00	635.00
图 5-8、5-9	1999.6.2	15.61	1999.6.4	16.49	855.00	255.00
图 5-10、5-11	1999.8.26	19.29	1999.9.9	21.68	2365.00	375.00
图 5-12、5-13	1999.10.6	22.56	1999.10.7	21.58	−1005.00	755.00
图 5-12、5-13	1999.10.11	20.21	1999.10.25	22.76	2525.00	635.00
图 5-14、5-15	1999.10.29	21.14	1999.10.29	20.58	−585.00	535.00
图 5-14、5-15	1999.11.1	21.06	1999.11.10	23.55	2465.00	535.00
图 5-16、5-17	1999.12.1	24.20	1999.11.11	26.58	2355.00	555.00

利润/亏损合计　　　10090.00 美元
获利单平均盈利　　1946.67 美元
亏损单平均亏损　　−795.00 美元
每次交易平均亏损风险　353.00 美元
交易次数成功率　　75%

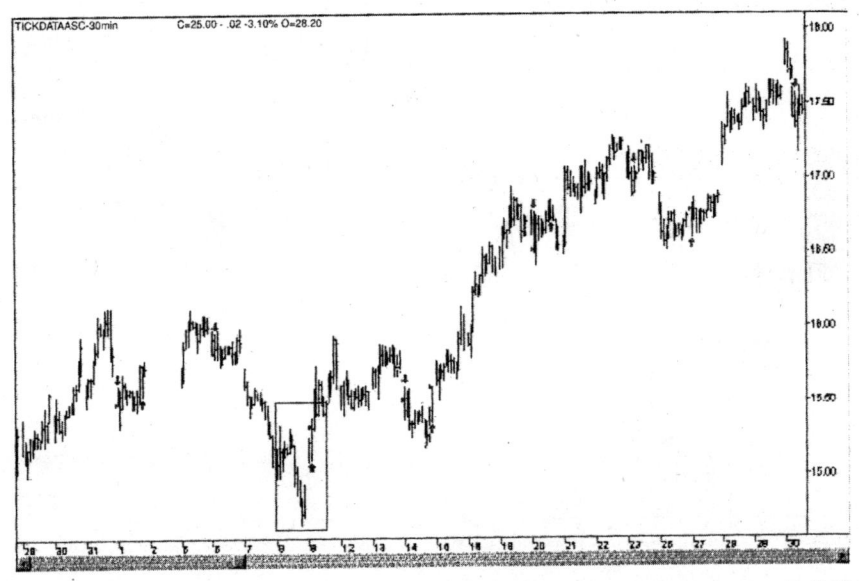

本图由欧米茄研究公司 TradeStation 2000i 软件制作

图 5-7　1999 年 4 月 9 日出现的短线突破交易系统买入信号

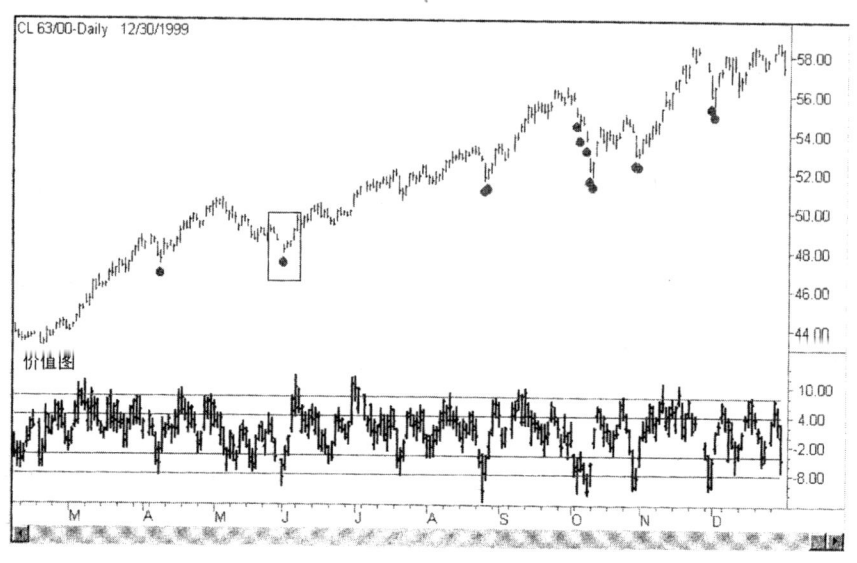

本图由欧米茄研究公司 TradeStation 2000i 软件制作

图 5-8　1999 年 6 月 1 日低风险买入点

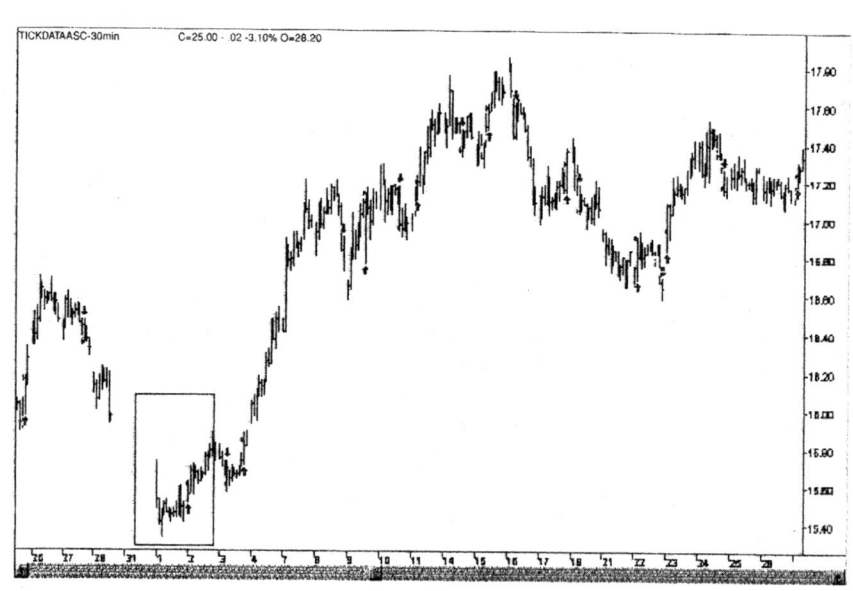

本图由欧米茄研究公司 TradeStation 2000i 软件制作

图 5-9　1999 年 6 月 2 日出现的短线突破交易系统买入信号

第五章 使用短线交易系统优化价值图

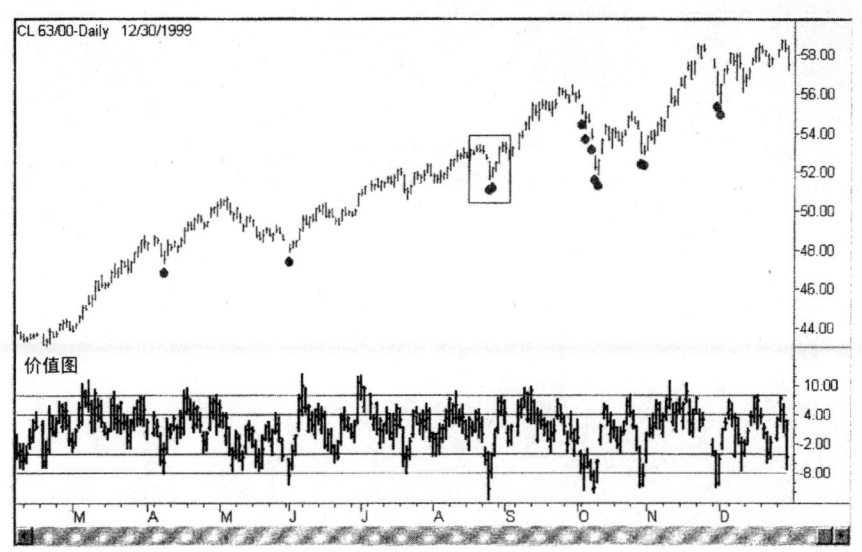

图 5-10　1999 年 8 月 25 日—26 日低风险买入点

图 5-11　1999 年 8 月 26 日出现的短线突破交易系统买入信号

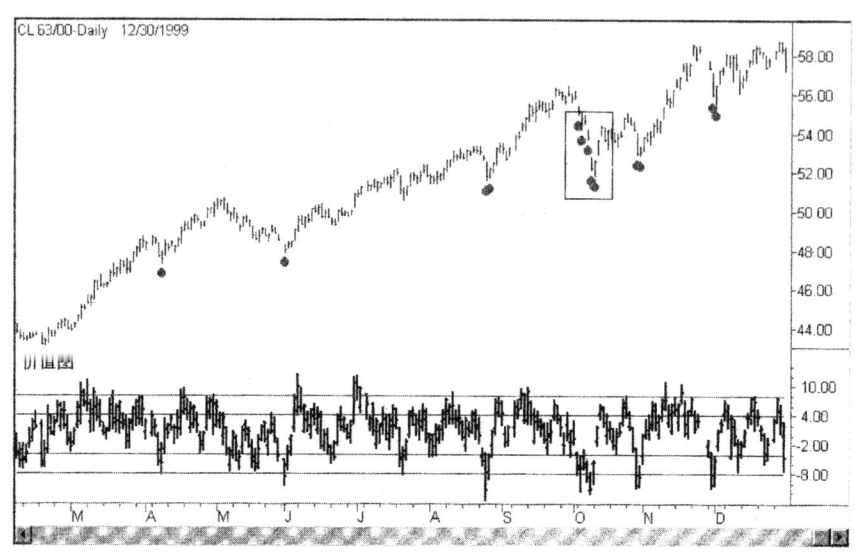

本图由欧米茄研究公司 TradeStation 2000i 软件制作

图 5-12　1999 年 10 月 4 日—11 日低风险买入点

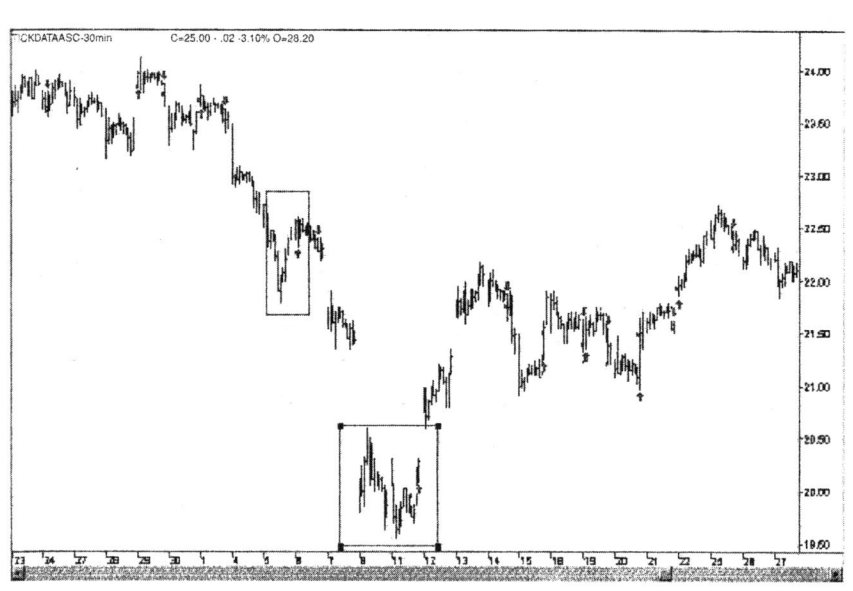

本图由欧米茄研究公司 TradeStation 2000i 软件制作

图 5-13　1999 年 10 月 6 日和 11 日出现的短线突破交易系统买入信号

第五章 使用短线交易系统优化价值图

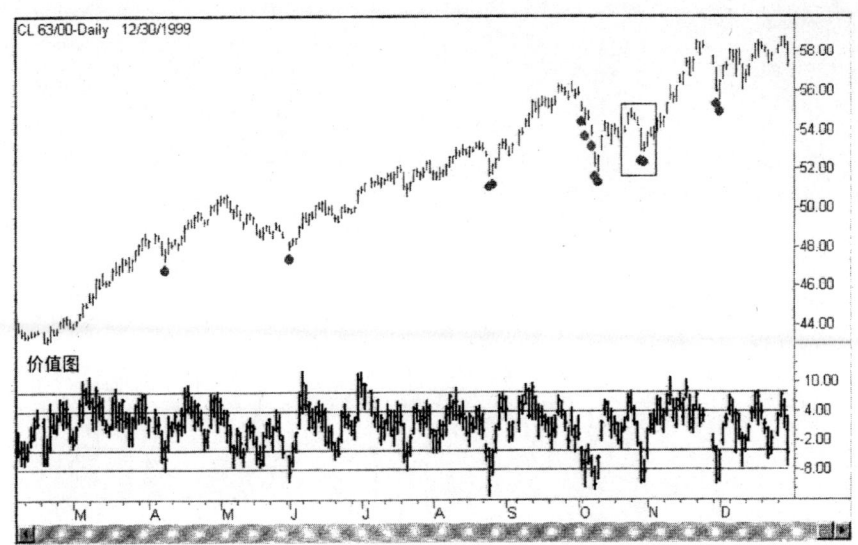

图 5-14　1999 年 10 月 28 日—29 日低风险买入点

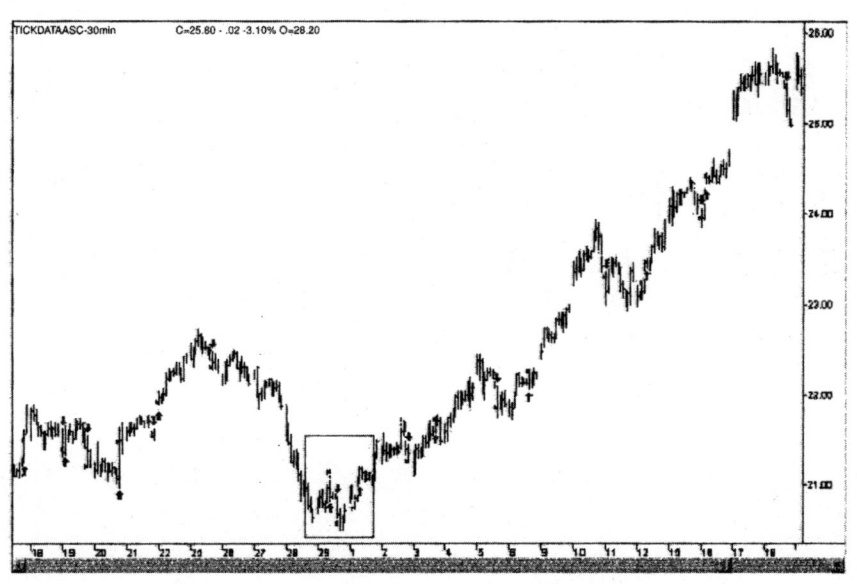

图 5-15　1999 年 10 月 29 日—11 月 1 日出现的短线突破交易系统买入信号

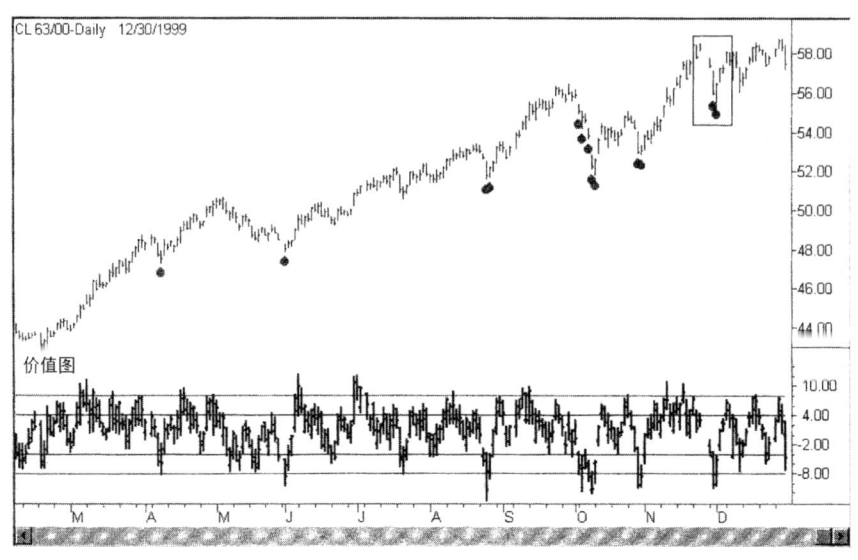

图 5-16　1999 年 11 月 30 日—12 月 1 日低风险买入点

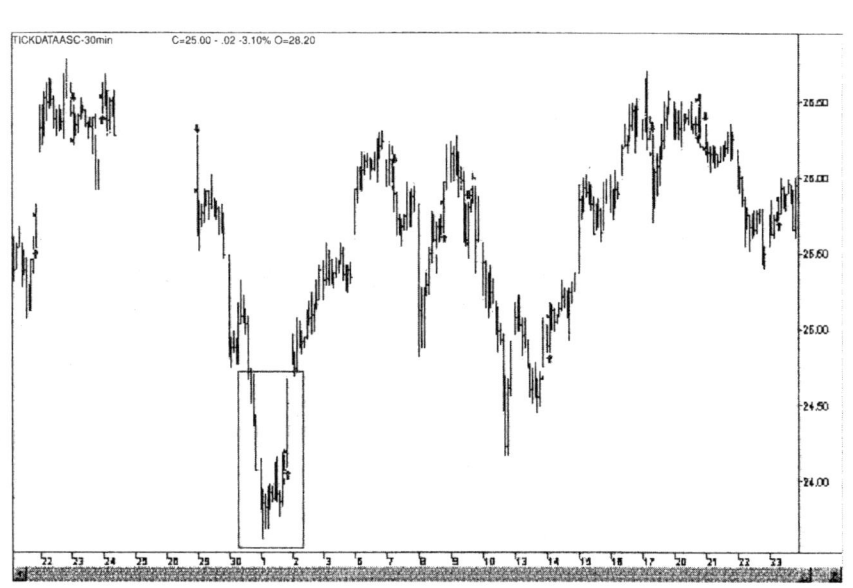

图 5-17　1999 年 12 月 1 日出现的短线突破交易系统买入信号

在1999年原油市场牛市行情中应用图5-4展示的交易策略的目的就是要向你说明如何把价值图和价格波动概率分布图融合到一个交易系统中去。在此我们提醒你，本书所讲的任何交易策略都不能保证你获利。过去的表现也不代表未来的结果。而且，交易股票或期货本身确实存在亏损风险。

应用在1999年原油市场的这个交易策略的一个重要方面就是大多数获利交易单在入场后立即开始获利。也就是说在获利前我们没有忍受令人痛苦的浮亏时期。从交易者心理和情绪的角度来讲，这种交易结果都是非常理想的。随着价值图和价格波动概率分布图的进一步发展，我们现在有能力按照这些原则搜索几百个市场品种（使用电脑和相应的交易软件）去寻找适合的交易机会。

在金字塔式交易系统中使用价值图和价格波动概率分布图

图5-4展示的短线交易策略可以改造成一个金字塔式交易策略。对于每次追加在第一次交易仓位上的多头仓位，我们可以统一遵循长期移动平均线交叉交易系统给出的卖出信号一次性全部卖出，这样我们就把前面的短线交易策略改造成了一个金字塔式交易策略。换句话说，我们不需要在价值图指标到达+8振荡单位时卖出多头仓位，相反，我们要把它们留下来，直到我们的长线趋势跟踪系统发出一个卖出信号。这将会让我们按照图5-18展示的交易原则，像堆积金字塔一样积累多头仓位。

当然对于每一次金字塔式的交易仓位，我们仍然会像图 5-4 展示的交易系统一样设置资金管理止损位。图 5-4 和图 5-18 展示的交易系统的唯一区别就在于我们不再在价值图指标到达+8 指标位时退出金字塔式的交易仓位。我们将保留这些仓位，一直到长期移动平均线趋势跟踪系统发出卖出信号。

根据这些新的交易规则（见图 5-18），当我们的趋势跟踪移动平均线系统发出买入信号时，我们就会进入原油市场。在前面图 5-4 的交易策略中，趋势跟踪系统只是作为一层确认趋势方向的滤网。在金字塔式交易策略中我们需要遵守几个原则。只有当市场价格在我们可以获利的预期方向上超越我们上一次入场价位时，我们才会增加新的仓位。这就能够确保我们将会买到更高的底部低点。另外一个强制措施是，在 30 分钟竹线图上，对于每一次单独的金字塔式交易，我们都会继续遵循资金管理止损位设置原则。如果我们一直在最早的趋势跟踪入场仓位上不停地累加仓位，那这个市场一定是在我们预期的方向上运行。我们的目标就是要尽量降低每一次金字塔式买入交易的风险。一个有效的方式就是使用资金管理止损设置。图 5-6 到图 5-17 展示的图表对于描述每一次金字塔式买入交易的过程来说已经是足够了。

买入信号
对于30分钟原油价格竹线图，当市场出现高于最近10根竹线最高价的最高价一个点时买入原油。

出场信号
依据收盘价计算的25日简单移动平均线向下穿越75日收盘价移动平均线时，退出所有多头仓位。（适用于原油价格日线图）

适用于金字塔式做多交易的资金管理止损位
在30分钟竹线图中，把止损点设置在短线突破系统买入信号出现前的10根竹线最低价的最低价下面一个最小价格变动单位的价位，市场跌破止损点时立即止损出局。

原油金字塔式做多交易策略

最初买入信号 上涨趋势由趋势跟踪系统确认，并遵循顺势交易信号。对于依据收盘价计算的简单移动平均线，在市场出现25日简单移动平均线向上穿越75日简单移动平均线的情况下，在当日收盘时买入一手合约。

金字塔式滤网（买入信号） 一旦移动平均线趋势跟踪系统确认上涨趋势，当价值图指标低于-8时就开始寻机买入原油。图5-2是原油的价格波动概率分布图，我们可以从中看到价值图竹线出现在低于-8指标位的概率是2.83%。

累积仓位的短线交易系统 如果市场满足了金字塔式滤网条件，我们就会在原油30分钟价格竹线图上应用10根竹线突破系统，并遵循它确认的买入信号。一旦原油上涨趋势确立，而且原油价值图指标低于-8振荡单位，我们就会启动短线交易系统。一旦启动短线突破交易系统，我们就会遵循随后出现的买入信号。但是如果我们当前买入的仓位没有止损出局，那么10根竹线短线突破交易系统产生的其他买入或卖出信号都将被忽略。

图5-18 原油金字塔式交易策略原则

表 5-2 根据图 5-18 展示的交易策略进行原油金字塔式做多交易的交易结果

参考图	入场日期	买入价格(美元/桶)	出场日期	卖出价格(美元/桶)	利润/亏损(美元)	亏损风险(止损)(美元)
图 5-5	1999.3.8	12.79	1999.4.15	26.58	13765.00	N/A
图 5-6、5-7	1999.4.9	15.33	1999.4.16	26.58	11225.00	635.00
图 5-8、5-9	1999.6.2	15.61	1999.6.4	26.58	10945.00	255.00
图 5-10、5-11	1999.8.26	19.20	1999.9.9	26.38	7205.00	375.00
图 5-12、5-13	1999.10.6	22.56	1999.10.7	21.58	-1005.00	755.00
图 5-12、5-13	1999.10.11	20.21	1999.10.25	26.58	6345.00	635.00
图 5-14、5-15	1999.10.29	21.14	1999.10.29	20.58	-585.00	535.00
图 5-14、5-15	1999.11.1	21.06	1999.11.10	26.58	5495.00	535.00
图 5-16、5-17	1999.12.1	24.20	1999.11.11	26.58	2355.00	555.00
利润/亏损合计					55805.00 美元	
金字塔式交易利润/亏损小计					42040.00 美元	
金字塔式获利交易单平均盈利					6232.86 美元	
金字塔式亏损单平均亏损					-795.00 美元	
每次金字塔式交易平均亏损风险					535.00 美元	
金字塔式交易次数成功率					75%	

表 5-2 展示了依据图 5-18 交易系统对原油市场进行金字塔式交易的交易结果。你可以看到，在这个上升趋势的市场中，金字塔式买入交易系统实现了非常可观的利润。

我们可以从表 5-2 中观察到获利多头仓位的卖出价是每桶 26.58 美元，然而，需要提醒的是趋势跟踪交易系统还没有发出卖出信号。当前原油市场价格已经超越了表 5-1 列出的最后出场价格，而且仍然在向更高的价位迈进。但是为了对比两种交易系统的盈亏结果，我们使用了表 5-1 列出的最后出场价格来计算这次依据金字塔式交易系统进行交易的结果。

你可以看到，使用图 5-18 展示的金字塔式交易原则，我们已经在原油牛市行情中买入了 7 手合约。在一个趋势行情中，金字塔式交易策略的获利情况可以大大超越快速获利了结的短线交易策略。当我们对比表 5-1 和表 5-2 中的盈亏结果时，我们可以明显看出，金字塔式交易单总共获利 42040 美元，而短线交易单利润总和仅为 10090 美元；金字塔式交易获利单平均获利 6232.86 美元，而短线交易系统获利单平均获利仅为 1946.67 美元。

  再次说明，在 1999 年原油市场牛市行情中应用图 5-18 展示的交易策略的目的就是要向你说明如何把价值图和价格波动概率分布图融合到一个交易系统中去。在此我们提醒你，本书所讲的任何交易策略都不能保证你获利。过去的表现也不代表未来的结果。而且，交易股票或期货本身确实存在亏损风险。在各种交易策略中，使用价值图和价格波动概率分布图的方式是各种各样的。

第六章 价值图与交易系统开发

价值图和价格波动概率分布图最重要的应用之一就在于交易系统开发。每个交易系统都是根据某些可以量化的参数来确定何时在什么价位买入或卖出交易品种的。最常见的可以量化的参数包括价格竹线收盘价、开盘价和前一根价格竹线的最高价、最低价。

价值图和价格波动概率分布图给我们提供了一套全新的可以量化的参数，我们可以使用它们来驱动交易系统。我们知道，价值图可以确定任何自由流动市场的相对超买和超卖程度，并以指标位的方式展示出来。这些指标位可以为驱动交易系统提供买卖信号的参数或参考基准点。

图6-1把价值图指标位当作参考点来确定潜在的超买程度。如果在图6-1下半部的价值图竹线向上穿越+8指标位，那么就会有一个圆点显示在图6-1上半部的传统价格竹线上方。值得注意的是，只有高于+8指标位的那一段价值图竹线属于严重超买状态。你应该还记得我们使用价格波动概率分布图来确定价值图竹线出现在每一个指标区间的概率（见图6-2）。

我们利用价值图指挥电脑标记或确定图6-1中任何高于+8价值图指标位的价格竹线。我们可以从图6-2中看到美国国债价值图竹线高于+8指标位的概率仅为2.29%。对于交易系统开发者而言，可以量化的价值图指标位是非常有价值的，它可以被用作驱动交易系统的参数。

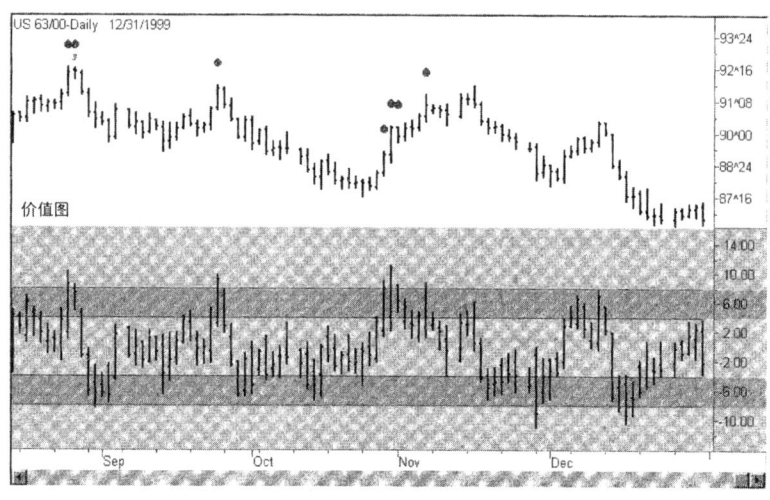

本图由欧米茄研究公司 TradeStation 2000i 软件制作

图6-1　美国国债日线价格竹线图和价值图

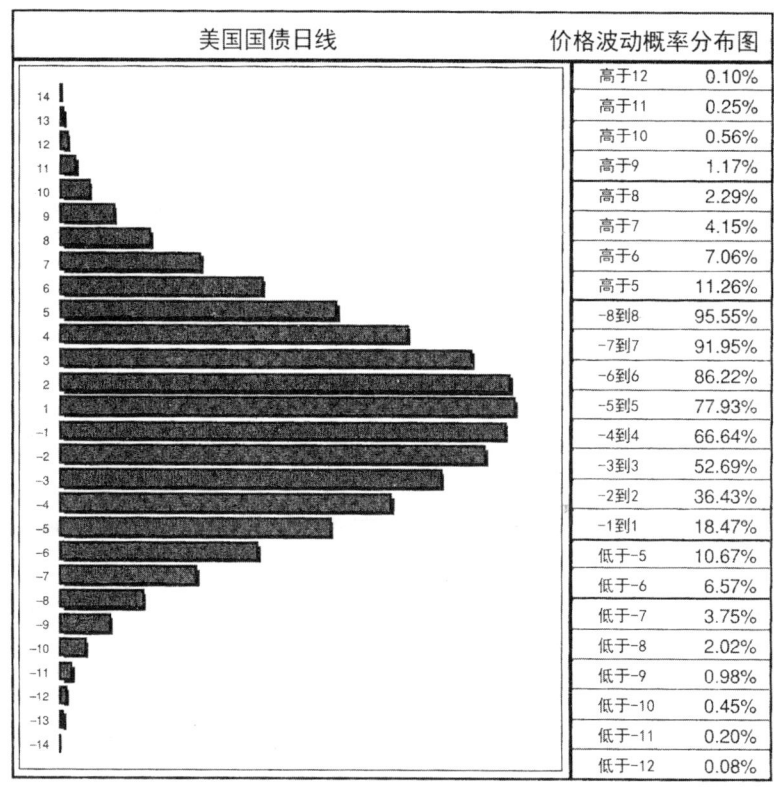

美国国债日线	价格波动概率分布图	
	高于12	0.10%
	高于11	0.25%
	高于10	0.56%
	高于9	1.17%
	高于8	2.29%
	高于7	4.15%
	高于6	7.06%
	高于5	11.26%
	-8到8	95.55%
	-7到7	91.95%
	-6到6	86.22%
	-5到5	77.93%
	-4到4	66.64%
	-3到3	52.69%
	-2到2	36.43%
	-1到1	18.47%
	低于-5	10.67%
	低于-6	6.57%
	低于-7	3.75%
	低于-8	2.02%
	低于-9	0.98%
	低于-10	0.45%
	低于-11	0.20%
	低于-12	0.08%

图6-2　根据美国国债日线价值图创建的价格波动概率分布图

一个美国国债趋势跟踪交易系统

最常见的交易系统类型之一就是趋势跟踪交易系统。因为趋势一次又一次地出现在大多数市场中，所以很多交易系统开发者愿意集中精力开发趋势跟踪交易系统。交投最活跃的期货市场之一就是美国国债市场（见图6-3）。

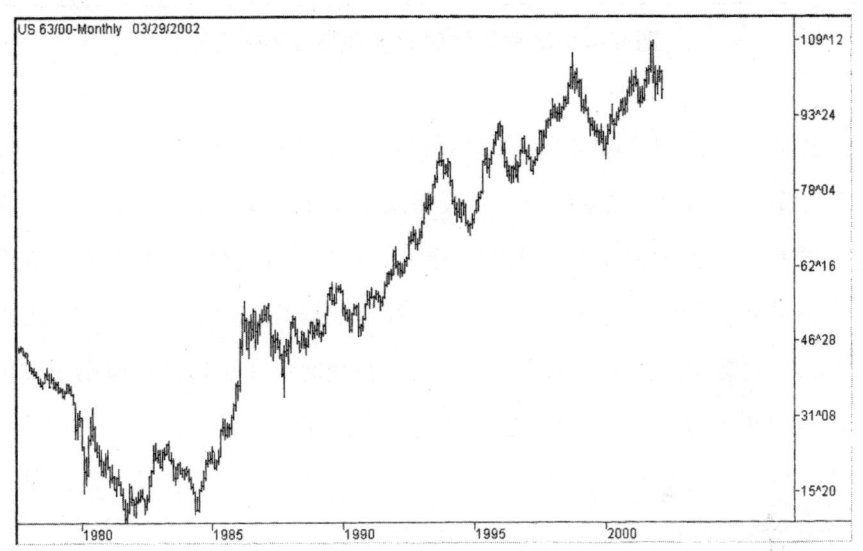

本图由欧米茄研究公司 TradeStation 2000i 软件制作

图 6-3　美国国债月线连续价格竹线图

你可以从图6-3中看到美国国债市场经历了一个强劲的大牛市。我们将利用这个市场来展示如何优化一个简单的趋势跟踪系统。我们的交易系统原则是非常简单的。我们遵循一个移动平均线交叉交易系统产生的买卖信号（参见图6-4中的交易系统原则）。移动平均线交易系统是最简单的趋势跟踪之一。美国国债市场随着时间的推进，振荡烈度也逐渐加剧。正因为如此，对于测试价值图和价格波动概率分布图在比较振荡的市场环境下如何改善趋势跟踪系统来说，它恰好是一个非常理想的场所。

Waverage = 加权移动平均线

Average = 简单移动平均线

买入信号：如果以收盘价计算的 20 期加权移动平均线向上穿越以收盘价计算的 56 期简单移动平均线，那么就在收盘时买入一手合约。

卖出信号：如果以收盘价计算的 20 期加权移动平均线向下穿越以收盘价计算的 56 期简单移动平均线，那么就在收盘时卖出一手合约。

图 6-4　移动平均线趋势跟踪系统原则

图 6-4 中的简单移动平均线趋势跟踪系统使用收盘价作为系统参数发出买卖信号。这个交易系统是一个反手交易系统。换句话说，如果这个交易系统在看多美国国债时产生了一个卖出信号，它就会要求卖出多头仓位，并开始建立空头仓位。大多数交易系统依据开盘价或收盘价给出进出场信号。趋势交易系统的缺点之一就是它们倾向于在市场到达短期超买价位时发出买入信号，在市场到达短期超卖价位时发出卖出信号。从数学的观点来说，这是非常直观的，因为市场需要在某一方向上移动一定的量才能建立一个趋势的开端。

我们把图 6-4 所示的交易原则应用于 1977 年 8 月 22 日到 1999 年 12 月 31 日期间的美国国债市场。这个期间涵盖了 20 多年的时间。我们必须为测试这个交易系统创建一个连续向前调整的美国国债日线价格图。再次提醒，不论何时我们要在期货市场中测试交易系统，我们都要创建一个连续向前或向后调整的市场走势图，因为所有期货品种都分合约月份，都有合约到期日，不同月份期货合约的市场价格通常是不一样的。我们这次分析使用的美国国债期货走势图准确代表了指定区间的市场价格变动情况。下面我们通过几张图来展示交易系统给出的交易信号。

第六章 价值图与交易系统开发

图 6-5a、图 6-6a、图 6-7a、图 6-8a 展示的几个交易信号是由图6-4中的移动平均线交易系统给出的。图 6-5b、图 6-6b、图 6-7b、图 6-8b 展示的几个交易信号是由图 6-9 中已经被优化过的移动平均线交易系统给出的。在本章后面的内容中，我们将会对比分析一下移动平均线交易系统和被优化过的移动平均线交易系统的盈亏结果。我们把展示移动平均线交易系统买卖信号的图 6-5a、图 6-6a、图 6-7a、图 6-8a 和展示被优化过的移动平均线交易系统买卖信号的图 6-5b、图 6-6b、图 6-7b、图 6-8b 分别成对地放在一起，就是为了便于对比分析两种交易信号在具体出入场价位上的区别。通过分析这些图表，我们可以看到被优化过的移动平均线交易系统买卖信号经常让交易者在比较有利的价位进行交易，这些出入场价位降低了交易中的资金亏损风险。

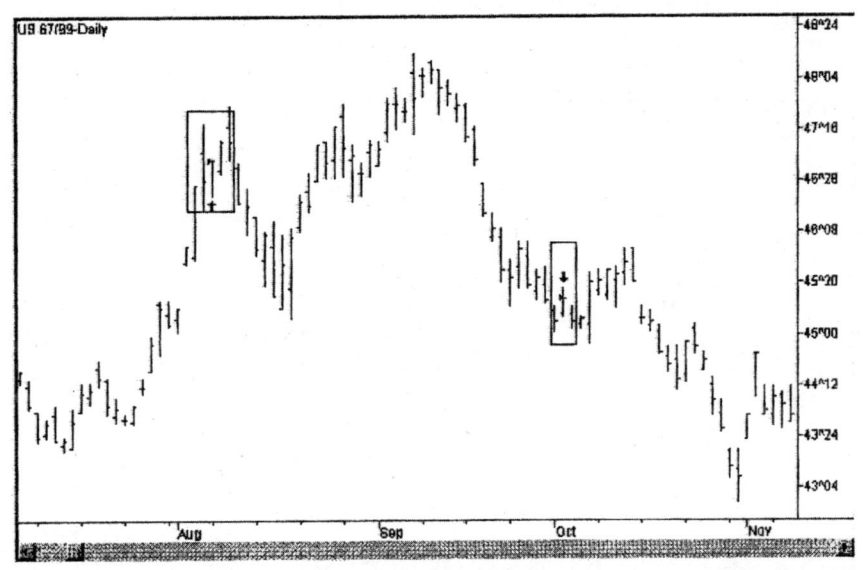

本图由欧米茄研究公司 TradeStation 2000i 软件制作

图 6-5a　移动平均线交易系统交易信号

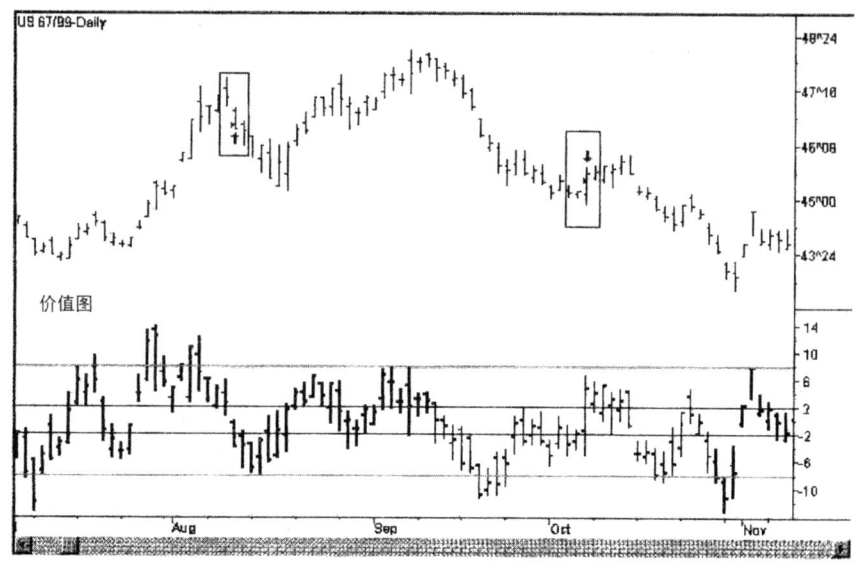

本图由欧米茄研究公司 TradeStation 2000i 软件制作

图 6-5b　被优化过的移动平均线交易系统交易信号

本图由欧米茄研究公司 TradeStation 2000i 软件制作

图 6-6a　移动平均线交易系统交易信号

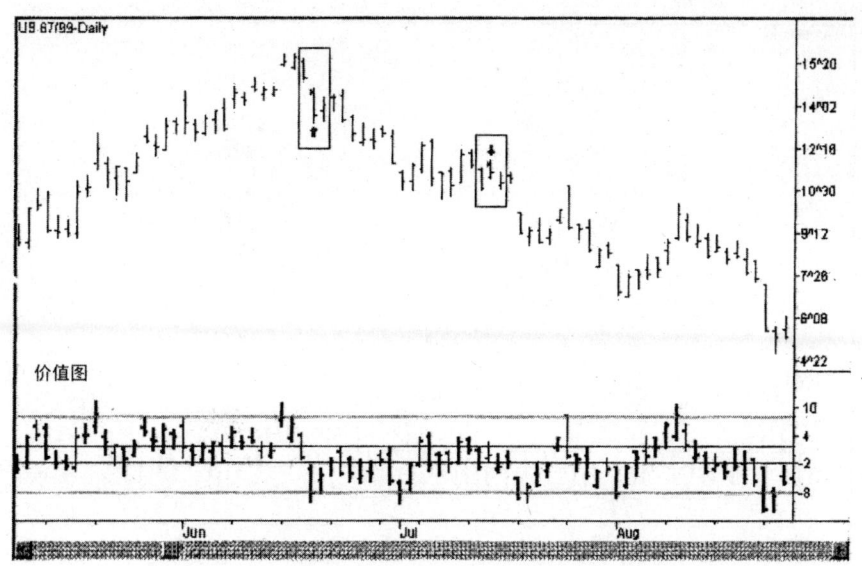

本图由欧米茄研究公司 TradeStation 2000i 软件制作

图 6-6b　被优化过的移动平均线交易系统交易信号

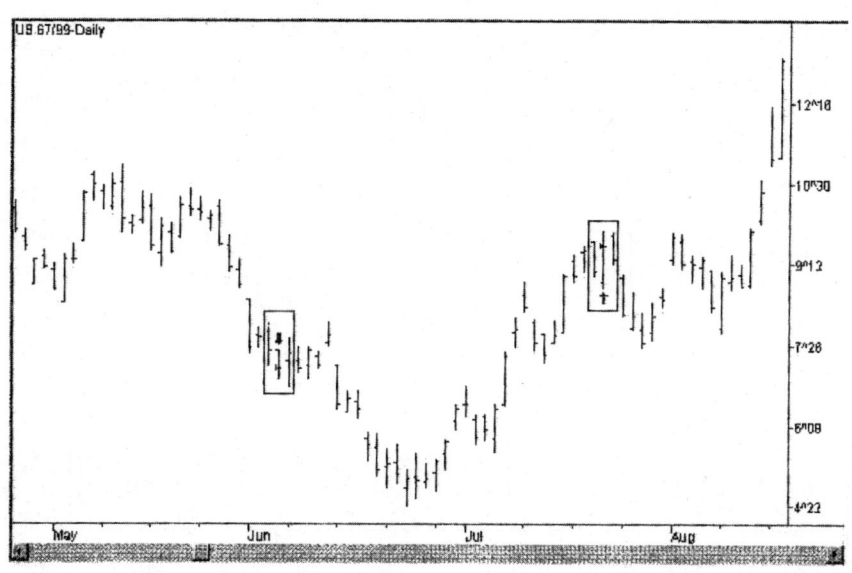

本图由欧米茄研究公司 TradeStation 2000i 软件制作

图 6-7a　移动平均线交易系统交易信号

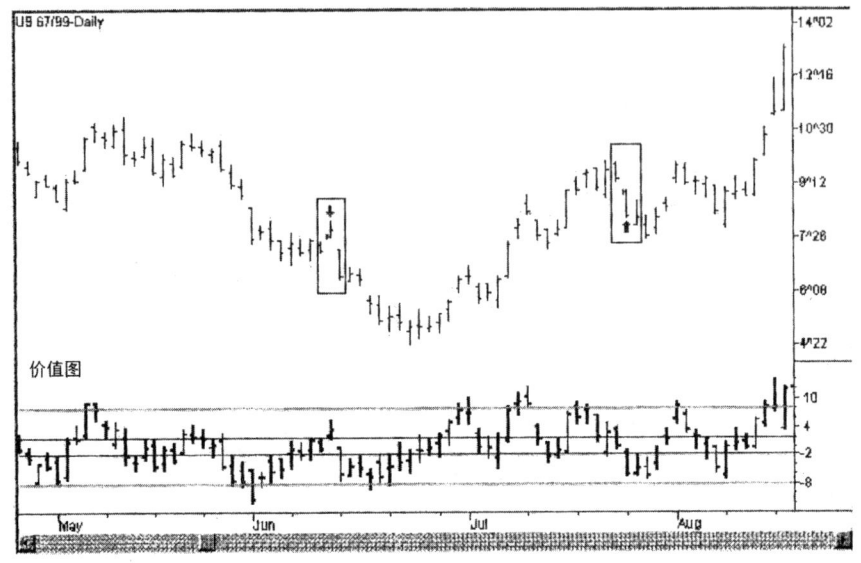

本图由欧米茄研究公司 TradeStation 2000i 软件制作

图 6-7b　被优化过的移动平均线交易系统交易信号

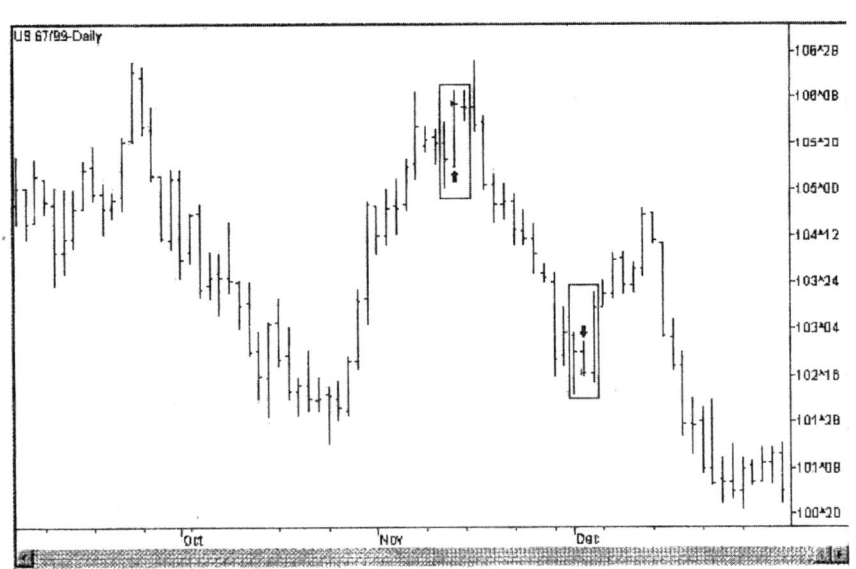

本图由欧米茄研究公司 TradeStation 2000i 软件制作

图 6-8a　移动平均线交易系统交易信号

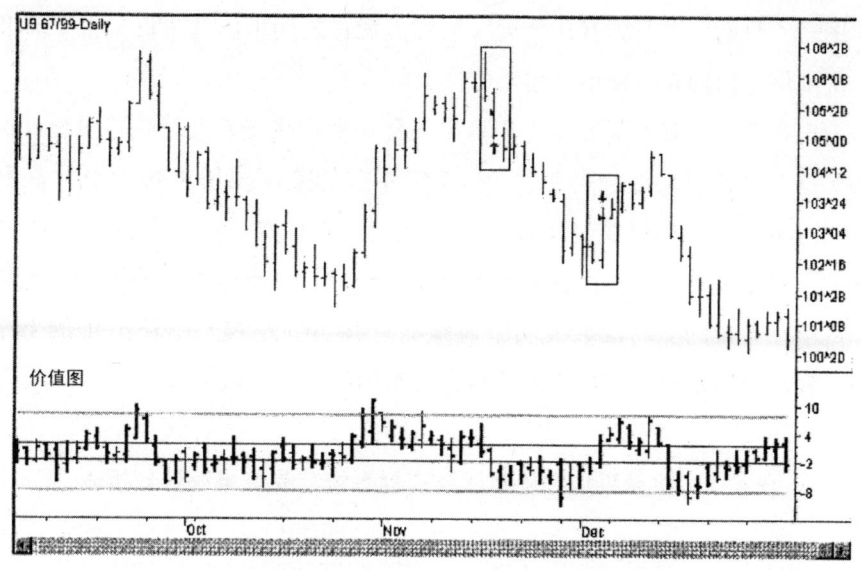

本图由欧米茄研究公司 TradeStation 2000i 软件制作

图 6-8b　被优化过的移动平均线交易系统交易信号

Waverage=加权移动平均线
Average=简单移动平均线

价值图浮动轴线=最近 5 个交易日最高价和最低价算术平均值的算术平均值
最大日内振荡区间=当前交易日收盘价减去前一交易日收盘价所得差额与当前交易日最高价减去当前交易日最低价所得差额中的较大值
振荡烈度单位区间=最近 5 个交易日最大日内振荡区间算术平均值乘以 0.2

买入信号：如果以收盘价计算的 20 期加权移动平均线向上穿越以收盘价计算的 56 期简单移动平均线，那么就在价值图指标到达或低于-2 指标位时买入一手合约。

卖出信号：如果以收盘价计算的 20 期加权移动平均线向下穿越以收盘价计算的 56 期简单移动平均线，那么就在价值图指标到达或高于+2 指标位时卖出一手合约。

图 6-9　被优化过的移动平均线趋势跟踪系统原则

图 6-5a、图 6-6a、图 6-7a 和图 6-8a 展示的几个美国国债市场交易信号是由图 6-4 中的移动平均线趋势跟踪交易系统给出的。在观察完这几

个图后,我们可以看到有几个买入信号出现在短期市场超买价位上,有几个卖出信号出现在短期市场超卖价位上。

现在我们来看一下表6-1中列出的移动平均线交易系统的各项统计结果。这个移动平均线交易系统在20年左右的美国国债市场中总共获利63407.40美元。合计交易次数是105次,平均每次交易的利润是603.88美元。对于只有38.1%的交易次数成功率,我们一点也不感到惊奇。趋势跟踪交易系统的交易次数成功率通常就只有40%左右。在表6-1的下半部,我们可以观察一下价格波动概率分布图的估值分析结果。

表6-1 移动平均线趋势跟踪交易系统交易结果统计分析表

净利润合计	63407.40 美元
所有获利交易的利润总和	208780.90 美元
所有亏损交易的亏损总和	-145373.50 美元
交易次数总计	105
交易次数成功率	38.1%
获利交易次数	40
亏损交易次数	65
获利最大的一次交易利润	20531.30 美元
获利交易平均每次获利	5219.52 美元
亏损最大的一次交易亏损	-5218.70 美元
亏损交易平均每次亏损	-2236.52 美元
平均亏损与平均盈利的比率	2.33
平均每次交易盈亏额	603.88 美元
价格波动概率分布图估值分析	
买入交易价位平均价值图指标位	+3.33
卖出交易价位平均价值图指标位	-2.76
估值指标位由出入场价位对应的价值图指标位绝对值的算术平均值决定	
在每个价值图估值区域的交易次数	
严重超买/超卖区域	1
中度超买/超卖区域	36

续表

公允价格区域	68
区域内获利交易次数百分比	
严重超买/超卖区域	0.0%
中度超买/超卖区域	33.3%
公允价格区域	41.2%
区域内所有交易总利润	
严重超买/超卖区域	-3656.00 美元
中度超买/超卖区域	21750.70 美元
公允价格区域	45312.70 美元
区域内每次交易平均利润	
严重超买/超卖区域	-3656.00 美元
中度超买/超卖区域	604.19 美元
公允价格区域	666.36 美元

随着价值图和价格波动概率分布图的出现，我们现在可以对任何交易系统统计出更多让人感兴趣的结果。例如，总是在收盘时给出的买入信号对应的平均价值图指标位是为+3.33。在整个测试考察期间，美国国债价值图指标出现大于和等于+3 指标位的概率为 32.53%。我们可以把+3 及其以上所有的价值图指标位对应的概率加在一起得出这个数据。平均买入信号+3.33 价值图指标位对应的超买程度并不严重。根据图 3-21 制定的估值标准，+3.33 价值图指标位属于较高的公允价格区域。很多趋势跟踪交易系统给出买入信号的平均价值图指标位经常出现在价值图超买区域。在表 6-1 中我们还可以观察到，总是在收盘时给出的卖出信号对应的平均价值图指标位是-2.76。再次说明，平均卖出信号-2.76 价值图指标位对应的超卖程度并不严重。

图 6-1 下半部展示的价格波动概率分布图估值分析数据是入场价值图指标位绝对值和出场价值图指标位绝对值的算术平均值。例如，假定某次交易系统给出进入美国国债市场的信号对应的价值图指标位是+6，相应的出场信号对应的价值图指标位是-4，那我们会直接计算这两个价值图指标

位绝对值的算术平均值，即（6+4）/2＝5，因此我们会使用+5作为这次交易的价值图指标位统计数据。根据图3-21制定的估值标准，+5价值图指标位属于中度超买区域。

从价格波动概率分布图估值分析数据中我们可以发现一个比较有趣的现象是在严重超买/超卖区域出现获利交易的百分比为零，但是在严重超买/超卖区域进行交易的统计利润为-3656.00美元。在中度超买/超卖区域进行交易的交易次数成功率仅为33.3%，所有在中度超买/超卖区域进行的交易的统计利润是21750.70美元。最后，在公允价格区域进行交易的交易次数成功率为41.2%，所有在公允价格区域进行的交易的统计利润是45312.70美元。获利最多的一次交易实现了20531.30美元，这次交易碰巧出现在中度超买/超卖区域。如果没有这次交易，所有在中度超买/超卖区域进行的交易的统计利润将会是1219.40美元，而不是21750.70美元，相应的每次交易平均利润将会是33.87美元，而不是604.19美元。

从这些分析数据中我们知道大部分利润来自于价值图公允价格区域的交易。请记住表6-1中的分析数据仅仅来源于一个市场的一次测试。这个分析的目的就是要展示如何使用价值图和价格波动概率分布图优化改善交易系统。

使用价值图优化一个美国国债市场趋势跟踪交易系统

既然我们具备了使用价值图给出的可量化参数驱动交易系统的能力，那我们就可以优化图6-4展示的移动平均线趋势跟踪交易系统。我们注意到买入信号平均价值图指标位是+3.33，卖出信号平均价值图指标位是-2.76。理想情况下，我们想在一个被低估的指标位（小于零）买入多头仓位，在一个被高估的指标位（大于零）卖出多头仓位。因此，我们不要在+3.33平均价值图指标位买入多头仓位，我们可以设计一个交易系统，在-2价值图指标位买入多头仓位。而且我们也不在-2.76平均价值图指标位卖出多头仓位，我们选择在+2价值图指标位卖出多头仓位。

在稍微低估价位买入多头仓位和在稍微高估价位卖出多头仓位的好处

是我们可以降低我们的资金亏损风险，同时也可以改善所有交易的平均相对估值。因为价值图能够根据市场振荡烈度进行自动调整，而且可以产生可以量化的参数，所以我们可以使用这个非常有价值的交易工具来优化改善某些交易系统。

使用价值图和价格波动概率分布图优化交易系统的风险就在于市场价格可能会在某个方向上快速连续变动，而不产生回撤调整，这就迫使我们在一个更加不利的价位上入场交易。因此，在这种情况下，简单的趋势跟踪信号要比被价值图优化的趋势跟踪信号好很多。在长期投资过程中，我们要考虑在金融市场中什么是统计意义上更可能发生的事。相对于诱人的趋势状态，市场更倾向于走横盘震荡行情。基于这个事实，价值图就可以对很多趋势跟踪交易系统进行优化改善。

对于事后测试一个应用价值图和价格波动概率分布图的交易系统而言，它的交易结果的确与实盘交易中应用这个交易系统的结果存在一定的差异和失误。价值图是一个实时交易工具。因此，在一个交易日开盘后，与当前交易日对应的价值图指标是根据最新的当前价格竹线进行计算的。随着当日最大交易区间的扩大，价值图振荡烈度单位区间也会以一种更加缓慢的方式随之逐渐增加。同样，随着当前交易日的逐渐深入，浮动轴线也在与价格变动相同的方向上运行。浮动轴线价位和价值图振荡烈度单位区间都是根据最近几日的价格行为进行平均计算得出的，为的就是最小化当前交易日价格变动对价值图指标的冲击。随着当前交易日实盘交易的逐步推进，价值图指标变得越来越准确。我们可以相信，这种价值图指标在当前交易日出现的小范围失误有时候起一点不利的作用，有时候又反过来起一点有利的作用。对于这个测试我们假定这种小范围失误是可以忽略不计的。

我们现在可以观察一下图 6-5b、图 6-6b、图 6-7b 和图 6-8b 展示的已经被价值图优化了的移动平均线交易系统交易信号。你可以看到，被优化的移动平均线交易系统把移动平均线交叉信号作为一层滤网。如果 20 日加权移动平均线向上穿越 56 日简单移动平均线，当价值图指标低于 -2 指标位时，被优化的交易系统就会发出买入美国国债的信号。因此，不像简单移动平均线交易系统给出的所有买入信号对应+3.33 平均价值图指标位,被优化的交易系统给出的所有买入信号对应的平均价值图指标位是-2。同样,如果 20 日加权移动平均线向下穿越 56 日简单移动平均线,当价值图指标高于+2 指标位时,被优化的交易系统就会发出卖出美国国债的信号。因此,不像简单移动平均线交易系统给出的所有卖出信号对应-2.76 平均价值图指标位,被优化的交易系统给出的所有卖出信号对应的平均价值图指标位是+2。被优化的交易系统能够降低买卖信号的资金亏损风险,从而大大改善交易的盈亏结果(见表 6-2)。

表 6-2 被价值图优化的移动平均线趋势跟踪交易系统交易结果统计分析表

净利润合计	91461.72 美元
所有获利交易利润总和	208355.63 美元
所有亏损交易亏损总和	-117355.63 美元
交易次数总计	105
交易次数成功率	41.9%
获利交易次数	44
亏损交易次数	61
获利最大的一次交易利润	21785.00 美元
获利交易平均每次获利	4745.85 美元
亏损最大的一次交易亏损	-6166.90 美元
亏损交易平均每次亏损	-1923.86 美元
平均亏损与平均盈利的比率	2.47
平均每次交易盈亏额	871.06 美元
价格波动概率分布图估值分析	
买入交易价位平均价值图指标位	-2
卖出交易价位平均价值图指标位	+2
被优化的交易次数百分比	73.3%
利润提高百分比	44.2%

相对于普通移动平均线交易系统,被优化的移动平均线交易系统最引人注目的表现是它在测试期间的获利总额是 91461.72 美元(见表 6-2),

而普通移动平均线交易系统仅获利 63407.40 美元（见表 6-1）。这相当于提高了 44.2% 的收益。这些统计结果都没有考虑手续费和成交价差，因为我们主要关心的是盈亏总额的改善额度，而不是具体的盈亏数据。另外对于被优化的移动平均线交易系统而言，每次交易平均获利 871.06 美元，而普通移动平均线交易系统的每次交易平均利润只有 603.88 美元。我们也可以从表 6-2 看出，被优化的移动平均线交易系统提高了 73.3% 的交易次数的获利空间，这也是非常引人注目的。

价值图和价格波动概率分布图在交易系统开发领域的潜在应用范围是非常广阔的。本章探讨的移动平均线交易系统只是其中的一个例子，在这个例子中，价值图和价格波动概率分布图极大地提高了简单移动平均线交易系统的获利能力。价值图能够具体量化相对价位的能力在交易系统开发方面开辟了一个全新的世界。价值图不但能够适应各种截然不同的市场，而且也能够适应市场中不断变化的振荡烈度。这种灵活性使它成为一种非常有价值的市场分析工具。

使用价值图战胜震荡盘整行情

趋势跟踪交易系统的缺点之一就在于它们难以应对震荡盘整的市场行情。在这种拉锯式的震荡行情中，趋势跟踪交易系统在市场到达振荡区间的上限价位时发出买入信号，但随后不久，市场价格就开始下跌。换句话说，当市场价格在某一方向上刚刚达到能够使趋势跟踪交易系统产生交易信号的价位时，市场就开始出现回调。如果交易者按照这种交易信号入场，那么交易者的仓位就会立刻出现亏损（见图 6-10）。

图 6-10 展示的是大豆期货市场日线价格图，图中的交易买卖信号是由一个趋势跟踪反手交易系统给出的。你可以很明显地看出，图中出现买卖信号的价位都是非常令人难受的位置。表 6-3 展示了这几次交易的统计结果。

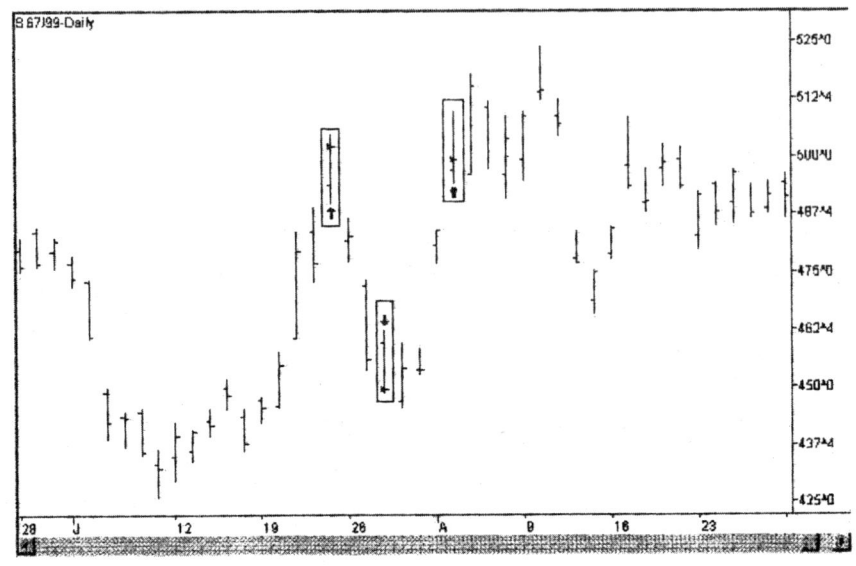

图 6-10 趋势跟踪交易系统在大豆震荡行情中来回受挫

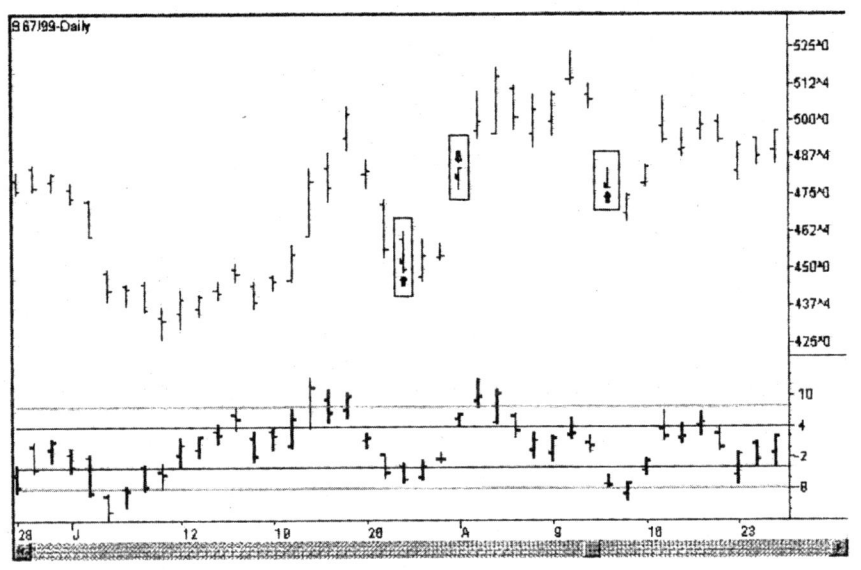

图 6-11 价值图可以改善震荡行情中的出入场价位

表 6-3　价值图改善了震荡行情中的普通交易信号

趋势跟踪交易系统(图 6-10)				
日期	交易方向	价格(美元)	价值图指标位	价格波动概率分布图分析
1999.7.23	买入	502.25	+9.61	概率 1.37%
1999.7.28	卖出	449.5	−6.51	概率 6.78%
1999.8.3	买入	499.25	+9.56	概率 1.37%
价值图优化过的趋势跟踪交易系统(图 6-11)				
日期	交易方向	价格(美元)	价值图指标位	每手合约价格改善额度(美元)
1999.7.28	买入	451.5	−6	2537.50
1999.8.2	卖出	483.25	+6	1687.50
1999.8.12	买入	481.75	−6	875.00
因使用价值图而节省的资金金额(交易一手合约)				5100.00 美元

图 6-10 展示的是大豆期货在 1999 年夏季出现的震荡盘整行情。趋势跟踪交易系统在这种行情中表现极差，经常使交易者蒙受亏损。随着价值图的出现，我们具备了量化相对价位的能力。这能够极大地改善趋势跟踪交易系统在这种行情中的获利潜力。图 6-11 展示的是被价值图和价格波动概率分布图优化过的趋势跟踪交易系统发出的交易信号。这些信号给出的入场位对于交易者来说是非常有利的，远远胜过优化前交易系统给出的入场价位。我们可以从表 6-3 中看到，对于交易一手合约而言，这些优化过的入场价位就让交易者节省了 5100 美元。在表 6-3 上半部列出的两个普通买入信号是在市场达到严重超买价位时由普通趋势跟踪交易系统给出的。大豆市场价值图指标高于这些超买价位的概率仅为 1.37%。另外一个普通卖出信号是在市场达到中度超卖价位时由普通趋势跟踪交易系统给出的，大豆市场价值图指标低于这个超卖价位的概率只有 6.78%。

既然我们拥有了一个对付拉锯式震荡行情的强大工具，那么我们就要决定在何时启用这种价值图优化的趋势跟踪交易系统。我们还要确定在哪个价值图指标位进入来回震荡的市场。价值图和价格波动概率分布图不会一直改善某个交易系统的结果。但是当把它们融入某些精心选择的交易方法中去的时候，它们就是非常强大的工具。

第七章 价值图和形态识别

在市场中,竹线图组合经常会形成某些价格形态,这些形态有时候能准确预测随后的市场方向。头肩形态是价格形态的一个典型例子,在头肩形态出现后,如果市场突破其"颈线",那市场就很可能沿着突破方向前进(见图7-1)。

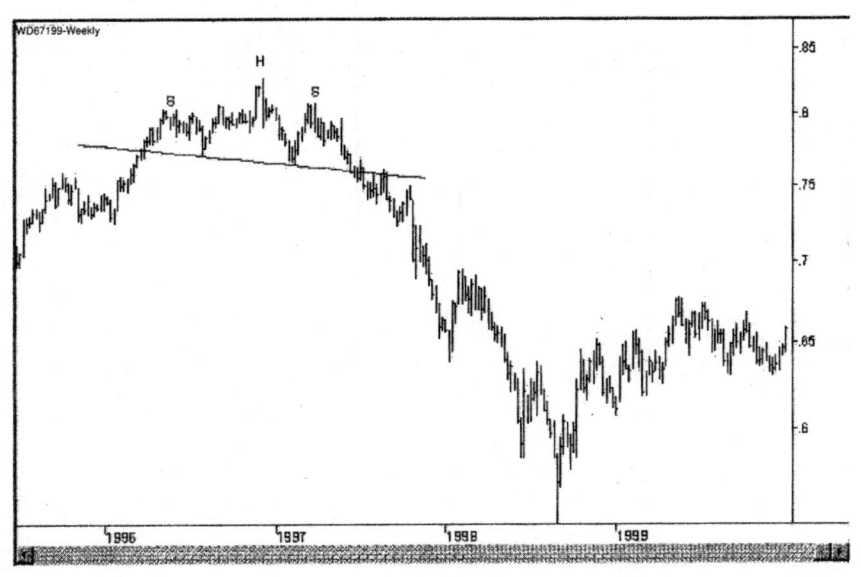

本图由欧米茄研究公司 TradeStation 2000i 软件制作

图 7-1 头肩价格形态

有了计算机的帮助,我们能够测试任何可以编入程序的价格形态。不论它是简单的形态还是复杂的形态,只要它是可量化的和可编程的,我们就能够把它应用到电脑程序当中去。图7-2显示的"价格竹线向上反转"形态是一个可以量化的简单形态。价格竹线向上反转形态包括2根竹线,其中第二根竹线的最低点要低于第一根竹线的最低点,第二根竹线的收盘价要高于第一根竹线的收盘价。如果一个价格竹线向上反转形态确立(见图7-3),我们就可以在第二根竹线收盘时买入一手合约,然后在随后一根竹线(第三根竹线)收盘时退这个多头仓位。

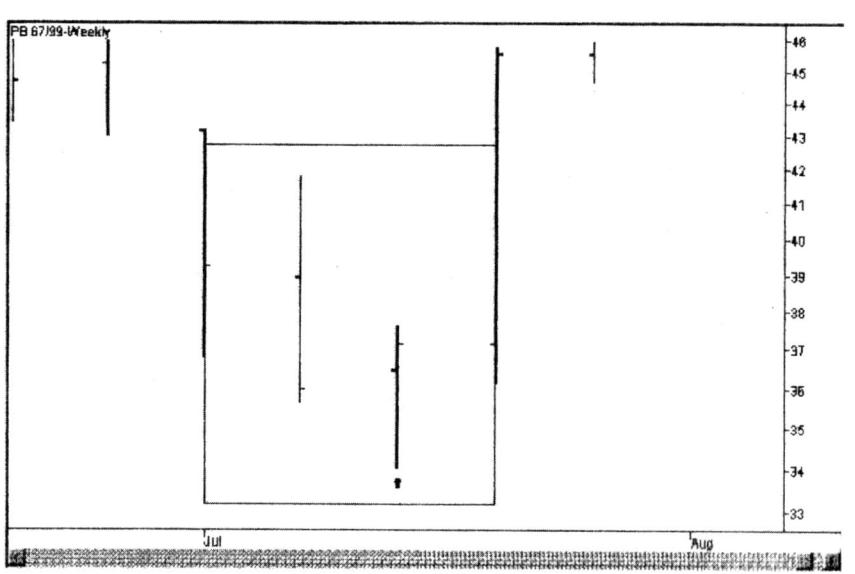

本图由欧米茄研究公司 TradeStation 2000i 软件制作

图7-2 价格竹线向上反转形态——矩形方框内包括2根价格竹线

第七章 价值图和形态识别

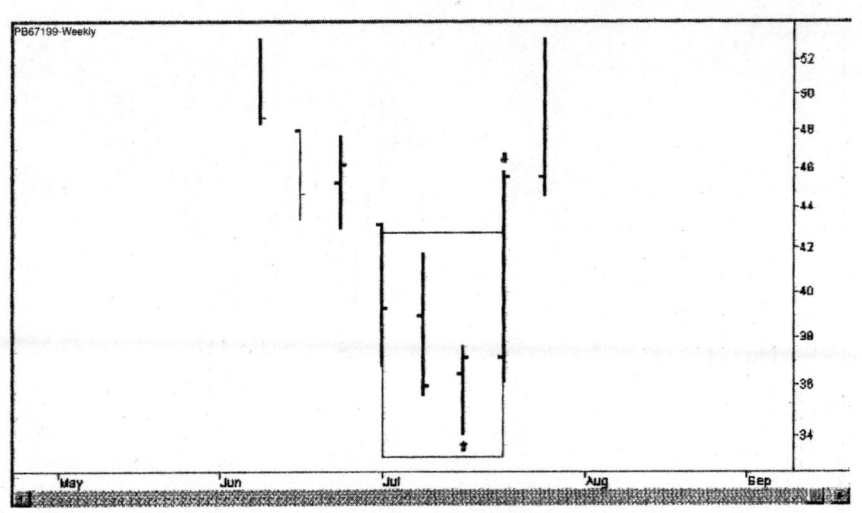

本图由欧米茄研究公司 TradeStation 2000i 软件制作

图7-3 价格竹线向上反转形态买卖信号（如果形态确立，就在第二根竹线收盘时买入多头仓位，在紧随其后的一根竹线收盘时卖出多头仓位）

确认价格竹线反转形态的原则

当前竹线最低价低于前一根竹线最低价且当前竹线收盘价高于前一根竹线收盘价。

我们将会使用标普 500 股指期货市场测试价格竹线向上反转形态的盈利能力。图7-4 是我们为这个测试创建的一个连续向后调整的周线图。需要提醒你注意的是我们只能测试那些可以量化的形态。换句话说，可测试的价格形态不是我们主观上可以随意选择的任何形态，而只能是那些可以从数学意义上进行量化定义的形态。我们选择的价格竹线向上反转形态就是可以量化和编程的形态。

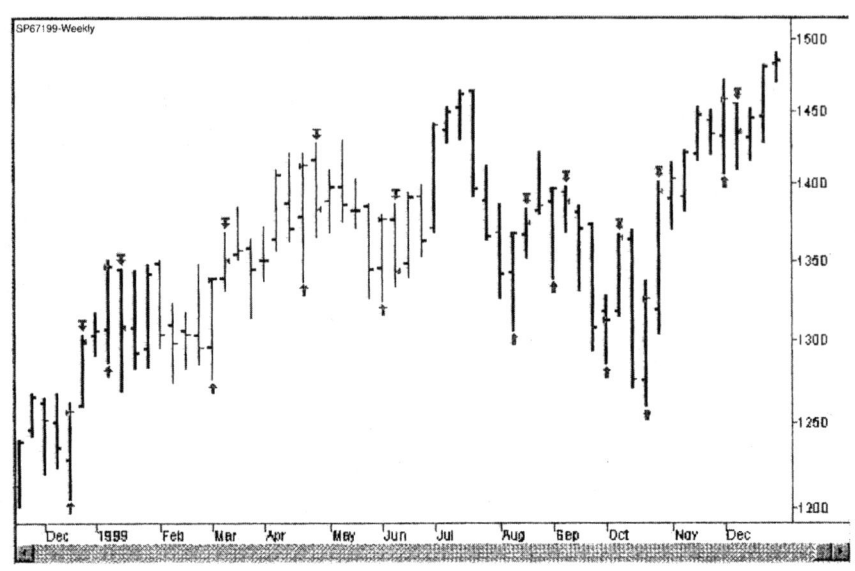

本图由欧米茄研究公司 TradeStation 2000i 软件制作

图 7-4　标普 500 股指期货周线图中价格竹线向上反转形态产生的买卖信号

　　为了测试价格竹线向上反转形态在标普 500 股指期货周线图中的获利能力，我们选定从 1982 年 4 月 23 日到 1999 年 12 月 31 日这一段期间。

　　为了统计分析我们的测试结果，我们把每次交易的手续费假定为 25 美元，每次交易的成交价差假定为 50 美元。事实表明，价格竹线向上反转形态在标普 500 股指期货周线图中是一个非常常见的形态，但它的获利能力不是特别强，表 7-1 展示了它的统计结果：总共交易次数为 142 次，净利总额为 4512.50 美元。平均每次交易获利 31.78 美元，这个数字并不让人特别满意。

　　基于上述较差的获利表现，我们现在可以尝试在我们的交易信号中加入一层滤网。这样我们就可以有选择性地遵循价格竹线向上反转形态交易信号，希望增强我们的获利能力。

表 7-1 标普 500 股指期货周线图中价格竹线向上反转形态给出的买卖信号对应的交易结果统计分析

策略分析			
净利总额	4512.50 美元	持仓	0.00 美元
获利交易总利润	142562.50 美元	利息收入	109585.08 美元
亏损交易总亏损	138050.00 美元	手续费	3550.00 美元
交易次数成功率	52.11%	利润因子	1.03
获利交易平均利润与亏损交易平均亏损百分比	0.95%	调整后利润因子	0.81
年化收益率	0.26%	夏普比率	0.07
最初资金获利百分比	4.51%	获利回吐比率	0.01
最大交易亏损回报率	9.65%	K-比率	0.15
买入/持仓回报率	245.24%	RINA 指数	-36.57
累积收益率	4.34%	市场百分比	17.12%
调整后净利润	-28801.08 美元	优先净利总额	-11812.50 美元
调整后获利交易总利润	-125989.95 美元	优先获利交易总利润	-112212.50 美元
调整后亏损交易总亏损	-154791.02 美元	优先亏损交易总亏损	-124025.00 美元
总体交易分析			
总体交易次数	142		
平均每次交易利润	31.78 美元	平均每次交易利润±1 标准偏差	3521.88 美元/ -3458.32 美元
1 标准偏差	3490.10 美元	变异系数	10982.69%
交易利润			
最大交易利润	18700.00 美元	最大交易利润日期	1999 年 10 月 29 日
平均交易利润	1785.56 美元	平均交易利润±1 标准偏差	4390.74 美元 0.00 美元
1 标准偏差	2605.18 美元	变异系数	145.90%
亏损			
最大交易亏损	-19250.00 美元	最大交易亏损日期	1999 年 1 月 15 日
平均交易亏损	-1887.24 美元	平均交易亏损±1 标准偏差	0.00 美元/ -5146.13 美元
1 标准偏差	3258.89 美元	变异系数	172.68%
盈利/亏损比率			
净利总额/最大亏损	0.32	净利总额/最大交易亏损	0.23
调整后净利总额/最大亏损	2.05	调整后净利总额/最大交易亏损	1.50
非正常离散交易	交易次数合计	盈亏额	
获利离散交易	2	30350.00 美元	
亏损离散交易	1	-14025.00 美元	
非正常离散交易次数总计	3	16325.00 美元	

新的交易原则也是非常简单的。在前面交易原则的基础上，我们只加入一项要求，就是价格竹线向上反转形态的第二天最低点对应的价值图指标位必须低于-3 我们才会买入合约，如图 7-5 所示。我们仍将会在随后一个交易日收盘时退出多头仓位。

通过加入这层简单的价值图滤网，我们大大提高了交易利润，如表7-2所示。我们新的价格形态交易原则充分发挥了价值图的威力，总共进行了 76 次交易，最终净利合计 47932.50 美元。平均每次交易获利 630.69 美元，这远远大于前面的每次交易平均利润 31.78 美元。

这个例子充分展示了如何利用价值图优化形态识别交易策略的过程。价值图这层有效的滤网确实能够帮助我们选择交易信号，提高交易收益。

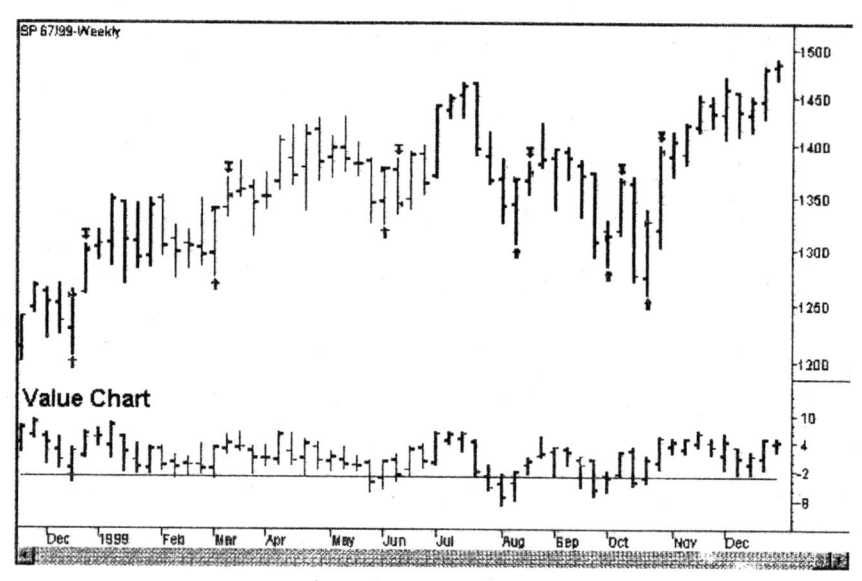

本图由欧米茄研究公司 TradeStation 2000i 软件制作

图 7-5　标普 500 股指期货周线图中被价值图优化过的价格竹线向上反转形态给出的买卖信号

表 7-2 标普 500 股指期货周线图中被价值图优化过的价格竹线向上反转形态给出的买卖信号对应的交易结果统计分析

策略分析			
净利总额	47932.50 美元	持仓	0.00 美元
获利交易总利润	103820.00 美元	利息收入	132008.48 美元
亏损交易总亏损	55887.50 美元	手续费	1900.00 美元
交易次数成功率	60.53%	利润因子	1.86
获利交易平均利润与亏损交易平均亏损百分比	1.21%	调整后利润因子	1.34
年化收益率	2.36%	夏普比率	0.31
最初资金获利百分比	47.93%	获利回吐比率	0.62
最大交易亏损回报率	214.58%	K-比率	1.62
买入/持仓回报率	218.68%	RINA 指数	237.11
累积收益率	43.80%	在场百分比	9.19%
调整后净利润	22421.46 美元	优先净利总额	31607.50 美元
调整后获利交易总利润	88512.58 美元	优先获利交易总利润	73470.00 美元
调整后亏损交易总亏损	-66091.11 美元	优先亏损交易总亏损	-41862.50 美元
总体交易分析			
总体交易次数	76		
平均每次交易利润	630.69 美元	平均每次交易利润±1 标准偏差	4498.06 美元/ -3236.68 美元
1 标准偏差	3867.37 美元	变异系数	613.20%
交易利润			
最大交易利润	18700.00 美元	最大交易利润日期	1999 年 10 月 29 日
平均交易利润	2212.83 美元	平均交易利润±1 标准偏差	5371.77 美元 0.00 美元
1 标准偏差	3158.94 美元	变异系数	142.76%
亏损			
最大交易亏损	-16425.00 美元	最大交易亏损日期	1998 年 8 月 28 日
平均交易亏损	-1450.16 美元	平均交易亏损±1 标准偏差	0.00 美元 -4041.34 美元
1 标准偏差	2591.17 美元	变异系数	178.68%
盈利/亏损比率			
净利总额/最大亏损	3.42	净利总额/最大交易亏损	2.92
调整后净利总额/最大亏损	1.60	调整后净利总额/最大交易亏损	1.37
非正常离散交易	交易次数合计	盈亏额	
获利离散交易	2	30350.00 美元	
亏损离散交易	1	-14025.00 美元	
非正常离散交易次数总计	3	16325.00 美元	

本章探讨的几个例子，介绍了价值图在提高形态识别交易策略方面的具体应用。随着交易策略的改善，交易收益也应该逐步提高。虽然在如何利用价值图提高形态识别交易策略交易效率方面只有一个简单的实例，但是在这个技术分析的特定方面，价值图的应用前景是非常广阔的。

第八章 价值搜索表

有时候，为了寻找优秀的入场交易机会，我们不得不追踪观察很多市场。能够充分展示这种情形的一个优秀范例就是，当我们预期某个股票指数将在接下来的几年中出现牛市行情的时候，我们就要开始寻找任何指数成分股票出现的超卖价位做多入场机会。使用传统价格竹线图和相应价值图同时追踪很多市场品种是比较困难的。每一次切换屏幕只能观察一个市场品种是非常浪费时间的。我们需要一个简单的图表同时展示所有我们希望看到的市场品种的超卖或超买状态。价值搜索表就是具备这种功能的图表工具。

有了计算机和价值图的帮助，为了搜寻交易机会，我们可以随心所欲地追踪观察数千个市场品种。价值搜索表以表格的方式让我们能够同时观察很多市场品种的估值状态。这种方式实现了我们快速确定多个市场品种具体超卖或超买状态的愿望。如果价值搜索表上某个市场品种价格到达某个意味着买入信号的超卖价位，那么我们就可以立刻调出那个市场的传统价格竹线图和价值图。价值搜索表是一个可以浓缩各种信息的强大工具，我们可以利用它有效地追踪很多市场。图8-1展示的是花旗集团股票价格竹线图和价值图。

图8-1中的传统价格竹线图和价值图排列方式是展示价值图市场分析工具的常用格式。虽然这些竹线图能够有效地帮助我们确定花旗集团股票的估值，但是它们的局限性是非常大的，它们只能展示一个市场品种的价格信息。由于现在的股票市场同时进行着数以千计的股票品种的交易，所以我们需要一个能够同时展示很多市场估值状态的工具，以便于我们快速确定出入场交易机会。价值搜索表是专门用来实现这种功能的综合分析工具，它让我们集中精力研究那些已经出现交易信号的市场。

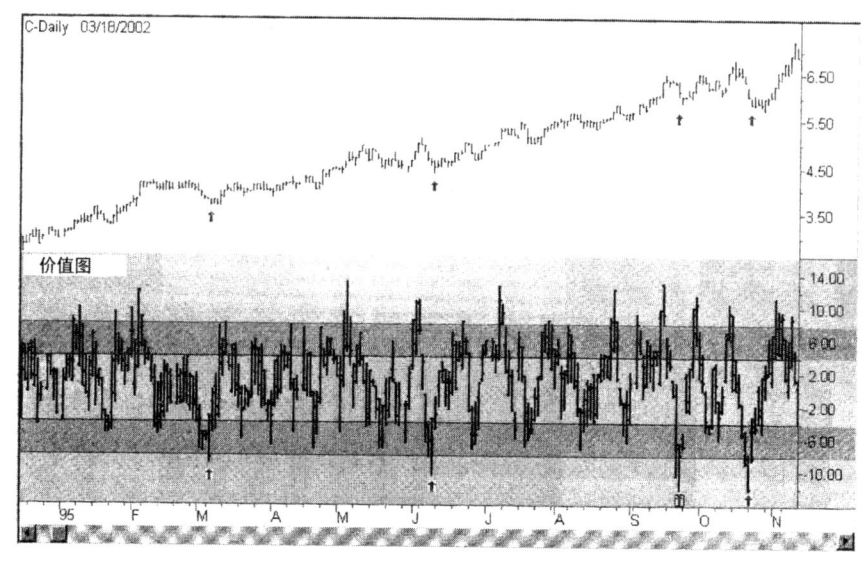

本图由欧米茄研究公司 TradeStation 2000i 软件制作

图 8-1　花旗集团股票日线价值图严重超卖区域出现的交易机会

假定在 2001 年 9 月 11 日恐怖袭击事件后，我们正在道琼斯平均工业指数成分股票中寻找买入交易机会。由于恐怖袭击事件使市场恐慌情绪急剧蔓延，我们相信道琼斯平均工业指数已经到达了一个超卖状态的极限位置，很可能要从当前位置出现一个快速的反弹。我们预计这次反弹能够持续到 2001 年第四季度，把道琼斯平均工业指数推向一个更高的位置。基于这种观点，我们开始致力于搜寻道琼斯平均工业指数成分股票中出现的中度超卖的做多交易机会。正如本书前面章节所述，中度超卖价位就是价值图指标低于 -4 指标位的市场价位。理论上，市场出现这种中度超卖状态的概率低于 16%。当这种中度超卖状态出现在任何一个我们正在跟踪的道琼斯平均工业指数成分股票中时，我们就会立即买入这只股票，一直持仓到 2001 年年底。

由于我们需要同时追踪 30 只道琼斯平均工业指数成分股票的超卖或超买状态，因此我们需要利用价值搜索表的功能。这样我们就可以在一张简单的价值搜索表上同时观察到 30 只成分股票的超卖或超买状态。表 8-1 展示的是价值搜索表的一个样本。如果需要追踪的市场品种数量太大，我们就需要来回滚动显示所有的市场估值数据。

表 8-1　价值搜索表展示 30 只道琼斯指数成分股票的收盘价市场估值

价值搜索表排序指令:无			日期:2001 年 10 月 8 日
股票名称	收盘价(美元)	价值图收盘价(美元)	市场估值
美国铝业(AA)	29.91	-3.88	公允价格
美国运通(AXP)	27.44	-3.71	公允价格
美国电话电报公司(T)	19.18	-1.46	公允价格
波音公司(BA)	36.45	-2.16	公允价格
卡特彼勒(CAT)	46.29	-0.24	公允价格
花旗集团(C)	42.26	-1.23	公允价格
可口可乐(KO)	46.15	3.02	公允价格
迪士尼(DIS)	18.71	-2.07	公允价格
杜邦(DD)	37.35	-0.25	公允价格
柯达(EK)	33.20	-1.03	公允价格
埃克森美孚(XOM)	40.71	3.12	公允价格
通用电气(GE)	36.80	-2.23	公允价格
通用汽车(GM)	41.15	-2.09	公允价格
惠普公司(HWP)	16.95	5.09	中度超买
家得宝(HD)	38.37	-2.45	公允价格
霍尼韦尔国际(HON)	28.34	5.04	中度超买
英特尔公司(INTC)	22.22	4.02	中度超买
国际商业机器(IBM)	98.36	4.11	中度超买
国际纸业公司(IP)	34.75	0.73	公允价格
强生公司(JNJ)	55.59	4.34	中度超买
摩根大通(JPM)	32.44	-6.39	中度超卖
麦当劳(MCD)	28.13	0.35	公允价格
默克公司(MRK)	68.60	2.93	公允价格
微软公司(MSFT)	58.04	4.21	中度超买
明尼苏达矿务及制造业公司(MMM)	97.85	0.05	公允价格
菲利普莫里斯(MO)	50.64	4.72	中度超买
宝洁(PG)	71.87	-0.61	公允价格
西南贝尔电信(SBC)	45.85	0.63	公允价格
联合技术(UTX)	51.67	2.44	公允价格
沃尔玛(WMT)	51.11	-1.99	公允价格

你可以从表 8-1 中看到，这个价值搜索表同时展示了 30 只道琼斯成分股票收盘价对应的市场估值。它的第一列是股票名称，第二列是收盘价，第三列是价值图收盘价，第四列是市场估值。所有的这些信息都是在某一个具体的交易日产生的，本例中的日期是 2001 年 10 月 8 日。由于我们正在寻找道琼斯成分股票中的买入机会，我们要确定价值图指标低于-4 指标位（中度超卖）的股票品种，因此我们从表 8-1 中观察到只有一只股票的收盘价属于中度超卖价位，其对应价值图指标位低于-4 振荡单位。

需要注意的是价值搜索表可以根据你的需要展示任何可以量化的市场价格信息。在这第一个价值搜索表中，我们关注的是 30 只成分股票的收盘价。

表 8-1 中的价值搜索表按照英文字母表的顺序对 30 只道琼斯成分股票进行了排列。我们可以看到，在 2001 年 10 月 8 日大多数成分股票的价值图收盘价都属于公允价格区域。事实上任何价值搜索表的大部分市场品种都会出现在公允价格区域，这是由于这个区域包括 68% 的价值图指标价格分布区域。在价值搜索表中每一行价格数据信息对应一个市场品种。每一列的项目名称都表明了我们想知道的信息种类。用户可以自行选择想要监控的市场品种和感兴趣的价格数据信息类型。

价值搜索表的一个重要特色就在于它可以按照用户确定的标准来对各个市场品种进行排列。比如，在表 8-1 中，我们的目的是要确定出现中度超卖（低于-4 指标位）的市场品种，通过仔细观察各只股票，最终你可以发现只有摩根大通公司股票价格出现了中度超卖状态。但是有了计算机的帮助，我们可以很容易做到按照超卖程度从高到低的顺序排列这些股票品种。这样的话，我们一眼就能够在表格顶部看出哪些股票符合我们的标准。表 8-2 就是按照从高到低的超卖程度来排列道琼斯成分股票的。

表8-2 价值搜索表展示30只道琼斯指数成分股票的收盘价市场估值（从超卖到超买排序）

价值搜索表排序指令:无		日期:2001年10月8日	
股票名称	收盘价(美元)	价值图收盘价(美元)	市场估值
摩根大通（JPM）	32.44	-6.39	中度超卖
美国铝业（AA）	29.91	-3.88	公允价格
美国运通（AXP）	27.44	-3.71	公允价格
家得宝（HD）	38.37	-2.45	公允价格
通用电气（GE）	36.80	-2.23	公允价格
通用汽车（GM）	41.15	-2.09	公允价格
迪士尼（DIS）	18.71	-2.07	公允价格
沃尔玛（WMT）	51.11	-1.99	公允价格
美国电话电报公司（T）	19.18	-1.46	公允价格
花旗集团（C）	42.26	-1.23	公允价格
柯达（EK）	33.20	-1.03	公允价格
宝洁（PG）	71.87	-0.61	公允价格
杜邦（DD）	37.35	-0.25	公允价格
卡特彼勒（CAT）	46.29	-0.24	公允价格
明尼苏达矿务及制造业公司（MMM）	97.85	0.05	公允价格
麦当劳（MCD）	28.13	0.35	公允价格
西南贝尔电信（SBC）	45.85	0.63	公允价格
国际纸业公司（IP）	34.75	0.73	公允价格
波音公司（BA）	36.45	2.16	公允价格
联合技术（UTX）	51.67	2.44	公允价格
默克公司（MRK）	68.60	2.93	公允价格
可口可乐（KO）	46.15	3.02	公允价格
埃克森美孚（XOM）	40.71	3.12	公允价格
英特尔公司（INTC）	22.22	4.02	中度超买
国际商业机器（IBM）	98.36	4.11	中度超买
微软公司（MSFT）	58.04	4.21	中度超买
强生公司（JNJ）	55.59	4.34	中度超买
菲利普莫里斯（MO）	50.64	4.72	中度超买
霍尼韦尔国际（HON）	28.34	5.04	中度超买
惠普公司（HWP）	16.95	5.09	中度超买

通过表 8-2 中的价值搜索表我们很容易发现哪些股票出现中度超卖状态。你应该已经注意到了我们所说的超卖和低估是同一个意思,超买和高估也是一样的。我们随便看一眼表 8-2,就能发现摩根大通公司股票是 2001 年 10 月 8 日唯一一只出现中度超卖状态的股票。但是表 8-2 中的价值搜索表展示的仅仅是道琼斯成分股票收盘价的相对估值水平,很多买入交易机会出现在日内实盘交易中,也就是出现在开盘和收盘之间。我们需要知道在 10 月 8 日有哪些道琼斯成分股票在盘中出现了中度超卖状态。我们可以通过设置价值搜索表对 30 只成分股票日内最低价进行追踪和排列来实现这一点。表 8-3 展示了股票价格日内最低价、相应价值图竹线最低价和这些最低价对应的相对估值。这个价值搜索表与表 8-1 和表 8-2 的区别就在于它展示的是日内最低价而不是收盘价。

表 8-3 价值搜索表展示 30 只道琼斯指数成分股票的最低价市场估值(从超卖到超买排序)

价值搜索表排序指令:无			日期:2001 年 10 月 8 日
股票名称	收盘价(美元)	价值图收盘价(美元)	市场估值
美国铝业(AA)	32.05	-7.99	中度超卖
美国运通(AXP)	26.69	-6.20	中度超卖
美国电话电报公司(T)	18.69	-5.45	中度超卖
波音公司(BA)	29.67	-4.62	中度超卖
卡特彼勒(CAT)	36.25	-4.33	中度超卖
花旗集团(C)	44.85	-3.66	公允价格
可口可乐(KO)	18.41	-3.48	公允价格
迪士尼(DIS)	40.81	-3.41	公允价格
杜邦(DD)	38.15	-3.10	公允价格
柯达(EK)	41.86	-2.43	公允价格
埃克森美孚(XOM)	50.96	-2.43	公允价格
通用电气(GE)	71.38	-2.18	公允价格
通用汽车(GM)	33.00	-1.82	公允价格

续表

惠普公司（HWP）	37.01	−1.76	公允价格
家得宝（HD）	97.10	−1.63	公允价格
霍尼韦尔国际（HON）	45.92	−1.32	公允价格
英特尔公司（INTC）	45.36	−0.94	公允价格
国际商业机器（IBM）	28.03	−0.44	公允价格
国际纸业公司（IP）	39.79	−0.35	公允价格
强生公司（JNJ）	49.72	−0.19	公允价格
摩根大通（JPM）	34.64	0.25	公允价格
麦当劳（MCD）	16.00	0.31	公允价格
默克公司（MRK）	67.78	0.38	公允价格
微软公司（MSFT）	35.77	0.52	公允价格
明尼苏达矿务及制造业公司（MMM）	50.82	0.53	公允价格
菲利普莫里斯（MO）	27.06	0.67	公允价格
宝洁（PG）	21.25	0.84	公允价格
西南贝尔电信（SBC）	96.61	1.08	公允价格
联合技术（UTX）	54.87	1.33	公允价格
沃尔玛（WMT）	56.74	1.83	公允价格

当我们观察表 8-3 的时候，我们可以从这个价值搜索表中明显看出有几只道琼斯成分股票的价值图指标曾经在盘中出现中度超卖状态，但在收盘时它们的价值图指标却回到了公允价格区域。如果我们在它们的市场价格到达中度超卖价位的时候买入这些股票，那么在这个交易日收盘时，我们已经开始获利了。从这个例子，我们可以看出很多投资交易机会出现在日内。有了价值图和价值搜索表的帮助，再加上计算机技术和互联网，我们现在可以迅速确定出现中度超卖价位的市场品种，从而更好地利用这些在盘中出现的买入交易机会。可以这么说，我们只需要轻轻点击一下鼠标就能够发现一个相当有利的买入机会。

既然我们能够发现很多在盘中出现的交易机会，那么如果在某个道琼斯成分股票的价值图指标刚开始出现超卖状态时我们就买入这只股票，那我们会得到多大的收益呢？下面我们通过一个例子来展示一下我们可能获得的收益。在表 8-3 和表 8-2 中我们可以看到美国运通公司股票价格在 10 月 8 日这个交易日曾经处于中度超卖状态，但是在收盘时，它的价值图指标却收在了公允价格区域。图 8-2 中的价格竹线展示了 10 月 8 日美国运通公司股票的价格变动情况。

在美国运通的这个范例中，如果我们在它的价值图指标刚刚到达 -4 指标位时（这时股价为 27.27 美元/股）就买入这只股票，那么我们获取的利润可能不会比在它收盘时（这时股价为 27.36 美元/股）买入这只股票的收益高多少。但是，我们可以从图 8-3 中看到在任何低于 -4 价值图指标位的市场价位处买入这只股票都将会是一个低风险入场点。在随后的几个交易日，这只股票市场价格逐步上升，到第五个交易日，股票价格到达 31.67 美元/股。

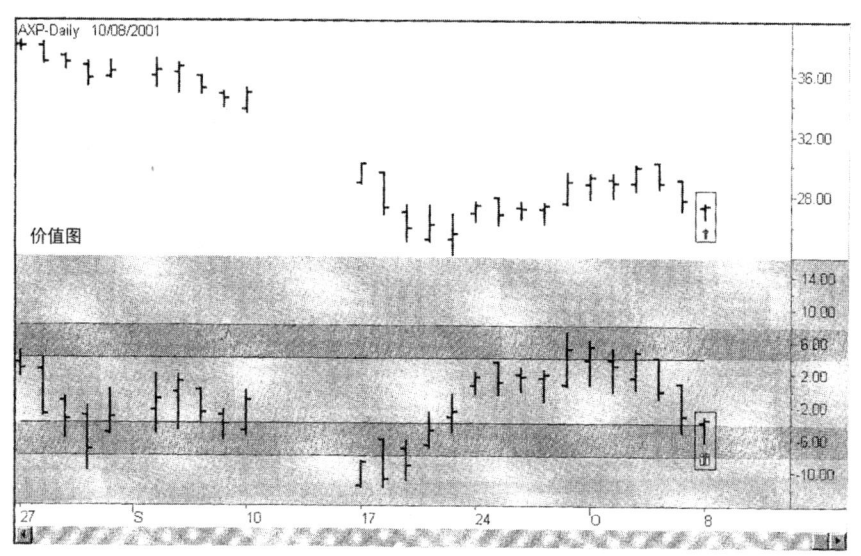

本图由欧米茄研究公司 TradeStation 2000i 软件制作

图 8-2　美国运通公司股票传统价格竹线图和价值图

我们现在可以从图 8-3 中注意到美国运通公司股票在 10 月 8 日这个交易日的大部分价格区间内都处于中度超卖状态，这个处于中度超卖状态的价格区间是非常理想的买入机会。我们想在这里提醒你，价值图是一个非常有用的市场分析工具，但是只有当它与其他市场分析方法一起使用时，它才能发挥强大的优势。这就像高尔夫运动，某些球杆只能在某些情况下才能发挥最佳效用，价值图是专门用来确定相对市场估值的，而其他的技术分析方法可以用来分析判断市场的长期趋势。因此不论你在何处进入一个熊市走势的市场，你都注定要亏损。

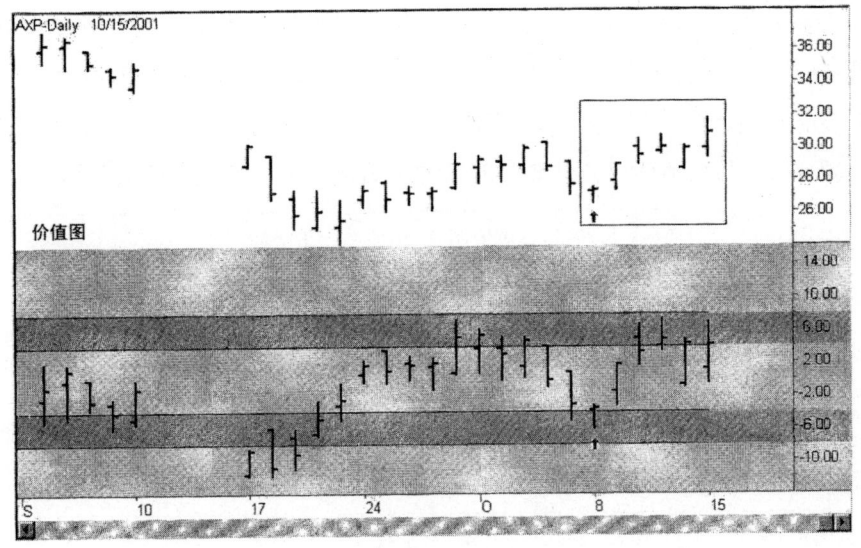

本图由欧米茄研究公司 TradeStation 2000i 软件制作

图 8-3　美国运通公司股票传统价格竹线图和价值图

价值搜索表排序

我们知道我们可以利用价值搜索表同时跟踪多个市场品种。在使用价值搜索表时，我们可以根据我们的需要对价值搜索表中的各个市场品种进行排序。比如，我们可以按照市场价格超卖程度从高到低的顺序来对表 8-1 中的 30 只道琼斯成分股票进行排列。换句话说，我们可以在第一行展示价值图指标超卖程度最高的市场品种，在第二行展示价值图指标超卖程度第二高的市场品种，以此类推。这种能够按照超卖或超买程度进行排序的能力是非常有用的特色功能。表8-2就是按照超卖程度从高到低的顺序对表8-1中的30只股票进行排序的结果。

我们可以按照我们想要的任何顺序对价值搜索表中的市场品种进行排序。这样，我们就能够确保把最可能产生交易信号的市场品种放在价值搜索表的顶部，把最不可能产生交易信号的市场品种放在价值搜索表的底部。我们同样也可以展示每只股票当前价格对应的价格波动概率分布图统计概率数据，并按照相应的超卖或超买程度进行排序，如表8-4所示。

表8-4　几只道琼斯指数成分股票的价值搜索表（从超卖到超买排序）

股票名称	最新价（美元）	价值图指标位	数据类型	市场估值状态	低于概率	高于概率
美国联合信号(ALD)	21.187	-9.74	日线	严重超卖	1.04%	98.96%
花旗集团(C)	16.500	-7.97	日线	中度超卖	3.90%	96.10%
杜邦(DD)	32.500	-6.66	日线	中度超卖	6.78%	93.22%
美国运通(AXP)	41.625	-4.04	日线	中度超卖	16.64%	83.36%
美国铝业(AA)	25.187	-0.87	日线	公允价格	40.71%	59.29%
雪佛龙(CVX)	47.750	-0.50	日线	公允价格	50.17%	49.83%
波音(BA)	33.437	3.80	日线	公允价格	76.89%	23.11%
卡特彼勒(CAT)	27.187	4.78	日线	中度超买	83.67%	16.33%
迪士尼(DIS)	19.250	7.07	日线	中度超买	95.69%	4.31%
柯达(EK)	63.875	8.06	日线	严重超买	97.46%	2.54%

与前面的例子相似，表8-4按照超卖程度从高到低的顺序对市场品种进行了排序，我们很容易从中确定哪个市场品种最符合或者最有可能符合我们的交易标准。如果我们正准备根据价值搜索表寻机买入一只出现严重超卖状态的股票，那么我们就会从表8-4中发现美国联合信号公司股票

(ALD）符合这个标准，适合买入。花旗集团（C）、杜邦（DD）和美国运通（AXP）都非常接近这个标准。通过市场排序，把最可能产生交易信号的市场品种放在价值搜索表的最顶端，我们可以很轻松地追踪它们的市场状态。

价值搜索表与指标

价值搜索表不仅可以展示价值图指标信息，而且也可以展示其他任何指标的信息。比如，我们可以把一个趋势跟踪指标给出的信息插入到价值搜索表中，以帮助我们确定市场长期趋势的方向。如果这个趋势跟踪指标表明当前市场行情为牛市，我们就可以在市场价格出现中度超卖或严重超卖状态时寻机做多。另一方面，如果这个趋势跟踪指标表明当前市场行情为熊市，我们就可以在市场价格出现中度超买或严重超买状态时寻机做空。

我们使用价值搜索表的目的就是在同一屏幕上同时追踪多个市场品种。把其他有效的技术指标或交易系统与价值图和价格波动概率分布图联合使用可以进一步提高我们的胜算概率，增加我们的利润。这样就有可能实现交易单一入场就开始获利的美好愿望。这是因为价值图本身具有识别低风险入场点的能力，如果我们再把它与其他比较有效的技术指标联合使用，我们就可以提高我们判断低风险入场点的准确率。表8-5就是一个联合展示价值图指标和趋势跟踪指标的价值搜索表范例。

表8-5展示的价值搜索表是专门用来跟踪谷物期货品种和猪腩市场的。你可以看到，玉米和小麦日线图出现了顺着下跌趋势进行做空交易的低风险入场点。我们在这个价值搜索表内插入日线、周线和月线价值图指标，为的是我们能够看到各种时间结构价值图指标的超卖或超买状态。这个价值搜索表表明，玉米日线价值图指标出现严重超买状态，但是玉米周线和月线价值图指标却处于公允价格区域。表内插入的趋势跟踪指标信息显示这几个谷物期货品种都处于下跌状态，这表明我们可以在这几个谷物市场中顺着趋势方向开始做空交易。在下跌趋势行情中出现的短期市场超

买价位是进行做空交易的低风险入场点，在这种低风险入场点进场交易我们可以获得更多的利润。任何有效的趋势跟踪交易系统或指标都可以作为一层滤网插入到价值搜索表中。

表 8-5　几个期货品种的价值搜索表（从超买到超卖排序）

期货品种	最新价（美元）	长期趋势	价值图指标位	数据类型	市场估值状态	低于概率	高于概率
玉米	245.75	下跌	8.38	日线	严重超买	97.46%	2.54%
玉米	245.75	下跌	2.07	周线	公允价格	68.78%	31.22%
玉米	245.75	下跌	0.06	月线	公允价格	50.17%	49.83%
小麦	307.50	下跌	8.97	日线	严重超买	97.28%	2.72%
小麦	307.50	下跌	0.95	周线	公允价格	51.22%	48.78%
小麦	307.50	下跌	-1.40	月线	公允价格	40.71%	59.29%
大豆	495.50	下跌	-4.96	日线	严重超买	83.67%	16.33%
大豆	495.50	下跌	-1.32	周线	公允价格	40.71%	59.29%
大豆	495.50	下跌	-2.34	月线	公允价格	31.68%	68.32%
猪腩	54.53	上升	-0.45	日线	公允价格	48.70%	51.30%
猪腩	54.53	上升	-3.29	周线	公允价格	23.57%	76.43%
猪腩	54.53	上升	-1.52	月线	公允价格	39.80%	60.20%

价值搜索表可以浓缩各种市场信息，可以在同一屏幕上同时跟踪多个市场品种。价值图具有的能够确定各种估值区域的能力是非常优秀的。在价值搜索表中价值图和价格波动概率分布图充分地发挥了它们各自的特色功能。本章没有过多地介绍如何制作价值搜索表，而是用了大量篇幅探讨价值搜索表的用途。价值图和价格波动概率分布图在技术分析领域的出色表现使它们成为每个交易者都应该必备的软件工具。

第九章 不同市场环境下的动态估值

在前面章节中，我们介绍了如何创建价值图和如何使用价格波动概率分布图强化补充价值图。在我们分析探讨中使用的大部分价格波动概率分布图都是依据某个市场所有的价格竹线图数据创建的。但是当我们考虑创建价格波动概率分布图的时候，我们还需要考虑一些别的情况。毕竟，相对于强劲的熊市走势，强劲的牛市竹线图会产生一个不同的价格波动概率分布图。

我们将在本章中探讨创建价格波动概率分布图和确定估值区域的各种方法。详细介绍在预期市场走牛的情况下如何使用牛市价格波动概率分布图和牛市估值区域，以及在预期市场走熊的情况下如何使用熊市价格波动概率分布图和熊市估值区域。

有条件的价格波动概率分布图

到目前为止，本书探讨的价格波动概率分布图都是根据完整的市场历史价格竹线图数据制作的，而且是特意使用尽可能多的市场数据。这样做的主要原因是希望我们使用的市场数据范围能够涵盖一个完整的市场循环。可以这么说，仅根据牛市行情的价格数据创建的价格波动概率分布图不能代表整个市场循环的情况。牛市价格波动概率分布图与熊市价格波动概率分布图的区别就是前者属于正向偏态分布，而后者属于负向偏态分布。相反，根据一个完整市场循环数据制作的价格波动概率分布图属于正常的分布形态，能够反映出整个市场群体的情况。

虽然根据能够代表市场群体的样本数据制作的价格波动概率分布图可以反映长期的价值图指标行为，但是我们仍然可以通过改造价值图和价格波动概率分布图来提高它们的准确性。这个过程要求我们预测未来的总体市场走势。换句话说，在我们做完基本面分析或使用趋势跟踪交易系统判断后，我们可能会推断出某个市场很可能要开始一个强劲上涨的牛市。

为了观察有条件的价格波动概率分布图在预测未来价格行为方面的准确性，我们来看一下可可期货市场。从图9-1中你可以看出，在20世纪70年代可可市场经历了一个强劲的大牛市，在随后的80和90年代市场展开了一轮强劲的熊市走势。

图9-1是可可市场的月线图，这个可可市场走势包括一个历经多年的大牛市、一个绵延数年的大熊市和很多横盘震荡的市场行情。与这个市场走势图对应的价格日线数据应该能够代表可可市场的群体特征。根据这些日线价格数据我们可以创建一个价格波动概率分布图，它应该可以准确地反映出可可市场价值图的指标行为。你可以在图9-2中看到这个价格波动概率分布图。

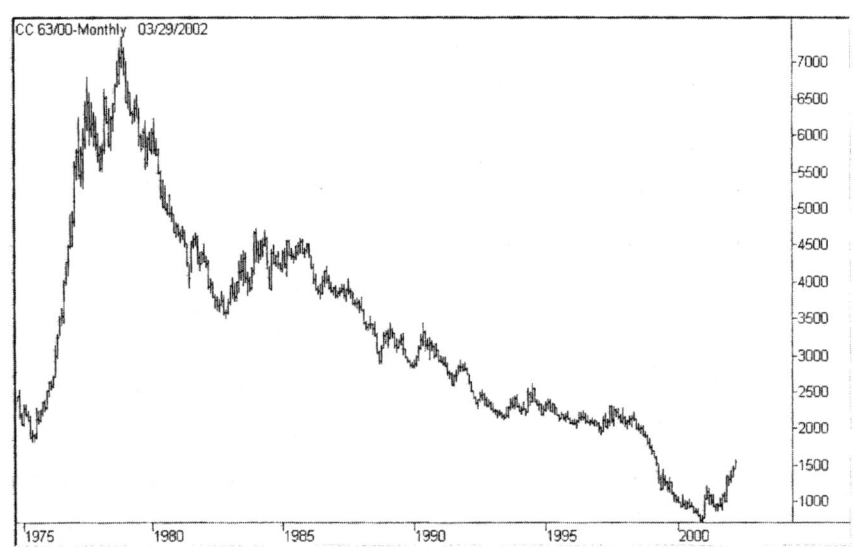

本图由欧米茄研究公司 TradeStation 2000i 软件制作

图9-1　可可市场月线图

当我们分析图9-2中的价格波动概率分布图时，我们可以看到这张分布图很像一个标准的钟形曲线图。这张价格波动概率分布图均衡地分布在价值图零线两侧。它是根据一个完整的可可市场循环数据制作的，因此对于大多数应用情况而言，这种图是足够的。但是当交易者希望能够准确判断未来可可市场行情的时候，他们就可以使用一个更加准确的有条件价格波动概率分布图。这种有条件的价格波动概率分布图是根据某一确定类型的市场走势数据制作的，这些数据类型包括上升趋势市场数据、下降趋势市场数据或者横盘震荡市场数据。

有条件的价格波动概率分布图的局限性在于，只有你正确判断了当前市场的走势，这种价格波动概率分布图才能发挥积极的作用。如果把根据上升趋势制作的有条件价格波动概率分布图应用到一个下跌趋势或震荡盘整行情中，那么它就会起反作用，增加出错的概率。

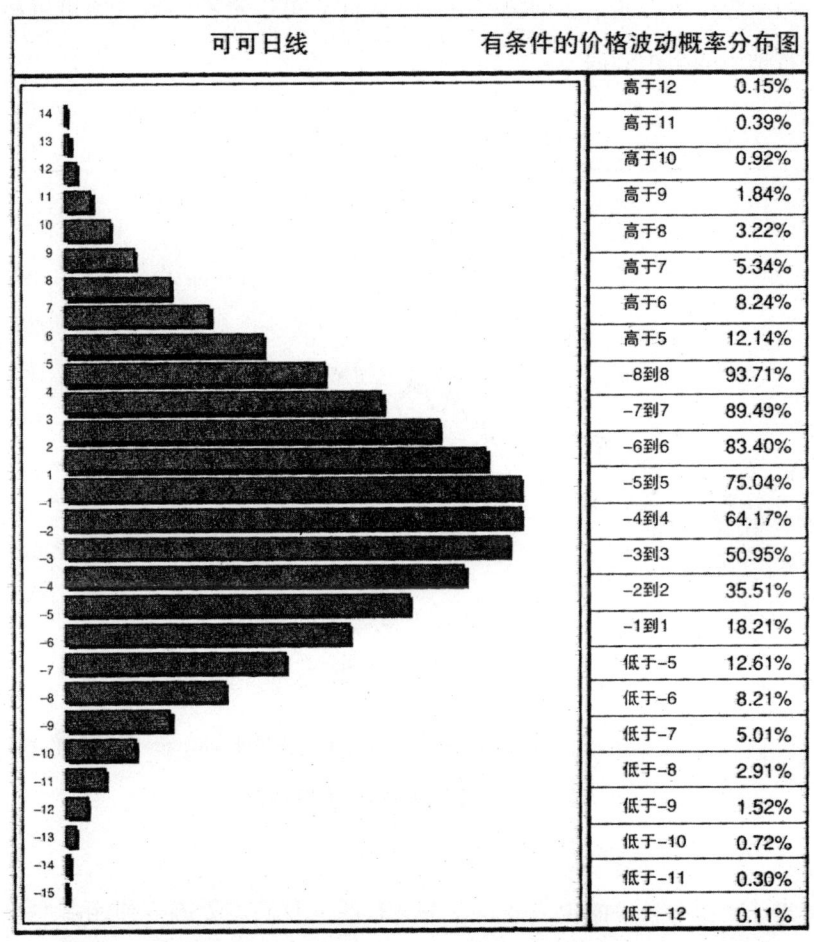

图9-2　根据可可市场日线价值图制作的价格波动概率分布图

假定我们现在坚信可可市场将会出现一轮强劲的上升行情。图9-3展示的是可可市场在1975年和1976年出现的牛市行情。那些准确预测可可市场在此期间出现牛市行情的投资者可以通过创建一个牛市价格波动概率分布图来提高可可市场价值图的有效性。有条件的价格波动概率分布图可以相应地改变与其对应的价值图上的估值区域指标位。牛市市场环境制作的有条件价格波动概率分布图（牛市价格波动概率分布图）能够更好地描述未来可可市场上升行情中的价格行为。其中的原因就是牛市价格波动概率分布图分布形态属于正向偏态分布，因此它可以更准确地反映可可市场上升行情中的牛市倾向。

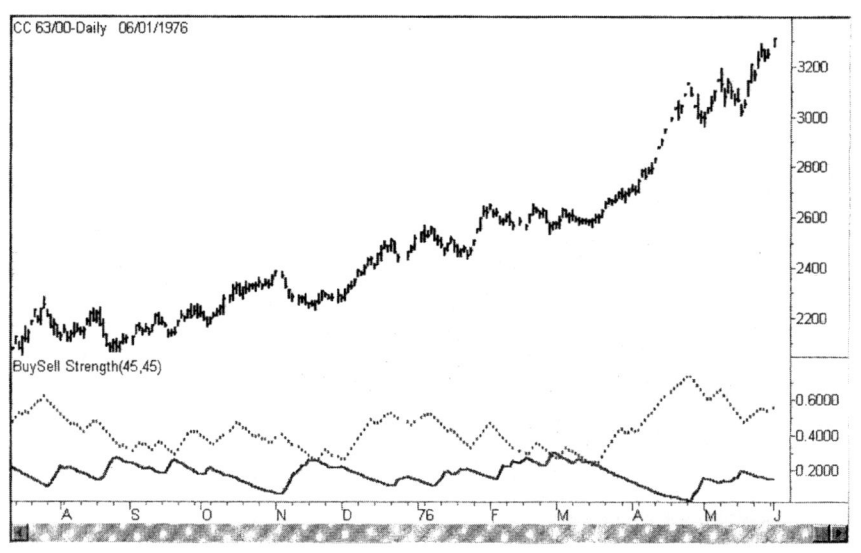

本图由欧米茄研究公司 TradeStation 2000i 软件制作

图9-3　可可牛市行情日线图

为了制作有条件的价格波动概率分布图，我们需要确定使用哪些价格竹线数据。换句话说，我们需要具备确定牛市行情的能力，在准确界定牛

第九章 不同市场环境下的动态估值

市行情价格竹线范围后，再收集相应的价值图竹线数据，最后创建价格波动概率分布图。对于本章这个例子，我们将会使用一个代表多空双方力量的市场指标。图9-3的下半部展示了这个代表多空双方力量的指标。图中虚线代表可可市场45日多方力量平均线，实线代表45日空方力量平均线。虚线（多方力量线）向上穿越实线（空方力量线）意味着牛市行情开始。一旦这个牛市行情条件成立，我们就开始为创建价格波动概率分布图收集相应的价值图竹线数据。

假如我们对当前牛市行情的判断是正确的，那么专门为可可市场牛市行情制作的价格波动概率分布图就能够更加准确地预测市场牛市行情的价格变动特征。但是，正如我们前面所述，预测未来市场行情的风险就在于我们的预测可能是错误的。在震荡盘整或熊市行情中应用牛市价格波动概率分布图不但起不到积极作用，反而会起反作用，最终导致严重的错误。当我们为某个行情类型的市场创建专门的价值图和价格波动概率分布图时，如果我们把它们应用在我们判断错误的市场行情当中，我们就会招致额外的亏损风险。然而在某些严格管理交易的条件下，这些额外的潜在风险或许是可以接受的。

我们现在回到本章可可市场的例子上来，从图9-3中我们可以清晰地观测到1975到1976年间市场展开了一个强劲的牛市走势。我们假定在1975年年初我们就准确地判断出了这个牛市行情。为了我们取得更好的交易收益，我们可以制作一个与我们预期方向一致的牛市价格波动概率分布图。图9-4展示的就是我们专门为可可市场牛市行情制作的牛市价格波动概率分布图。它与图9-2展示的价格波动概率分布图是有区别的。图9-2中价格波动概率分布图代表了可可市场历史价格行为的总体特征，而且它在价值图基准零线两侧呈现均态分布。这是因为制作这个价格波动概率分布图的价格竹线数据是一个完整市场循环周期的数据。

可可日线	有条件的价格波动概率分布图	
	高于12	0.21%
	高于11	0.56%
	高于10	0.46%
	高于9	2.96%
	高于8	5.10%
	高于7	8.36%
	高于6	12.56%
	高于5	18.14%
	-8到8	92.84%
	-7到7	88.25%
	-6到6	81.95%
	-5到5	73.47%
	-4到4	62.62%
	-3到3	49.51%
	-2到2	34.31%
	-1到1	17.40%
	低于-5	8.26%
	低于-6	5.35%
	低于-7	3.25%
	低于-8	1.92%
	低于-9	1.00%
	低于-10	0.43%
	低于-11	0.14%
	低于-12	0.03%

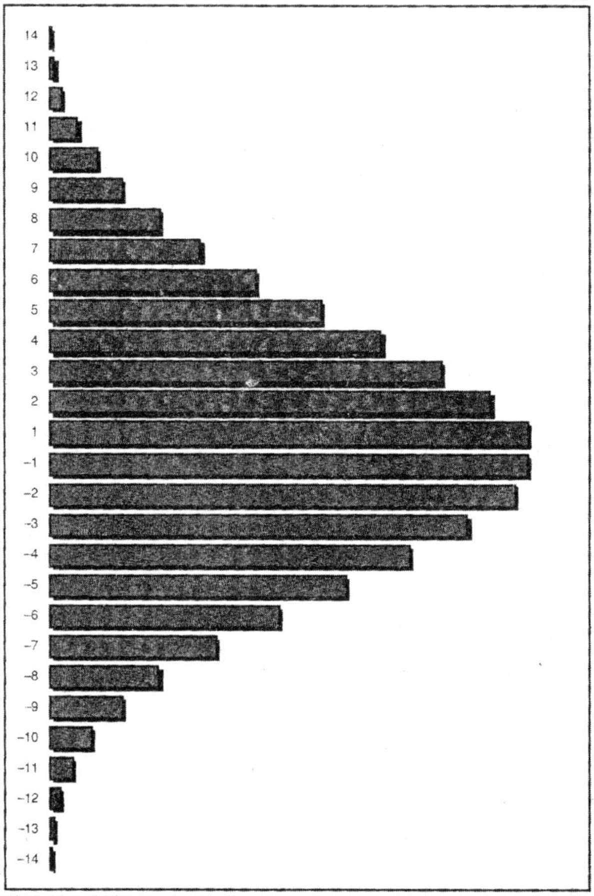

图 9-4 专门为可可市场牛市行情制作的有条件的价格波动概率分布图

图 9-4 中的价格波动概率分布图是一种偏态分布的价格波动概率分布图，它的中心线位于价值图基准零线之上。我们可以从图 9-4 中价格波动概率分布图右侧的统计概率数据看出，价值图指标低于-5 指标位的概率仅为 8.26%，而价值图指标高于+5 指标位的概率却是 18.14%。相反，对于图 9-2 中的价格波动概率分布图而言，价值图指标低于-5 指标位的概率为 12.53%，价值图指标高于+5 指标位的概率为 12.14%。我们可以明显看

出，图9-4中的价格波动概率分布图有一个偏向价值图正指标位的倾向，属于偏态分布，而图9-2中的价格波动概率分布图呈现出的是一种均态分布。另外我们发现图9-4的价格波动概率分布图有59.64%的区域出现在价值图基准零线以上，而出现在价值图基准零线下方的价格波动概率分布图区域只有40.36%。

图9-4中一个比较有意思的现象是价值图指标低于-6指标位的概率是5.35%，而价值图指标高于+6指标位的概率却是12.56%。这是正向偏态分布价格波动概率分布图概率统计数据的一种必然现象。对于牛市行情的价格行为而言，这是一种比较合理的现象。

使用有条件的价格波动概率分布图的最后一步是根据价格波动概率分布图统计数据修改可可市场价值图估值区域的指标标准。你应该还记得，价值图估值区域是根据标准钟形曲线图的统计学标准偏差区域来划分的。第三章图3-7展示的经验法则描述的就是这个统计学惯例。这个经验法则告诉我们标准钟形曲线图±1标准偏差区域包括大约68%的曲线图区域，±2标准偏差区域包括大约95%的区域。对于图9-4中有条件的价格波动概率分布图，我们发现它的标准偏差中心线并不在价值图基准零线上，而是出现在价值图基准零线的上方。

对于标准价格波动概率分布图，我们根据经验法则把价值图公允价格区域定义在-4到+4指标位区域。但是，对于正向偏态分布的价格波动概率分布图，我们就不能这样做，我们应该把它的公允价格区域定义在偏向价值图基准零线上方的位置。虽然经验法则描述了标准钟形曲线图的分布特征，但在现实世界中，我们发现不同市场的价格波动概率分布图的分布情况会有所不同。因此，当我们依据图9-4所示的有条件的价格波动概率分布图定义相应可可市场的价值图估值区域（公允价格区域、中度超买区域等）时，我们要回头参考一下图9-2所示的价格波动概率分布图对应的可可市场标准分布情况。换句话说，图9-2给出的标准可可市场价格波动概率分布图已经确定了可可市场各个价值图估值区域（严重超买区域、中度超买区域、公允价格区域、中度超卖区域和严重超卖区域）包括的区域比例。

通过参考图9-2所示的可可市场价格波动概率分布图，我们可以确定价值图指标出现在严重超买区域（高于+8指标位的区域）的概率为3.22%，出现在中度超买区域（+4和+8指标位之间的区域）的概率为14.17%，出现在公允价格区域（-4和+4指标位之间的区域）的概率为64.17%。另外我们还可以确定价值图指标出现在严重超卖区域（低于-8指标位的区域）的概率为2.91%，出现在中度超卖区域（-4和-8指标位之间的区域）的概率为15.37%。

根据上面所述的统计概率数据，我们可以修改与图9-4所示的有条件价格波动概率分布图相对应的价值图估值区域指标位标准，以达到充分反映牛市行情价格波动概率分布图独有特征的目的。对于图9-2所示的标准价格波动概率分布图，我们知道价值图指标出现在严重超买区域（高于+8指标位的区域）的概率是3.22%，因此对于图9-4所示的有条件的价格波动概率分布图，我们需要确定包括3.22%分布图区域的对应价值图指标位在什么位置。经过推论计算，我们确定在牛市行情的可可市场价值图上，高于+8.88指标位的区域属于严重超买区域。同样我们可以计算出，牛市行情价值图中度超买区域在+5.87到+8.88指标位区间，而不是标准可可市场价值图上+4到+8指标位区间；牛市行情价值图公允价格区域在-2.85到+5.87指标位区间，而不是标准可可市场价值图上-4到+4指标位区间；牛市行情价值图中度超卖区域在-7.24到-2.85指标位区间，而不是标准可可市场价值图上-8到-4指标位区间。最后我们可以确定牛市行情价值图严重超卖区域在低于-7.24指标位的区域，而不是标准可可市场价值图上低于-8指标位的区域。

第九章 不同市场环境下的动态估值

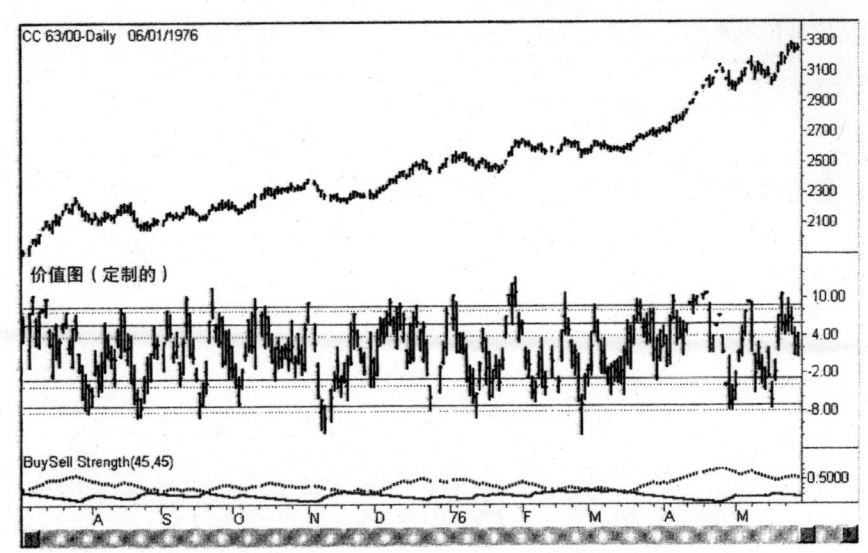

本图由欧米茄研究公司 TradeStation 2000i 软件制作

图 9-5 可可市场牛市行情日线图和专门为牛市行情制作的价值图以及趋势指标

既然我们知道了如何为牛市行情可可市场价值图定义新的估值区域，那么我们就可以把这种特殊处理的价值图画在纸上，如图 9-5 所示。图中虚线代表的是原来的价值图估值区域，实线代表的是最新定义的价值图估值区域。这个新定义的价值图估值区域是由图 9-4 所示的有条件的价格波动概率分布图决定的。需要提醒的是，只有在图 9-3 所示的趋势指标明确确认牛市行情以后，才可以使用这种新定义的牛市行情价值图。我们知道图 9-3 中的虚线代表的是多方力量，实线代表的是空方力量，只有虚线出现在实现上方时，我们才确认牛市行情成立。图 9-5 上半部展示的是可可市场上升趋势行情日线价格竹线图，下半部展示的是根据图 9-4 所示的牛市价格波动概率分布图制作的牛市可可市场价值图，图 9-5 底部展示的是图 9-3 中的趋势跟踪双线指标。图 9-6 与图 9-5 的内容是一样的，二者的区别就是图 9-6 没有在底部展示趋势跟踪指标。这样做的目的就是为了我们能够更清楚地观察专门为牛市行情制作的可可市场价值图。

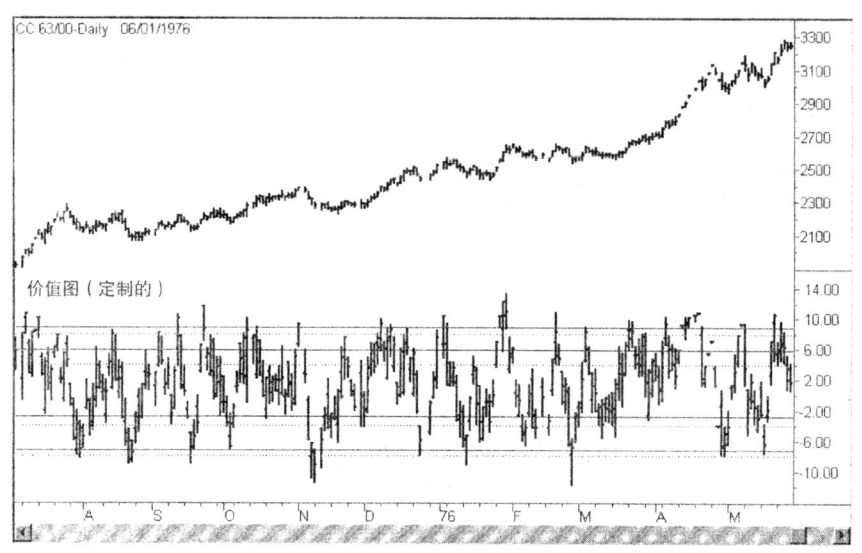

本图由欧米茄研究公司 TradeStation 2000i 软件制作

图9-6　可可市场牛市行情日线图和专门为牛市行情制作的价值图

相对于带有标准估值区域的标准价值图而言，图9-5和图9-6所示的牛市行情价值图在上升趋势行情中更能发挥出统计意义上的优势。这种特别的价值图能够让我们更精准地确定投资交易机会。比如，根据这种牛市行情价值图估值区域，我们可以标识出所有低于-7.24价值图指标位的价格竹线，它们意味着可可市场价格到了严重超卖的状态，如图9-7所示。这些入场点都是具有极低风险的优秀入场点。如果我们在这些低风险入场点进入市场，我们很可能会在交易单入场后立即开始获利。

第九章　不同市场环境下的动态估值

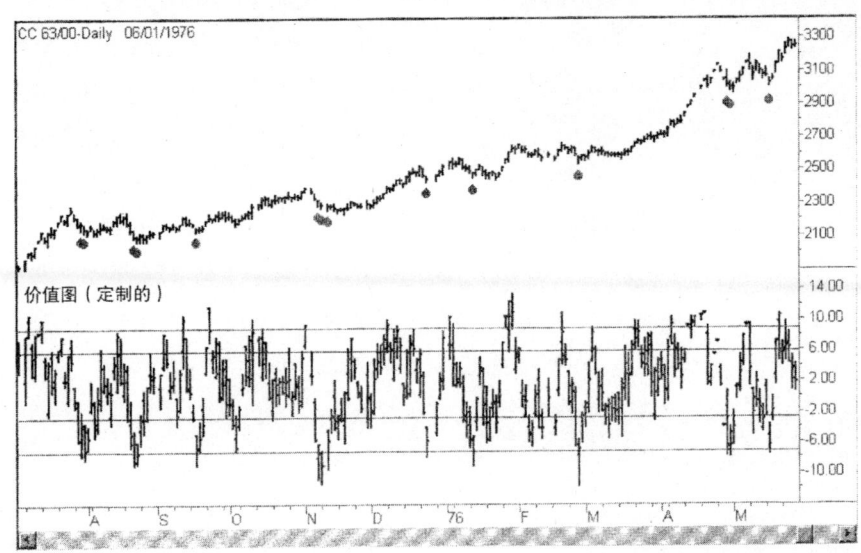

本图由欧米茄研究公司 TradeStation 2000i 软件制作

图 9-7　出现在可可市场牛市行情日线价值图严重超卖区域的低风险入场点

　　有条件的价格波动概率分布图和特殊定义的价值图估值区域在股票、债券、外汇和期货市场中具有广泛的应用前景。为了探讨这方面的内容，我们已经占用了本书大量篇幅。本章这个可可市场牛市行情的例子充分说明了如何针对未来市场行情进一步提高价值图准确性的方法。在计算机技术的帮助下，我们现在可以随心所欲地探索研究各种有条件的价格波动概率分布图的应用方法。

第十章　价值图与分批定投

在交易建仓的过程中，很多专业投资者喜欢使用分批定投交易策略减少系统风险和市场风险。分批定投交易策略通常用于股票长期投资。一般情况下，那些不喜欢研究把握市场交易时机的投资者喜欢这种交易策略。不像那些喜欢把握入场时机的交易者，这些投资者认为要在实盘交易中确定短期市场高低点几乎是一件不可能的事。有了价值图，我们现在可以确定市场估值。在价值图和价格波动概率分布图的帮助下，我们现在能够准确地确定中度低估（超卖）和严重低估（超卖）价位。我们将在本章探讨如何联合使用价值图和分批定投策略降低分批购买股票的市场风险和系统风险。虽然本章中我们仅仅使用股票市场来探讨这个策略，但是这个交易策略可以应用到世界上任何自由流动的市场。

分批定投

分批定投交易策略就是按照一定的时间间隔把定量的资金投入到某个市场当中去，以达到避开短期市场高点，摊薄平均股票成本的目的。如果你使用这种交易策略进入市场，那么在市场价格上涨的时候，定量的分批资金就只能买入较少的股票，反之，在市场价格下跌的时候，同样多的资金就可以买入更多的股票。虽然使用这种策略的投资者无法享受在短期市场低点买入或在短期市场高点卖出的利益，但是他也不会忍受在短期市场高点买入或在短期市场低点卖出的痛苦。这种交易策略的主要目的就是以一种比较平均的公允价格累积一定量资金的股票，从而完成股票建仓。有一些投资者喜欢这种交易策略的原因是它去除了由于进出场决策不当而产生的负面情绪影响。这种交易策略是很有系统性的，而且也比较容易具体实施。

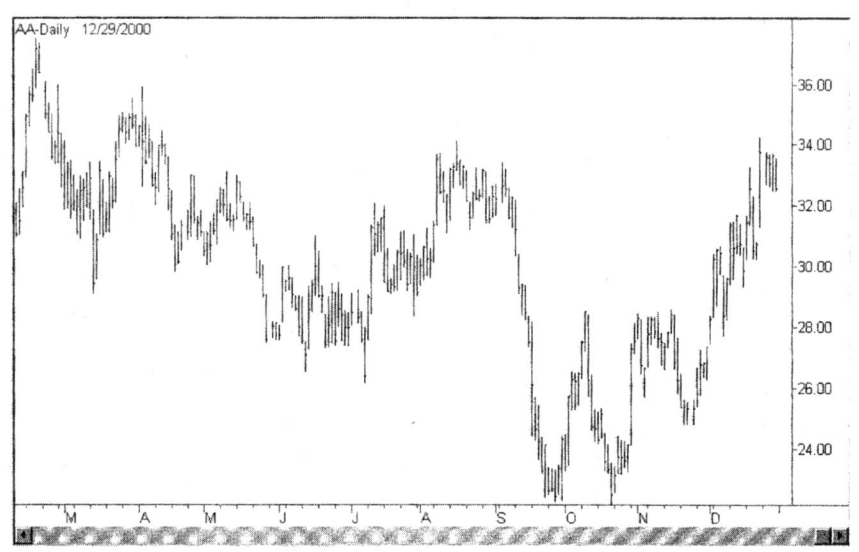

本图由欧米茄研究公司 TradeStation 2000i 软件制作

图 10-1　美国铝业日线价格竹线图

图 10-1 展示的是美国铝业公司股票价格竹线图。假定我们想在接下来的几个月内买入 10 万美元的美国铝业公司股票。虽然我们积极看多这只股票，认为它还会有更长上涨时间，但我们还是想利用分批定投交易策略小心谨慎地累积我们的多头仓位。我们计划从 2001 年 1 月 1 日开始每月一次分 5 次买入这只股票。这就相当于在 1 月 1 日、2 月 1 日、3 月 1 日、4 月 1 日和 5 月 1 日市场收盘时分别买入 2 万美元的股票。如果哪个月份的第 1 日赶上法定节假日，我们就在那个月份的第一个交易日收盘时买入 2 万美元的股票。到 5 月 1 日我们将会完成对美国铝业公司股票的建仓。正如以前所说，分批定投交易策略与追求短期市场高低点的出入场时机无关，它只是寻求在一个比较平均的公允价位上完成建仓。

第十章 价值图与分批定投

既然我们现在拥有了价值图和价格波动概率分布图这两个强大的市场分析工具，那么我们就可以把它们融入分批定投交易策略中去，并把这种复合的交易策略用于分批购买美国铝业股票。与普通的分批定投交易策略相似，我们将分5批买入总额为10万美元的美国铝业股票。但是，与普通的分批定投交易策略不一样的是，我们将注重短期市场低点的入场时机。既然我们可以通过价值图和价格波动概率分布图在盘中实时确定严重超卖价位。那么我们就可以利用前5次美国铝业股票市场到达严重超卖价位的交易机会，分批买入这只股票。由于我们使用这两种交易策略的目的是一致的，都是为了避免一次性全部建仓带来的市场风险和系统风险，那么我们就不会在一个短期市场底部买入两批资金的股票。换言之，如果美国铝业股票市场在同一短期市场底部连续两天或几天都出现严重超卖状态，那我们也不会连续买入两批或几批股票，我们仅仅会在市场到达超卖价位的第一个交易日买入一批资金的股票。

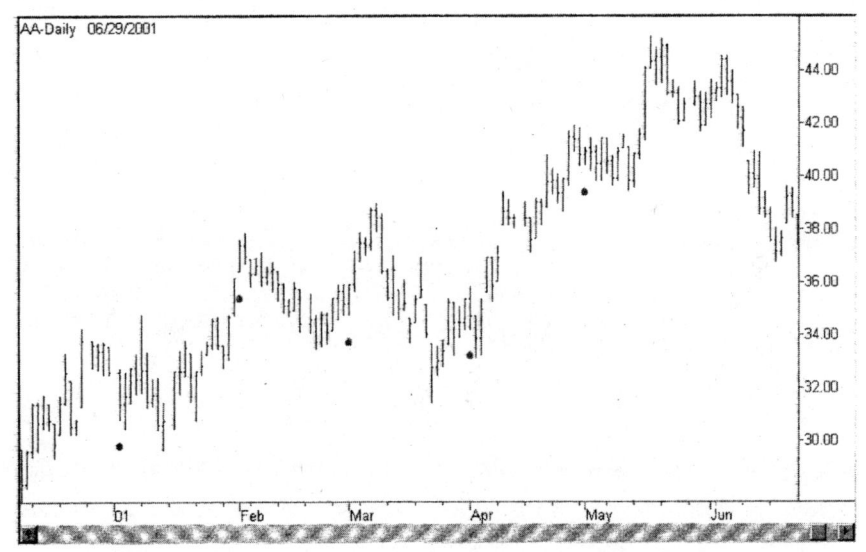

本图由欧米茄研究公司 TradeStation 2000i 软件制作

图 10-2　美国铝业日线价格竹线图上普通分批定投策略入场点

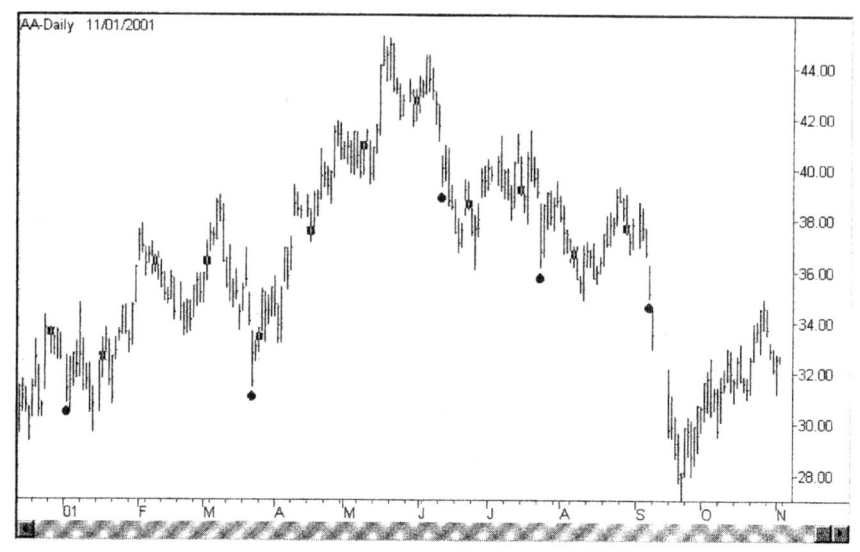

本图由欧米茄研究公司 TradeStation 2000i 软件制作

图 10-3 美国铝业日线价格竹线图上价值图分批定投策略入场点

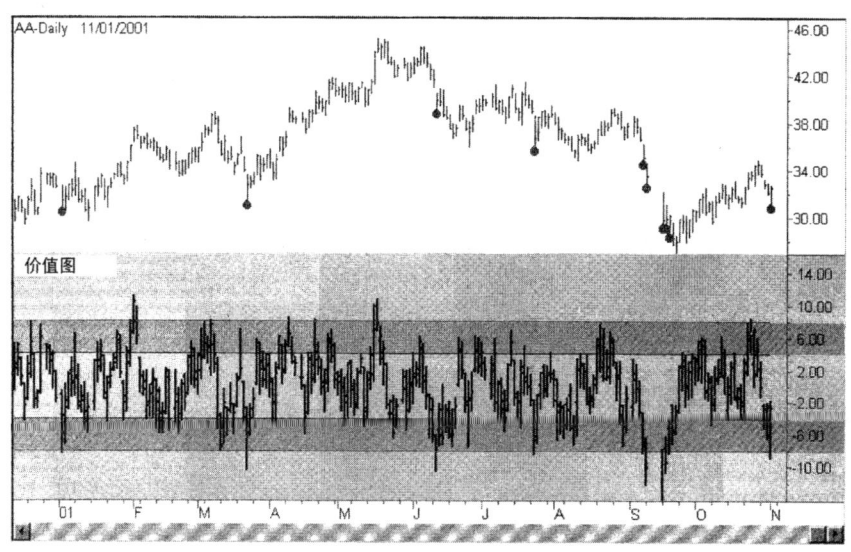

本图由欧米茄研究公司 TradeStation 2000i 软件制作

图 10-4 美国铝业公司股票日线价值图和价格竹线图上价值图分批定投策略入场点

图10-2使用圆点标识了普通分批定投交易策略买入美国铝业股票的5个交易日。图10-3和图10-4展示了价值图分批定投交易策略的买入信号。与普通的分批定投交易策略入场时机不同的是，只要在市场下跌过程中价值图指标到达-8指标位，价值图分批定投交易策略就会发出买入一批股票的信号，而遵循普通分批定投交易策略的交易者仅会在收盘时买入股票。截止到2001年5月1日，普通分批定投交易策略就投入了全部的定投资金，完成了建仓，而价值图分批定投交易策略直到2001年9月7日才完成建仓。图10-4展示的股票价格竹线图与图10-3是完全一样的，但图10-4加入了相应的价值图。

我们知道，普通分批定投交易策略和价值图分批定投交易策略的每一个入场点都意味着买入2万美元的股票。如果入场价格较低，我们就可以买入更多的股票。当我们对比这两种交易策略时，我们可以看到，价值图分批定投交易策略需要花费更长的时间完成同样的建仓，这是因为美国铝业股票市场价值图指标低于-8指标位的概率仅为2.93%。美国铝业股票市场价格波动概率分布图如图10-5所示。对于美国铝业股票市场经历9个月才出现5次低于-8价值图指标位的入场机会，我们并不感到惊奇。你可以从图10-3和图10-4中看出，这5个价值图分批定投交易策略买入点在传统价格竹线图上分布得非常均匀。然而这只是一种巧合，并不代表普遍存在的情况。

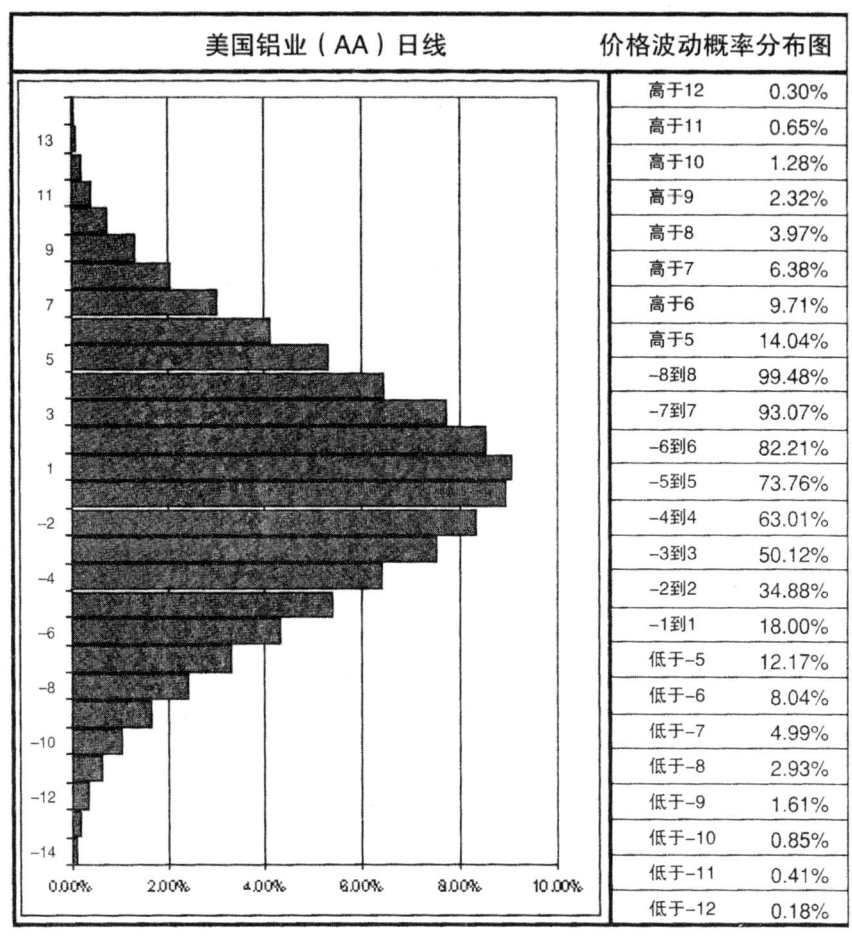

图 10-5　美国铝业日线价格波动概率分布图

在我们继续深入探讨之前，我们有必要搞清楚每种分批定投策略的优缺点。普通分批定投交易策略的风险在于入场点可能出现在短期市场顶部价位上，这些顶部价位可能处于中度超买或严重超买状态。这种交易策略不关心任何短期市场高低点的入场时机，只是寻求在一个比较公允合理的价位上累积一定金额的股票。从统计意义上来说，碰巧在所有的短期市场峰值高点或谷底低点进入市场的可能性是非常小的。一般来说，这种策略基本上能够有效地以一种比较平均的公允价格建立投资仓位，它也可以有效地避免因一次性建仓而带来的市场风险和系统风险。依据价值图分批定投交易策略累积建仓的风险在于市场可能不会足够频繁地出现低于入场指标位的情况，这让投资者很难建立全部仓位。

表 10-1a 和表 10-1b 对比了这两种交易策略的统计结果。对于总额为 10 万美元的资金，两种交易策略都是分 5 批买入股票，依据普通分批定投交易策略买入股票的平均价格为每股 36.21 美元，而根据价值图分批定投交易策略买入同样金额股票的平均价格为每股 34.99 美元。相对而言，价值图分批定投策略节省了每股 1.22 美元。而且对于同样多的资金，价值图分批定投策略累积买入了 2881 股股票，但普通分批定投策略仅买入 2782 股股票。美国铝业股票市场在 2001 年 11 月 30 日的收盘价为每股 38.60 美元，这时普通分批定投策略仓位的账面价值为 107339.25 美元（尚需减去手续费），而价值图分批定投策略仓位的账面价值为 111227.81 美元（尚需减去手续费）。二者相比，价值图分批定投策略的仓位多获利 3828.56 美元。这相当于增加 3.82% 的盈利。如果投资者有较大的投资金额，采用价值图分批定投策略将会使投资者获得更多的利润。

表 10-1a　普通分批定投策略与价值图分批定投策略统计结果对比分析

普通分批定投策略			
日期	买入价(美元)	分批买入金额(美元)	股票数量(股)
2001 年 1 月 2 日	31.56	20000	633.71
2001 年 2 月 1 日	37.55	20000	532.62
2001 年 3 月 1 日	36.03	20000	555.09
2001 年 4 月 1 日	34.86	20000	573.72
2001 年 5 月 1 日	41.05	20000	789.21
		股票数量合计	2782.36 股
		2001 年 11 月 30 日收盘价	38.60 美元
		2001 年 11 月 30 日股票仓位账面价值	107399.25 美元

表 10-1b 普通分批定投策略与价值图分批定投策略统计结果对比分析

价值图分批定投策略			
日期	买入价(美元)	分批买入金额(美元)	股票数量(股)
2001年1月2日	31.00美元	20000美元	645.16
2001年3月22日	32.24美元	20000美元	620.35
2001年6月12日	40.14美元	20000美元	498.26
2001年7月24日	36.42美元	20000美元	549.15
2001年9月7日	35.16美元	20000美元	568.83
		股票数量合计	2881.74股
		2001年11月30日收盘价	38.60美元
		2001年11月30日股票仓位账面价值	111235.23美元

当使用价值图分批进场交易时,交易者可以采取各种各样的方法入场建仓。很明显,价值图分批定投交易策略是一种可行的投资策略。为了等待价值图指标出现确定的买入信号,交易者需要具备极强的耐心,这种耐心最终将换来丰厚的回报。如果交易者使用较大的投资资金,这种回报就会更加可观。在价值图和价格波动概率分布图这两个强大的市场分析工具帮助下,我们现在可以有策略地确定任何市场的入场时机。

附　录　道琼斯指数 30 只成分股票价格波动概率分布图

本附录列出了 30 只道琼斯平均工业指数成分股票的价格波动概率分布图（图 A-1 至 A-30）。每个价格波动概率分布图都是根据尽可能多的日线数据制作的。需要注意的是，对于同一个上市公司的股票，如果选取不同时间段的价格数据，就有可能产生不同的价格波动概率分布图。

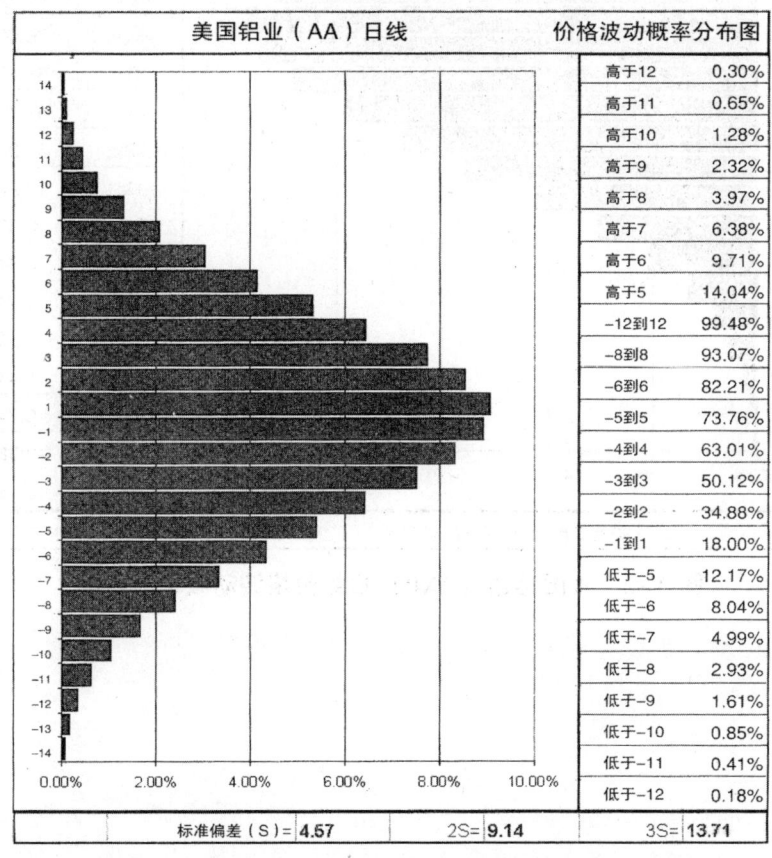

图 A-1　美国铝业（AA）日线价格波动概率分布图

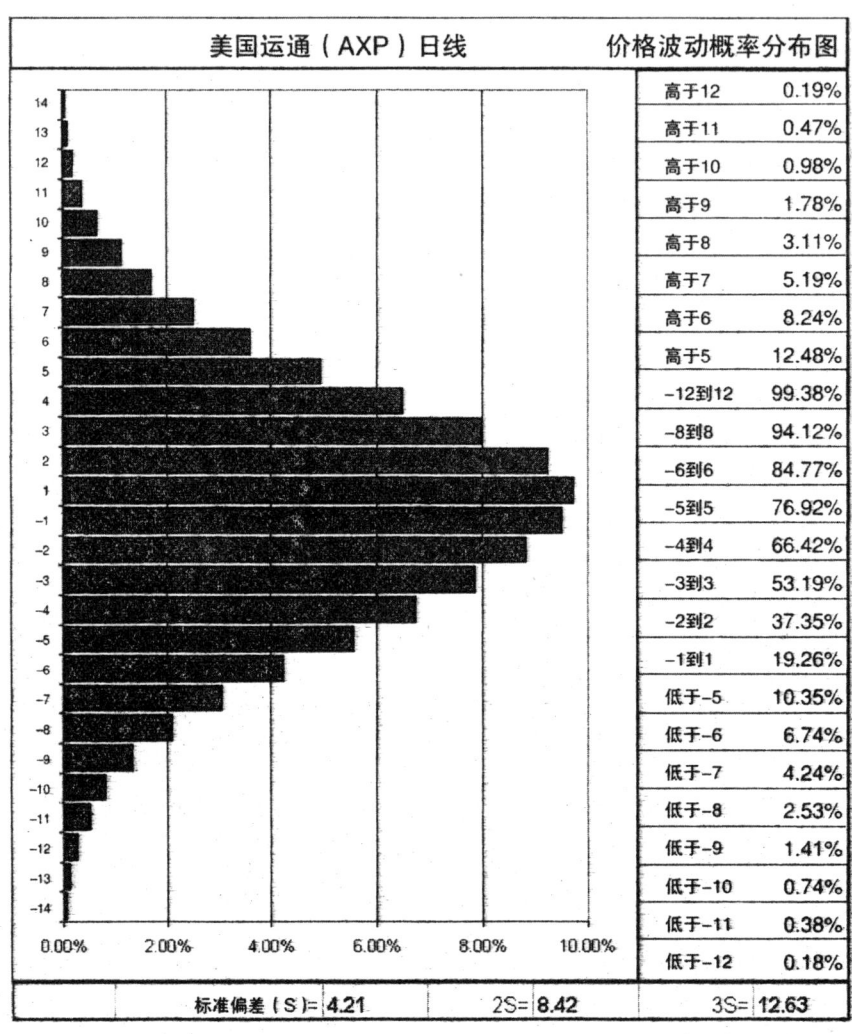

图 A-2 美国运通（AXP）日线价格波动概率分布图

附 录 道琼斯指数30只成分股票价格波动概率分布图

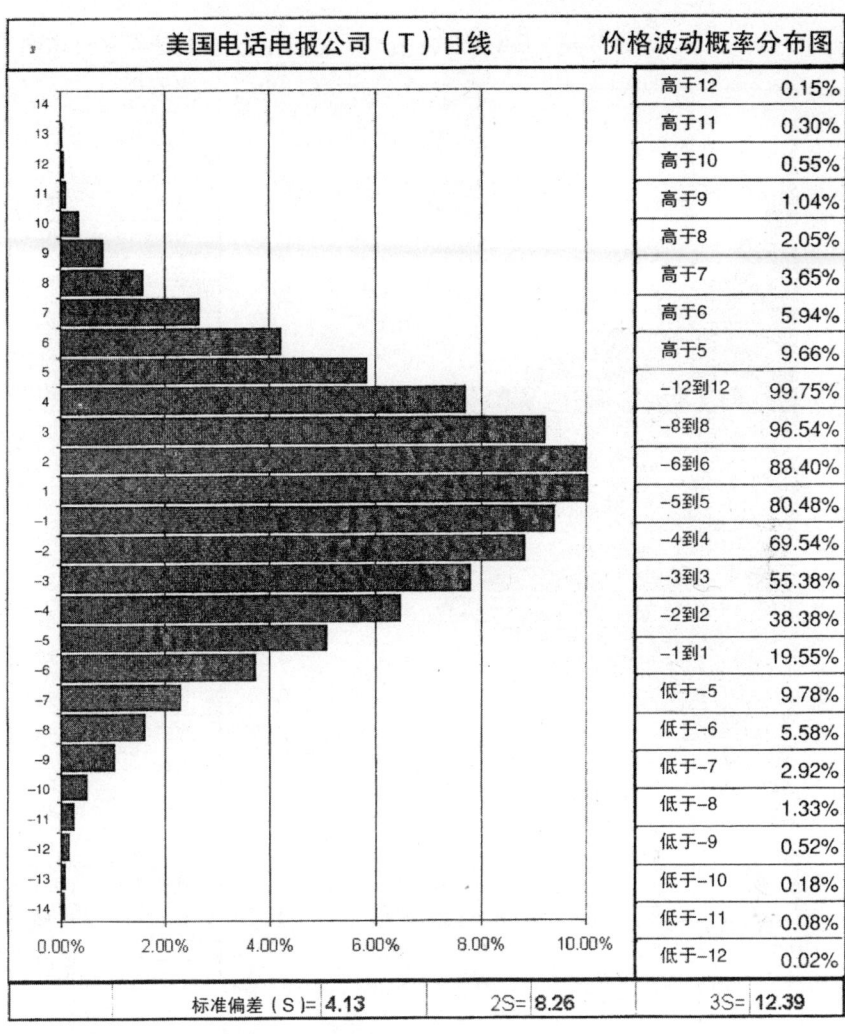

图 A-3 美国电话电报公司（T）日线价格波动概率分布图

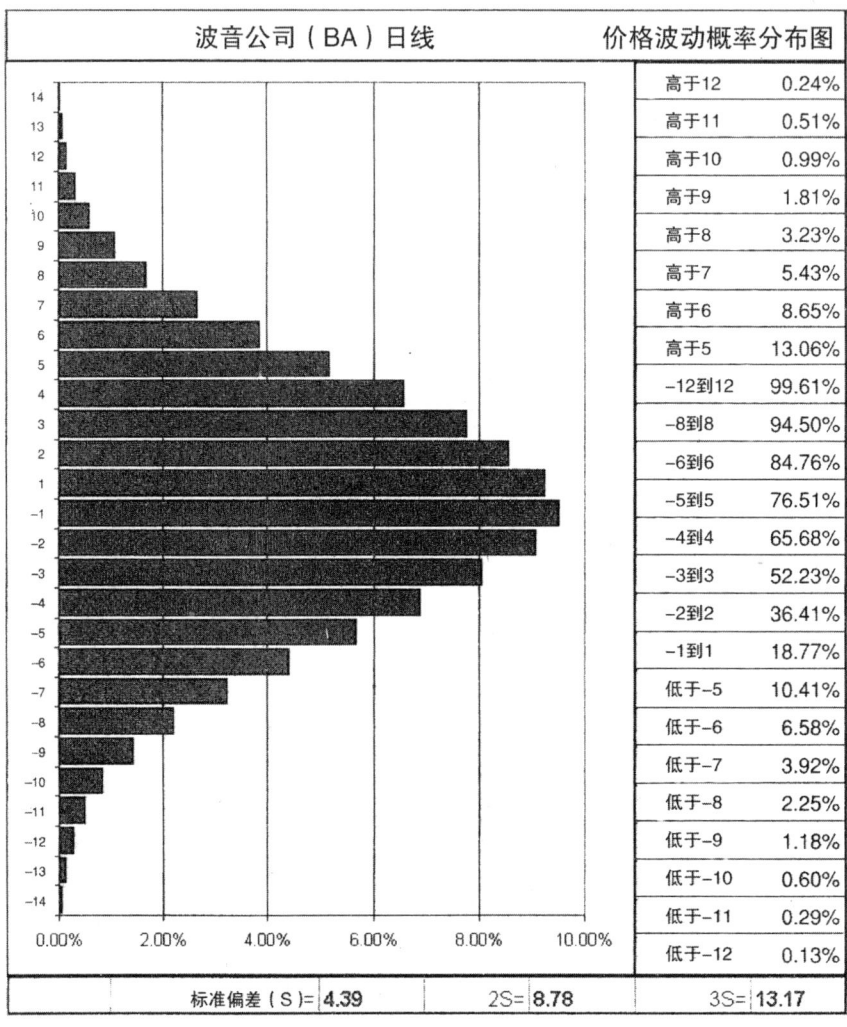

图 A-4 波音公司（BA）日线价格波动概率分布图

附　录　道琼斯指数 30 只成分股票价格波动概率分布图

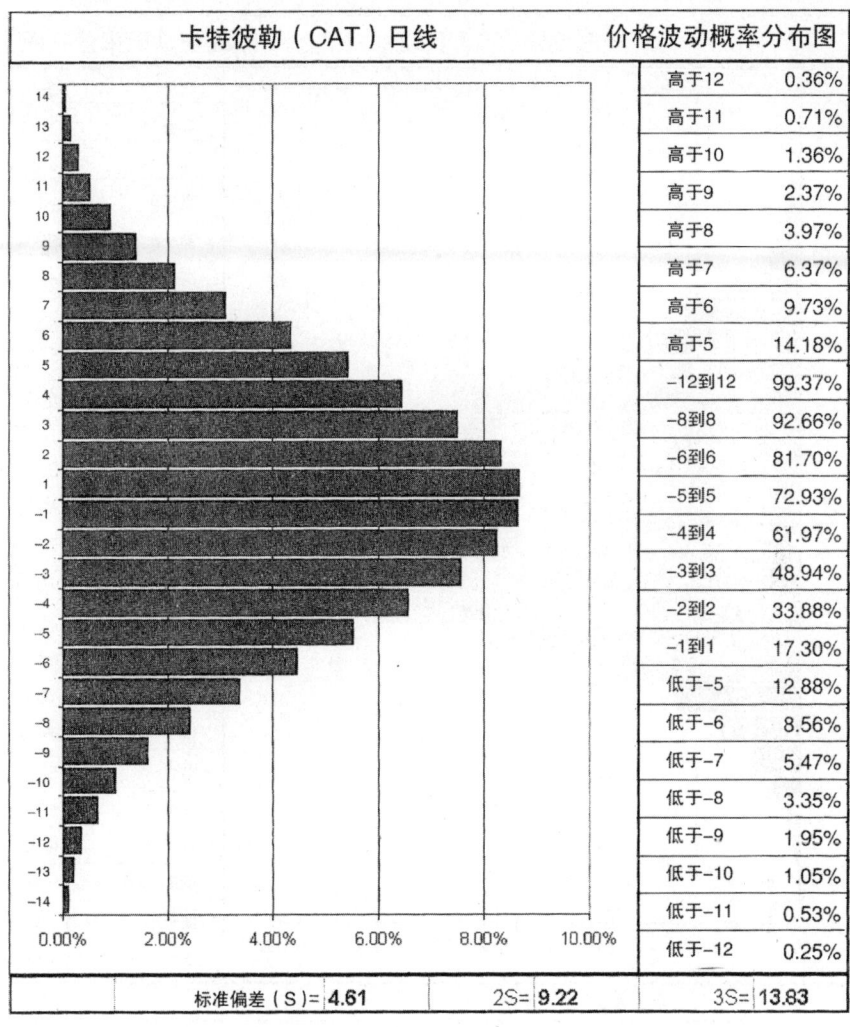

图 A-5　卡特彼勒（CAT）日线价格波动概率分布图

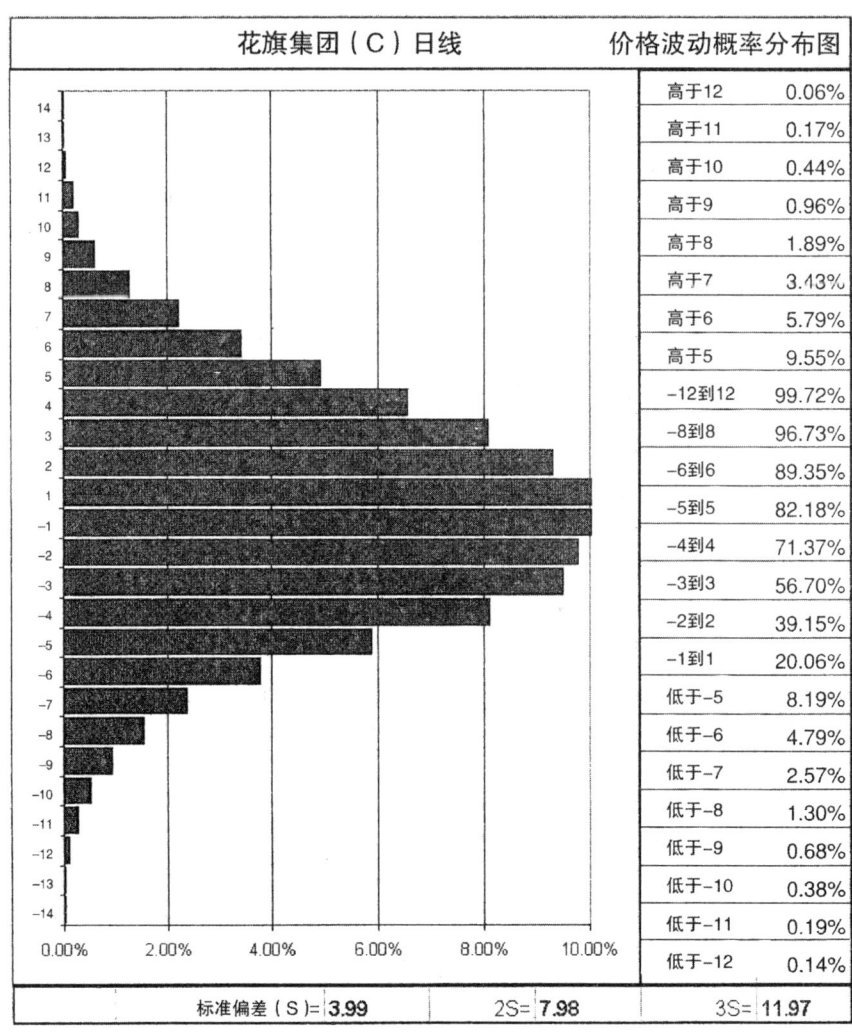

图 A-6 花旗集团（C）日线价格波动概率分布图

附 录 道琼斯指数 30 只成分股票价格波动概率分布图

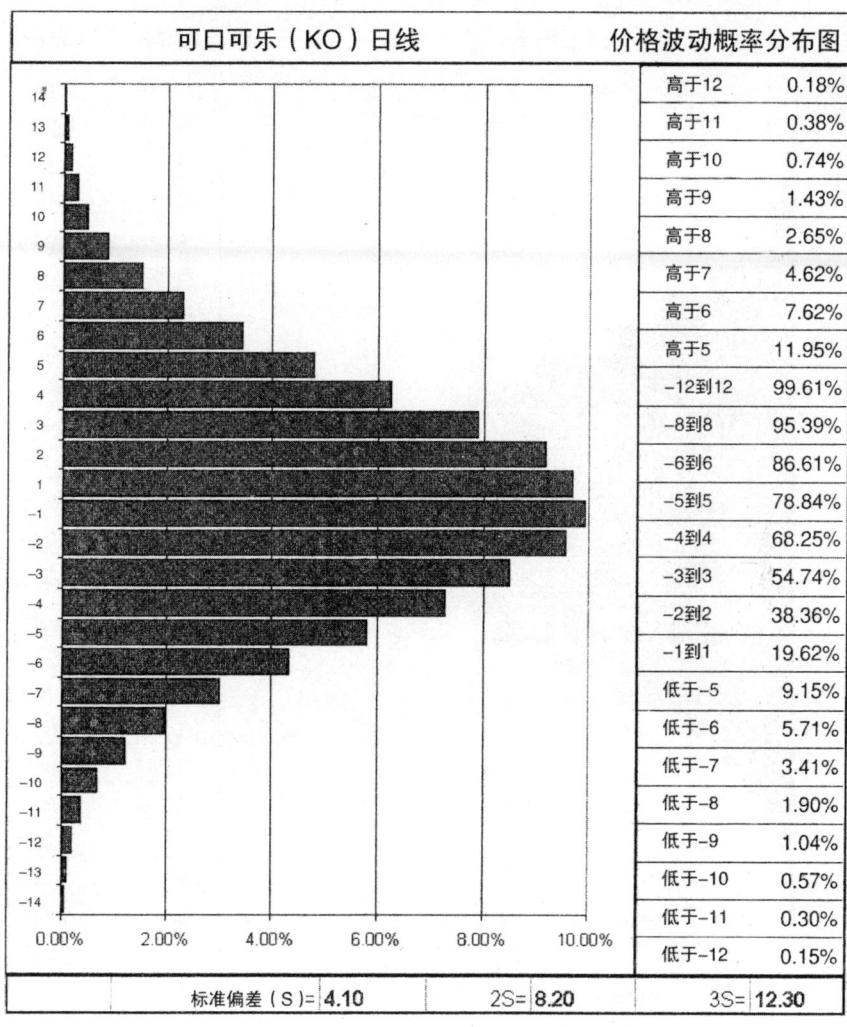

图 A-7 可口可乐（KO）日线价格波动概率分布图

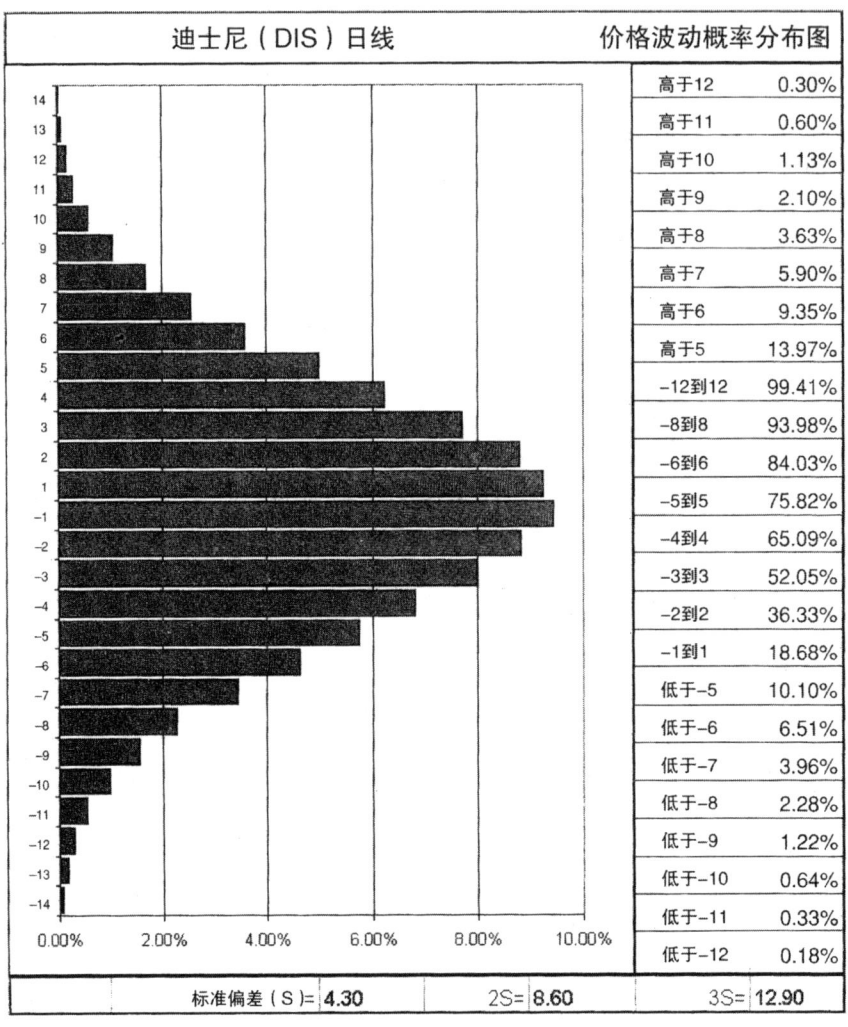

图 A-8 迪士尼（DIS）日线价格波动概率分布图

附　录　道琼斯指数 30 只成分股票价格波动概率分布图

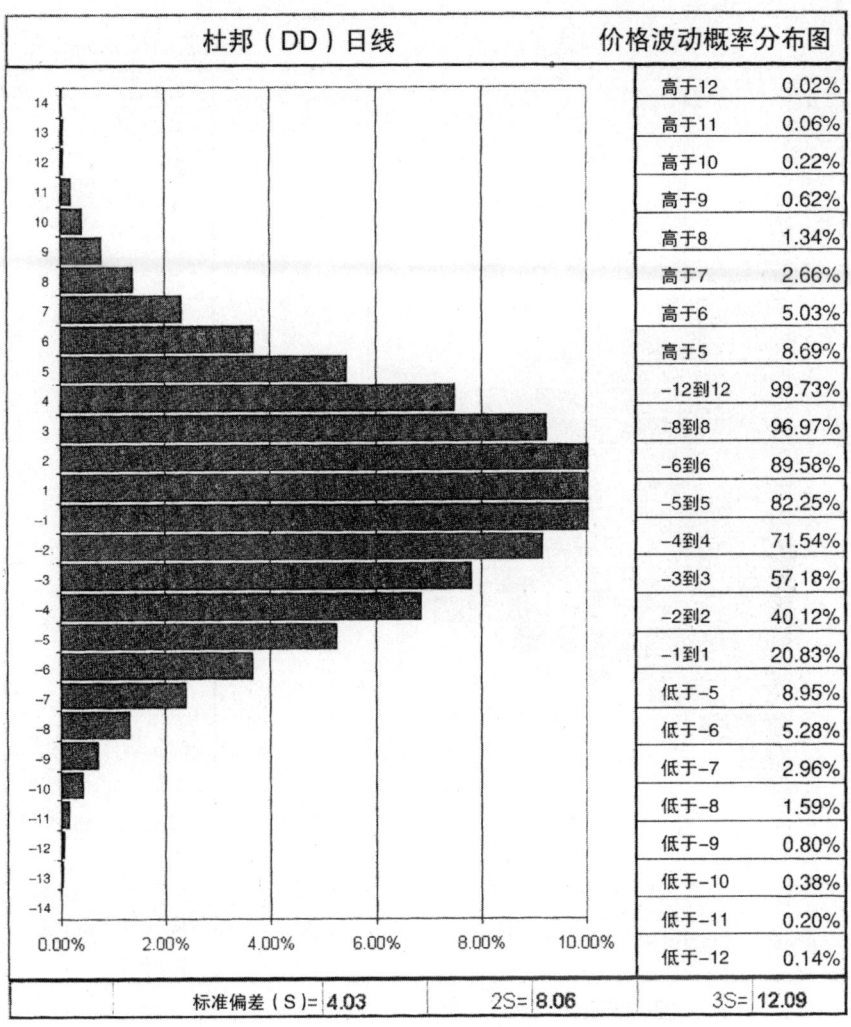

图 A-9　杜邦（DD）日线价格波动概率分布图

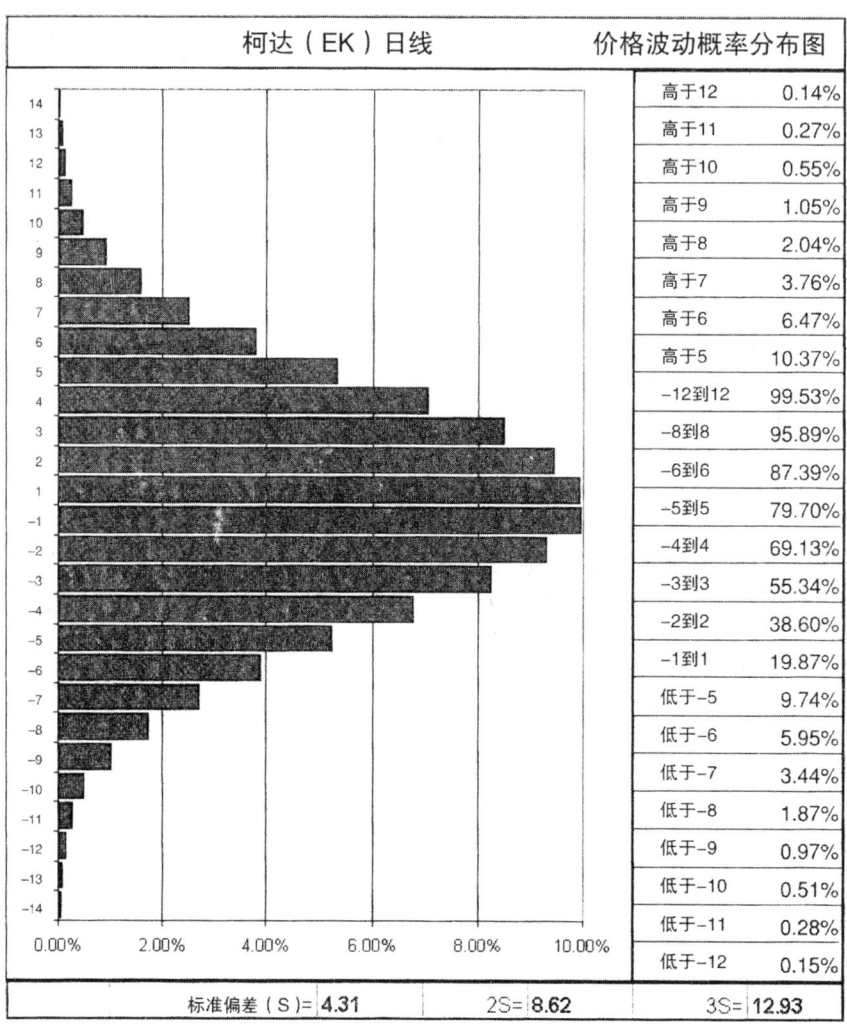

图 A-10 柯达（EK）日线价格波动概率分布图

附　录　道琼斯指数 30 只成分股票价格波动概率分布图

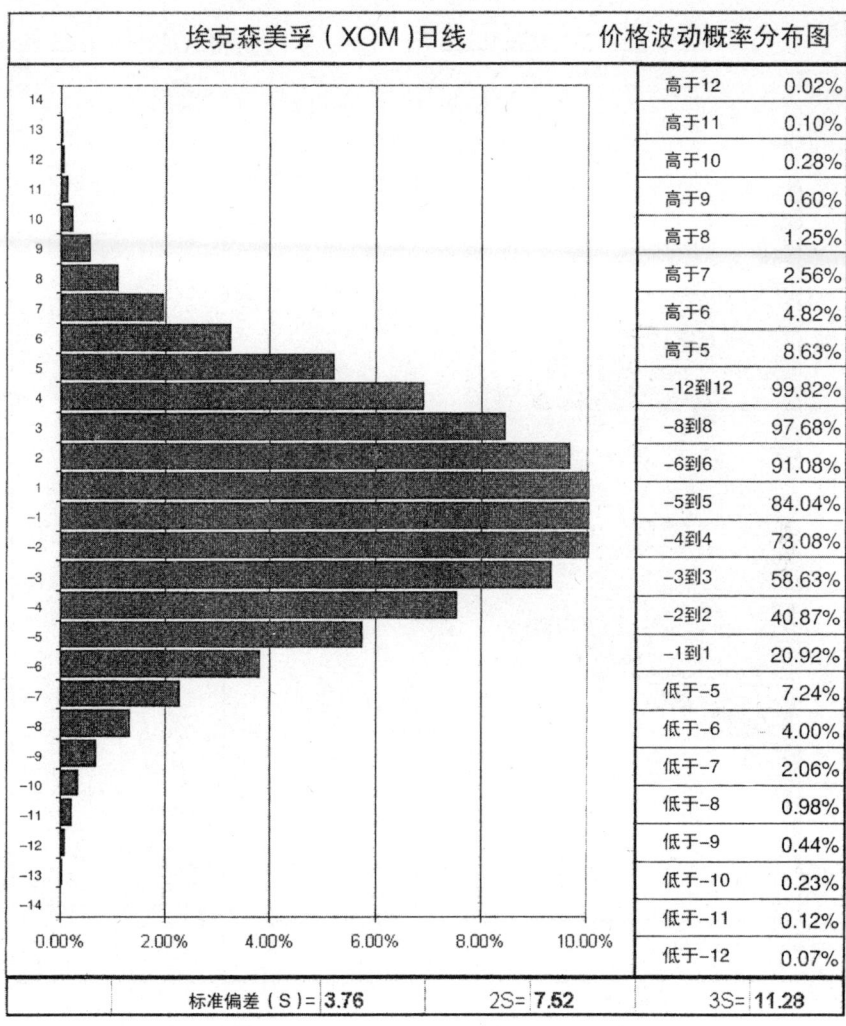

图 A-11　埃克森美孚（XOM）日线价格波动概率分布图

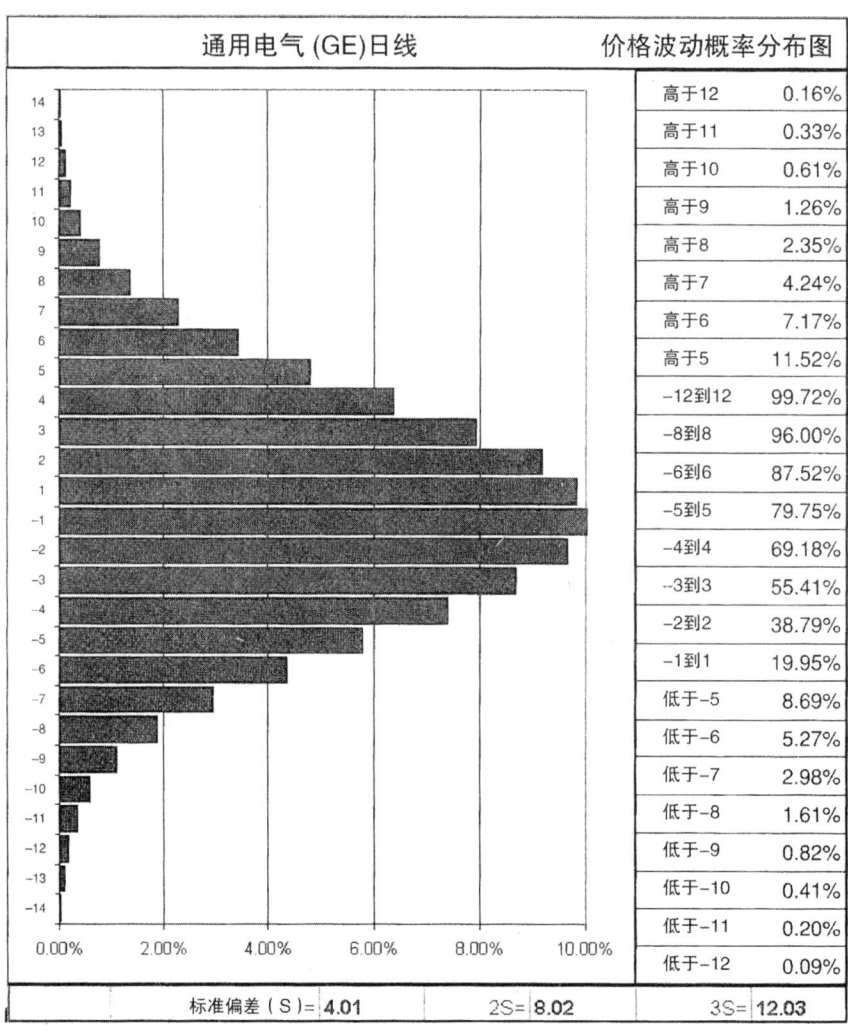

图 A-12 通用电气日线价格波动概率分布图

附　录　道琼斯指数30只成分股票价格波动概率分布图

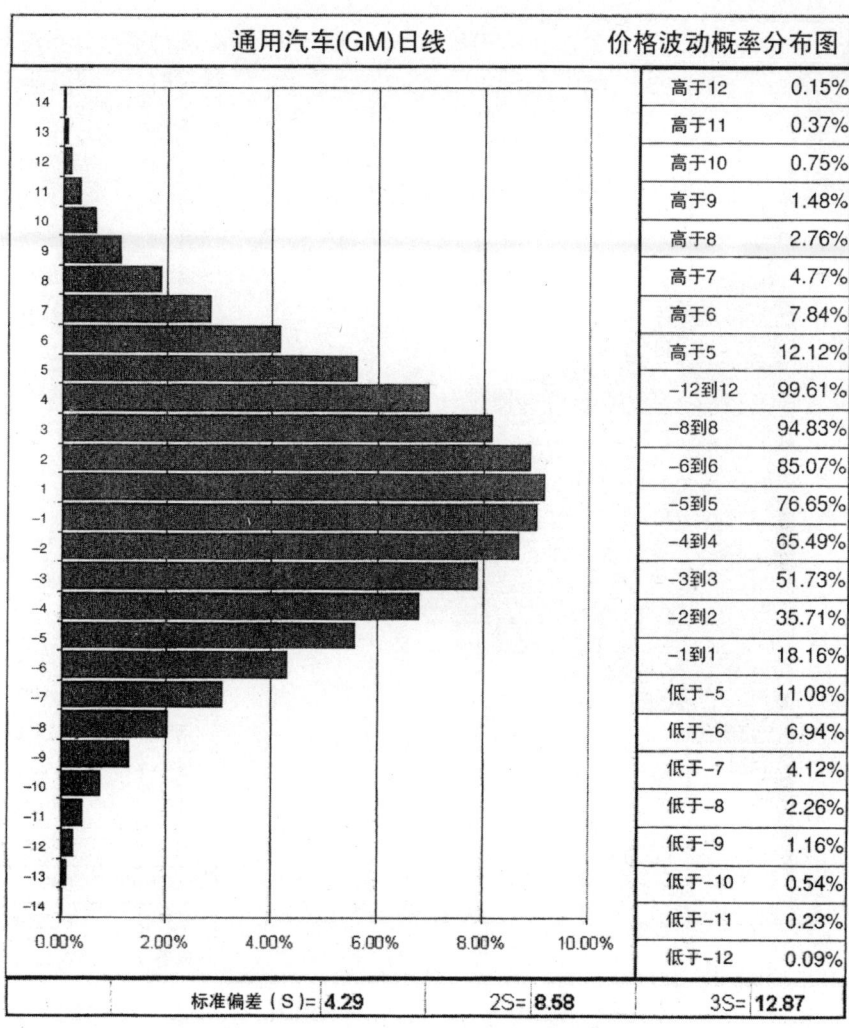

图 A-13　通用汽车日线价格波动概率分布图

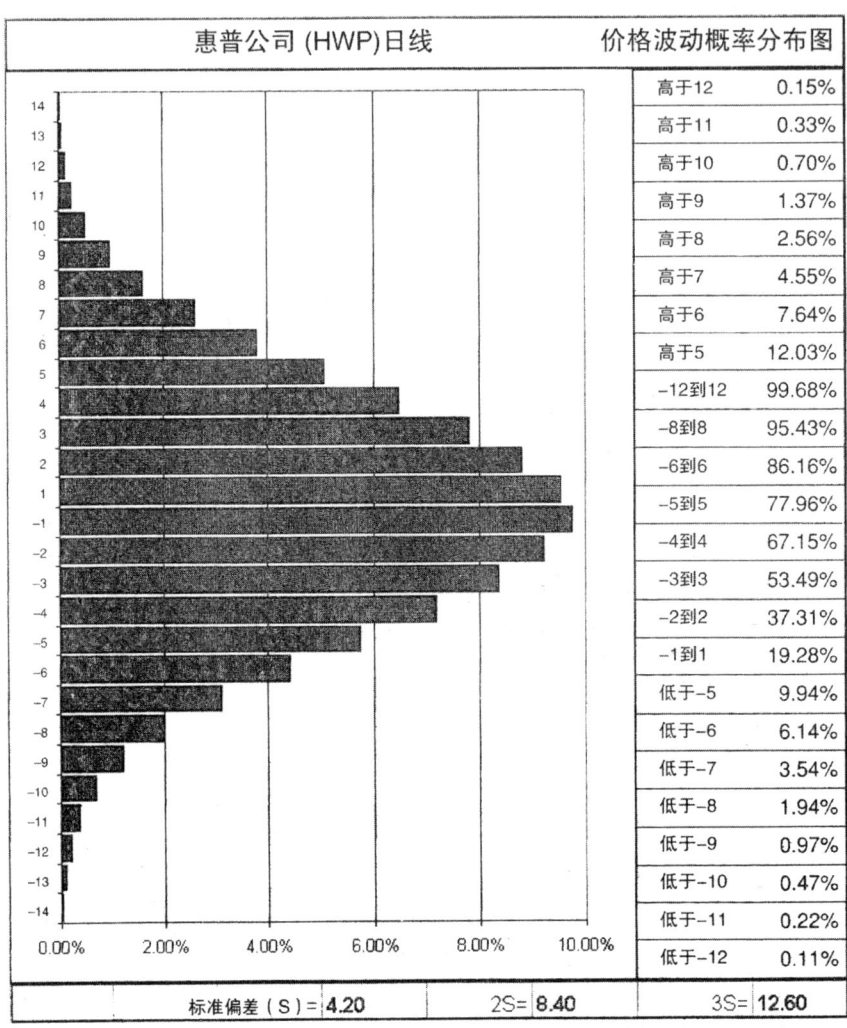

图 A-14　惠普公司日线价格波动概率分布图

附　录　道琼斯指数30只成分股票价格波动概率分布图

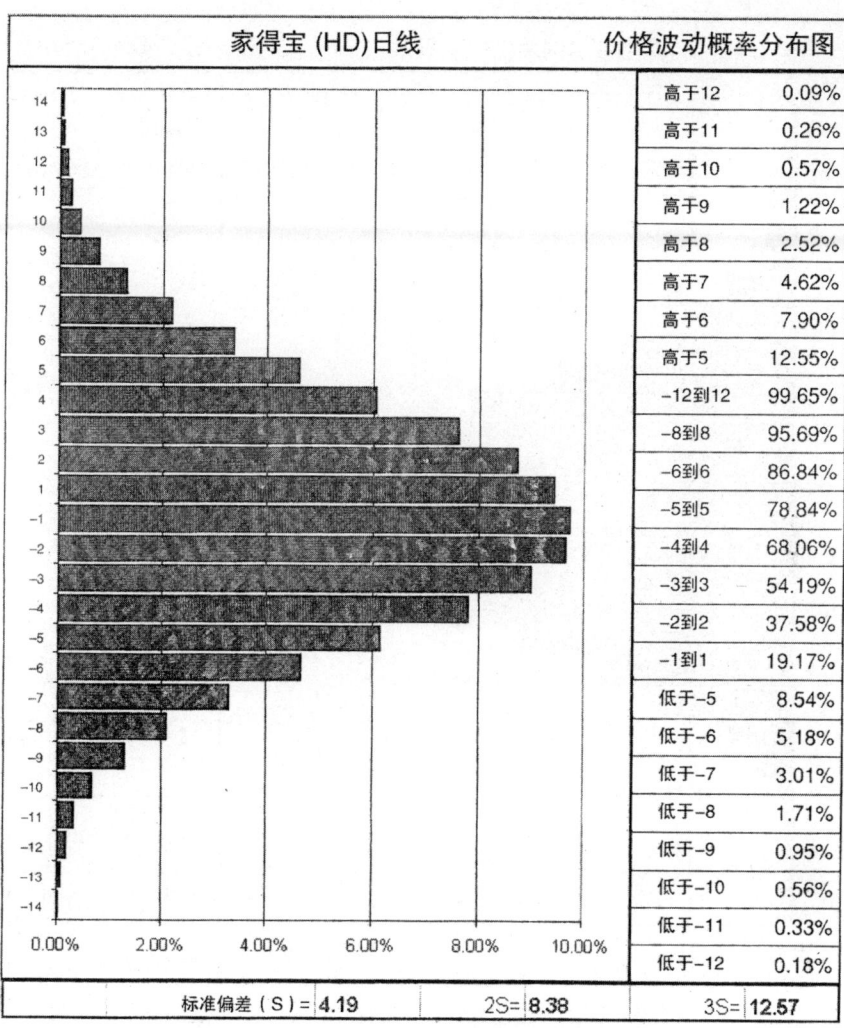

图 A-15　家得宝日线价格波动概率分布图

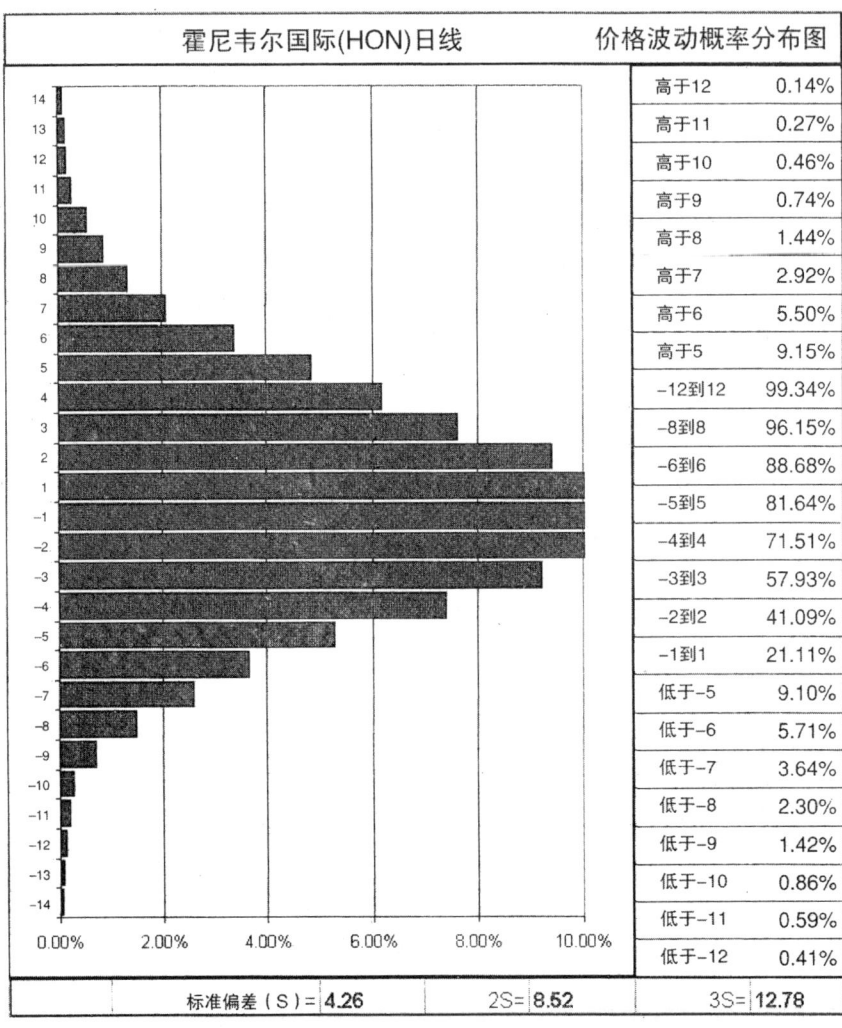

图 A-16 霍尼韦尔国际日线价格波动概率分布图

附　录　道琼斯指数 30 只成分股票价格波动概率分布图

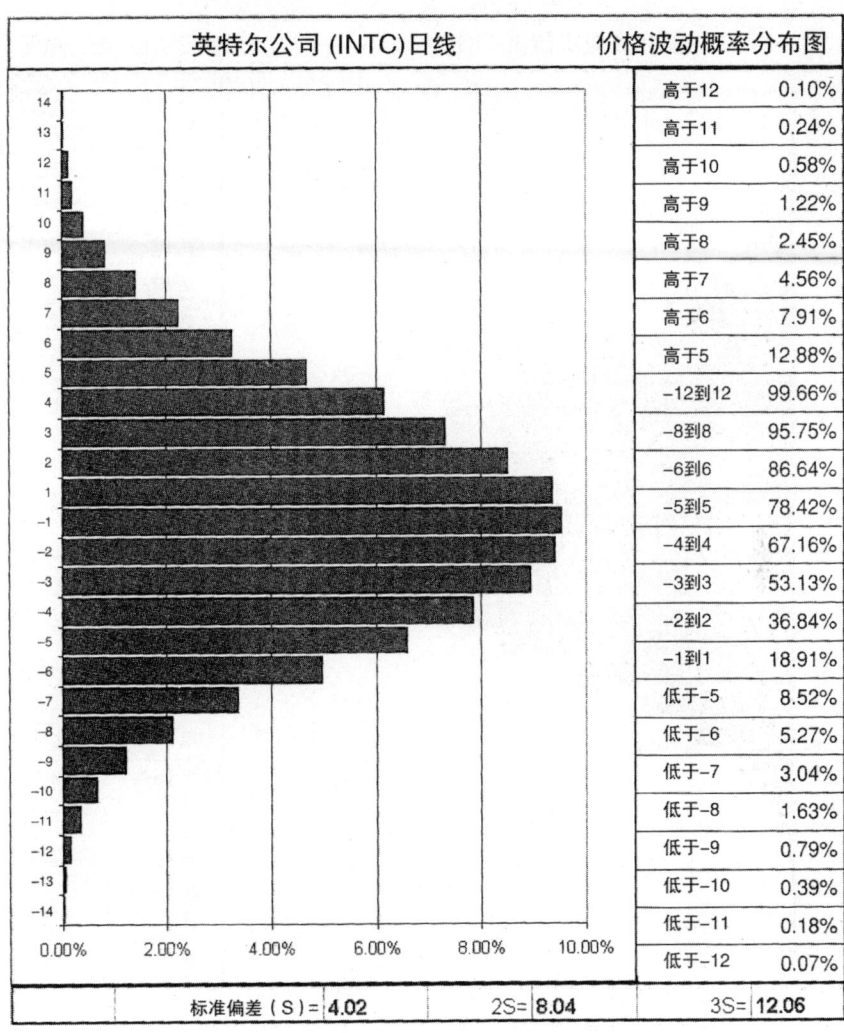

图 A-17　英特尔日线价格波动概率分布图

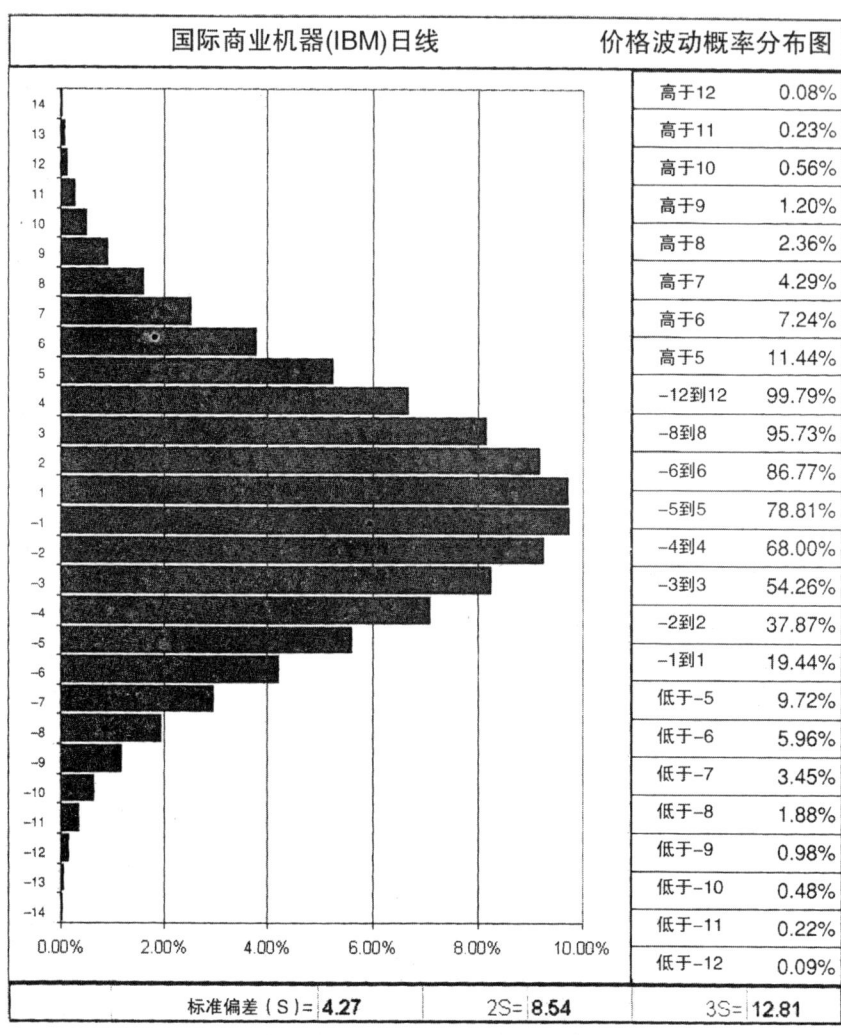

图 A-18　国际商业机器日线价格波动概率分布图

附　录　道琼斯指数30只成分股票价格波动概率分布图

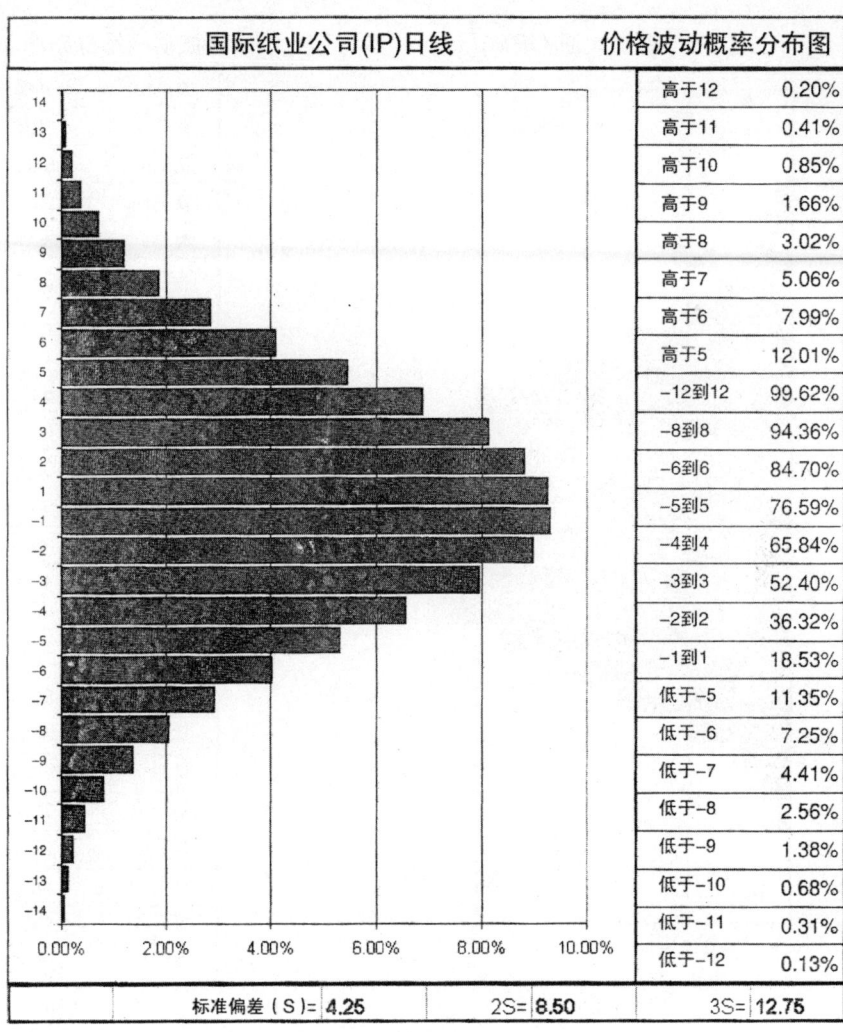

图 A-19　国际纸业日线价格波动概率分布图

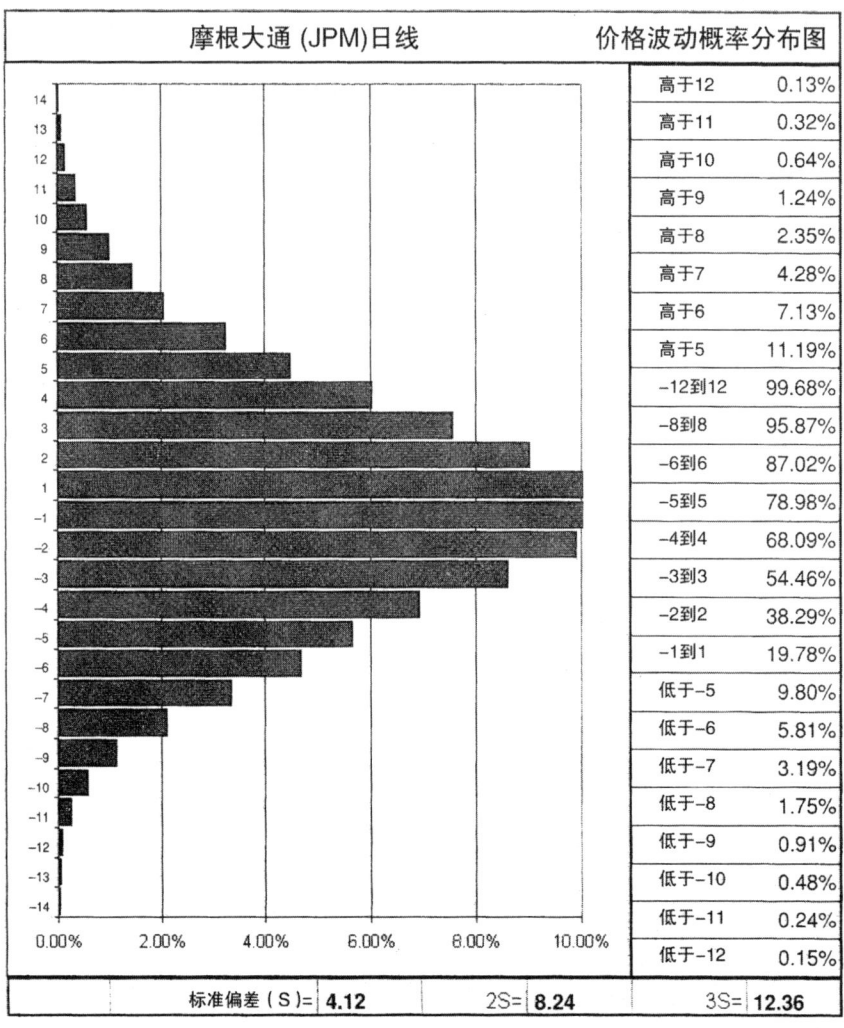

图 A-20 摩根大通日线价格波动概率分布图

附 录 道琼斯指数 30 只成分股票价格波动概率分布图

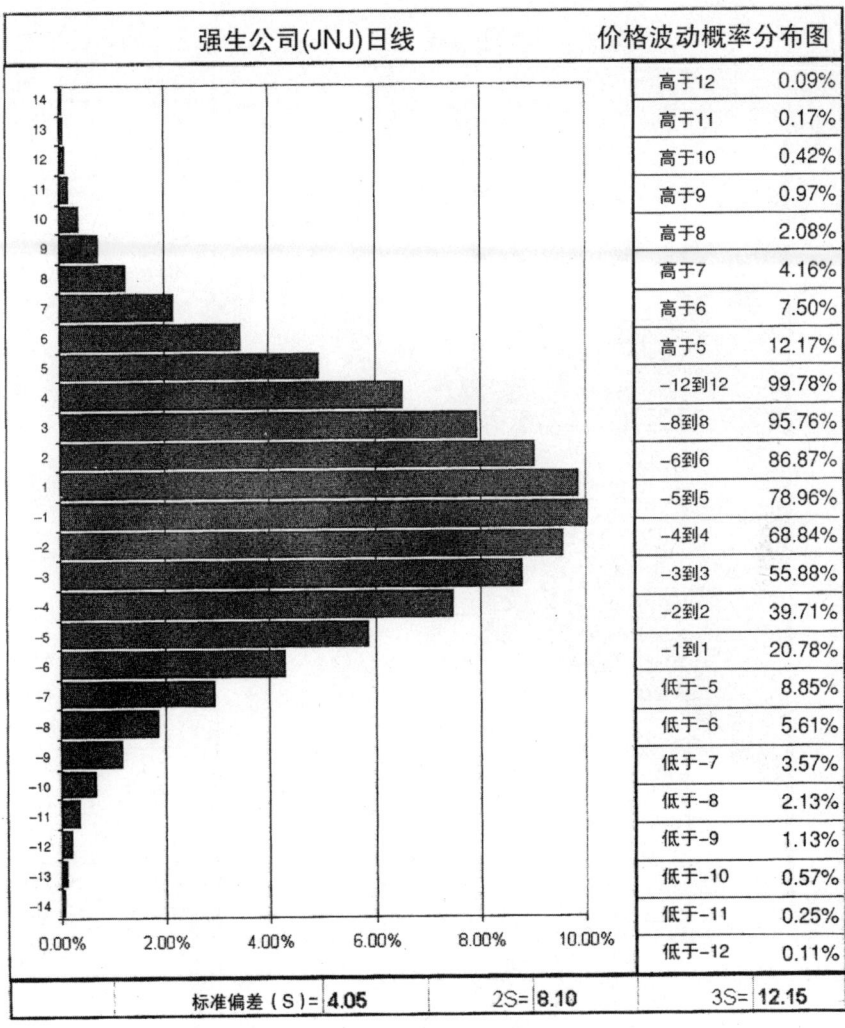

图 A-21 强生日线价格波动概率分布图

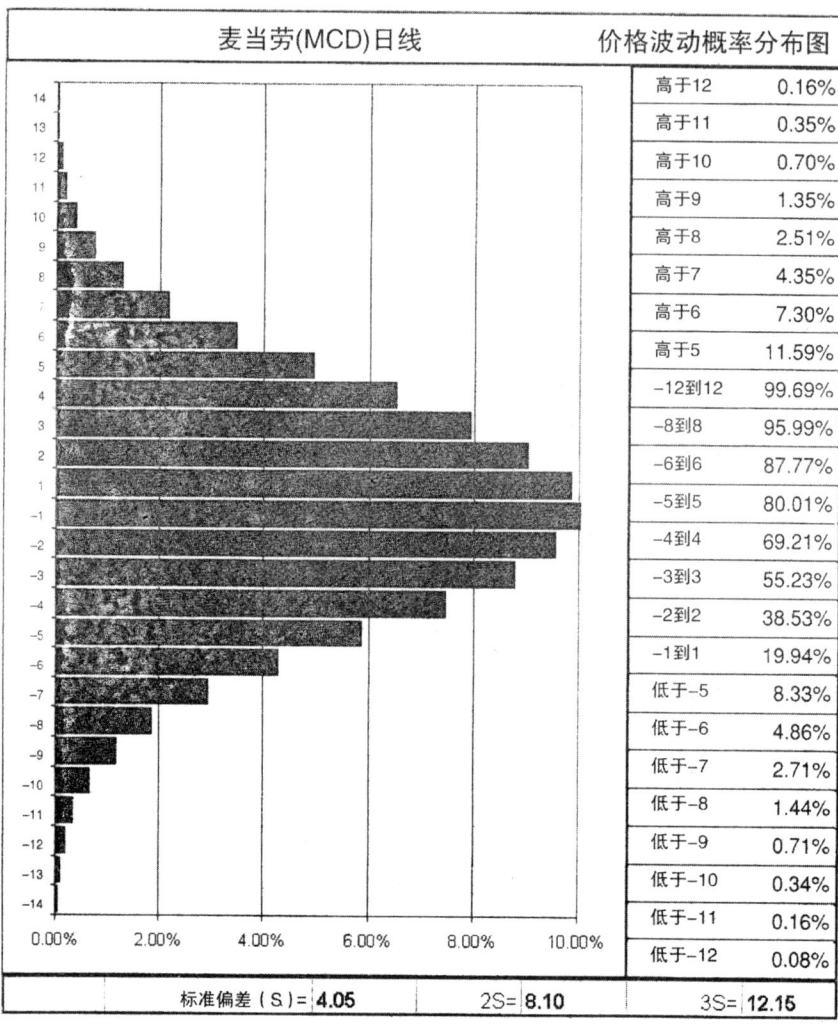

图 A-22 麦当劳日线价格波动概率分布图

附　录　道琼斯指数 30 只成分股票价格波动概率分布图

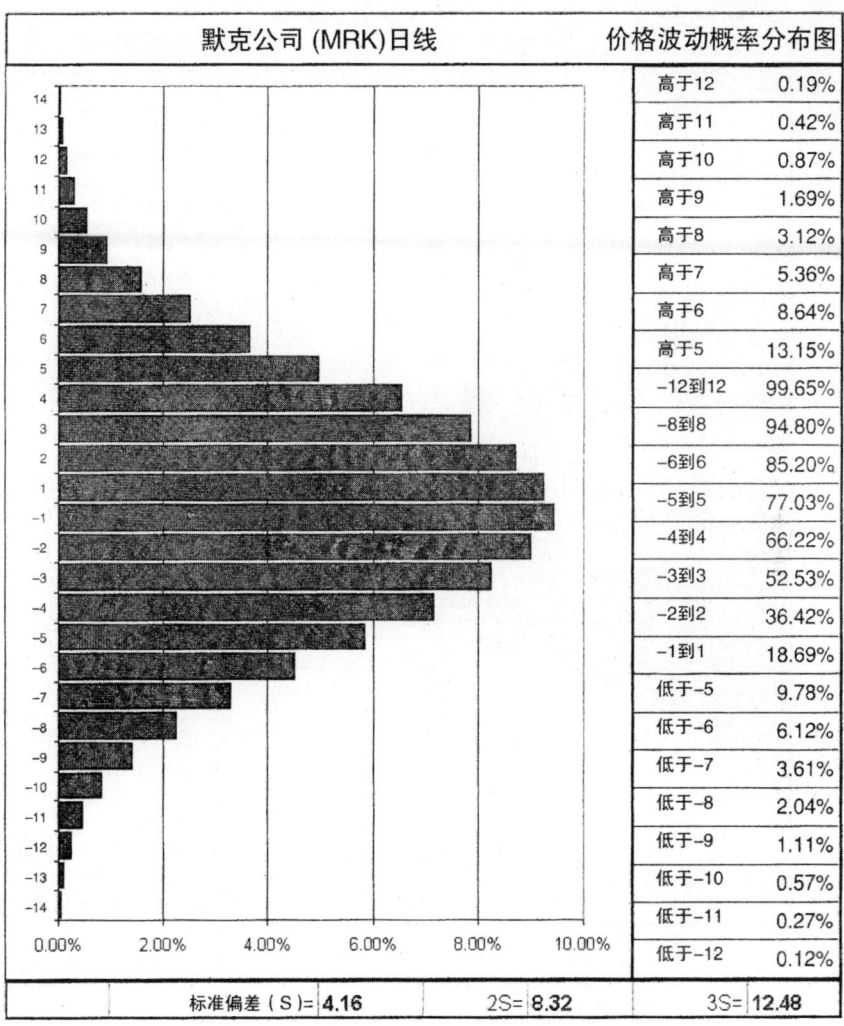

图 A-23　默克日线价格波动概率分布图

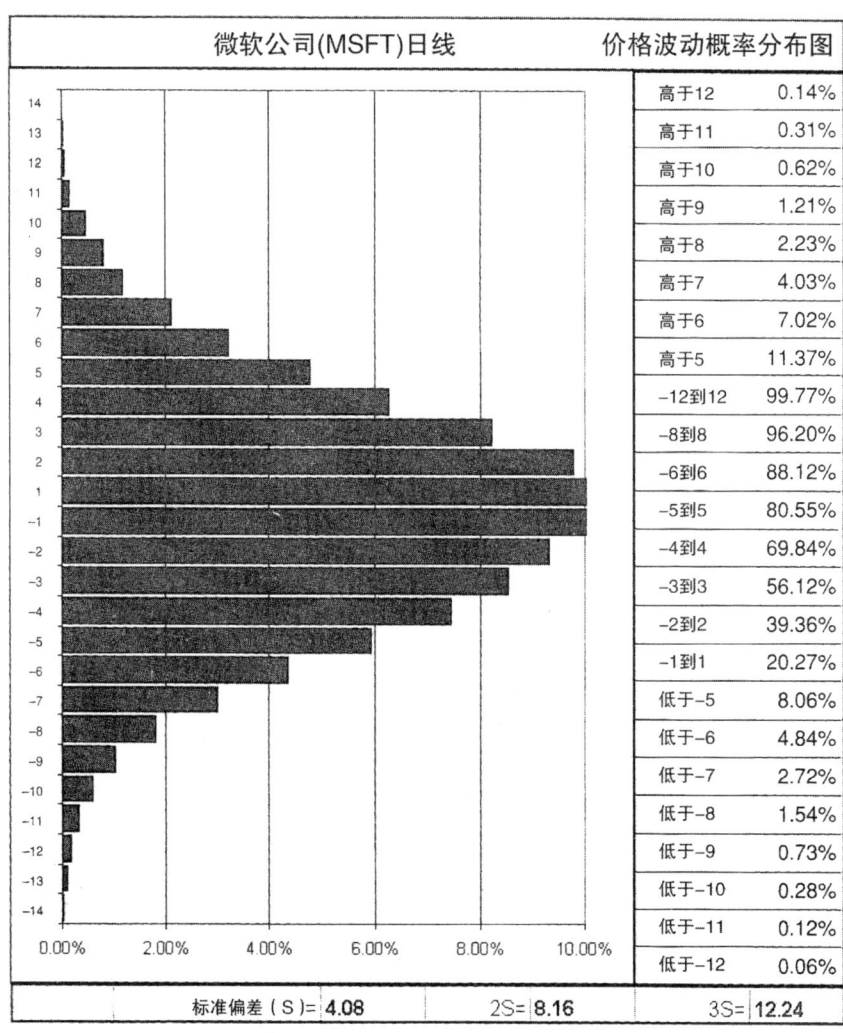

图 A-24 微软日线价格波动概率分布图

附 录 道琼斯指数 30 只成分股票价格波动概率分布图

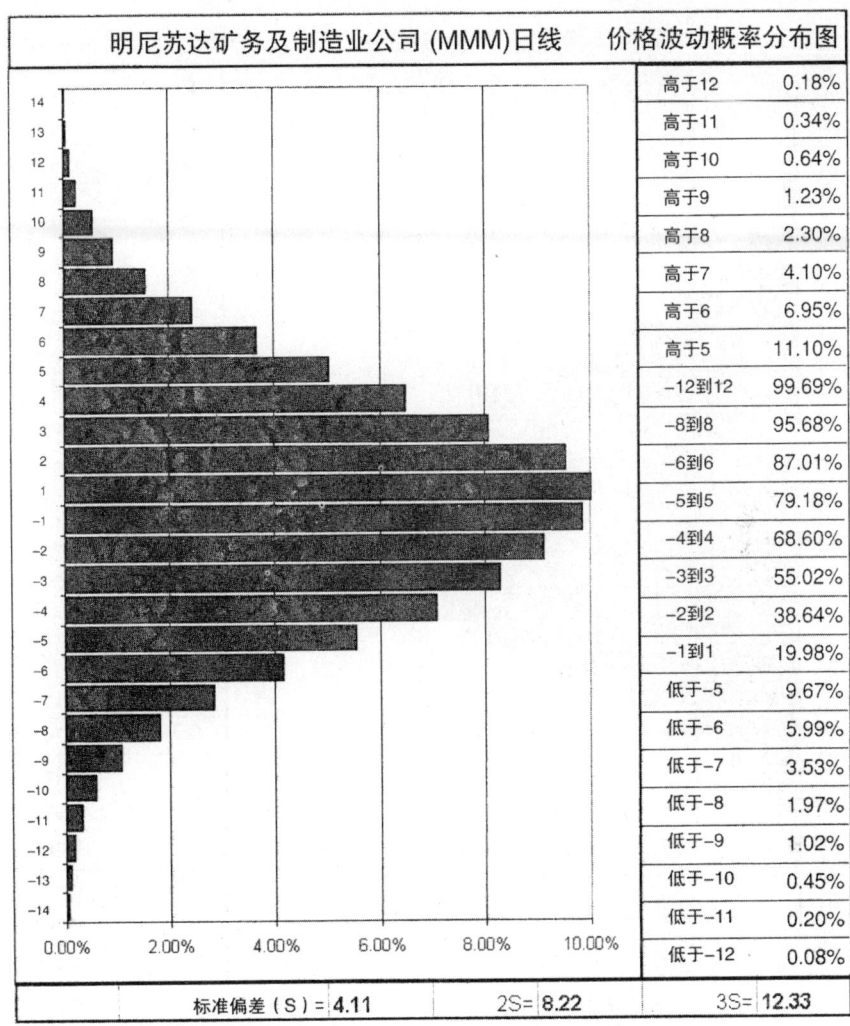

图 A-25 明尼苏达矿务及制造业公司日线价格波动概率分布图

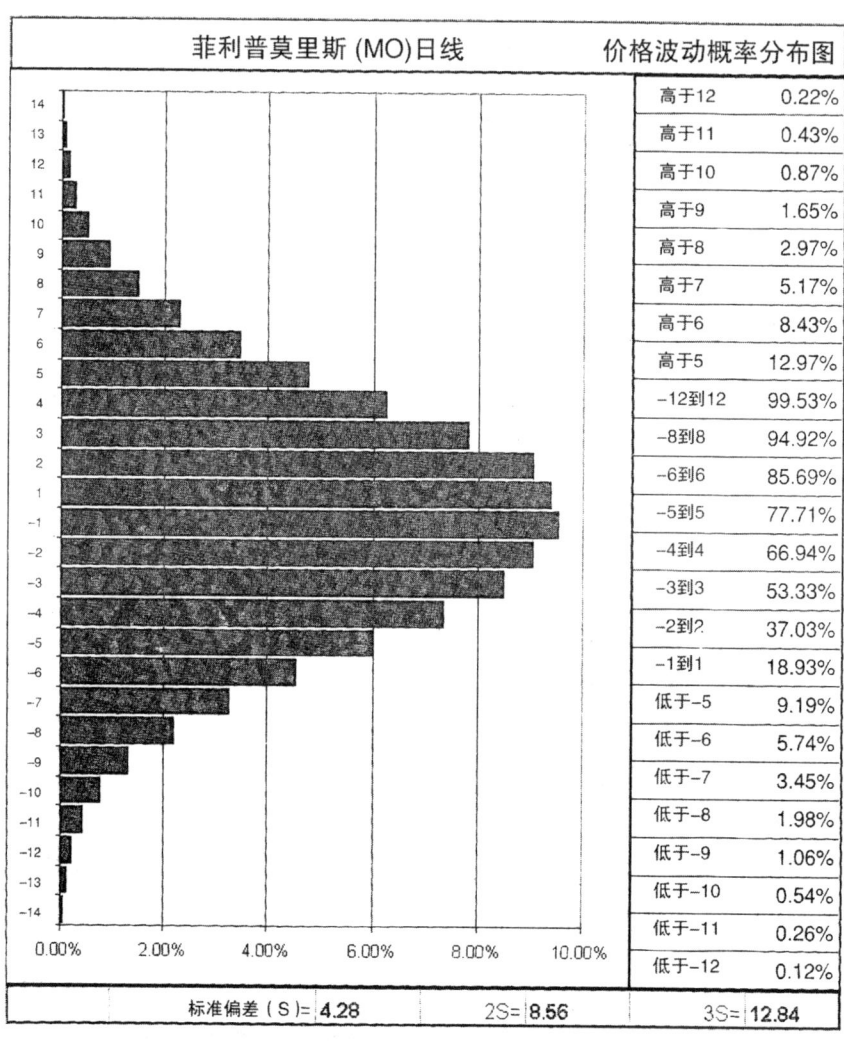

图 A-26 菲利普莫里斯日线价格波动概率分布图

附 录 道琼斯指数30只成分股票价格波动概率分布图

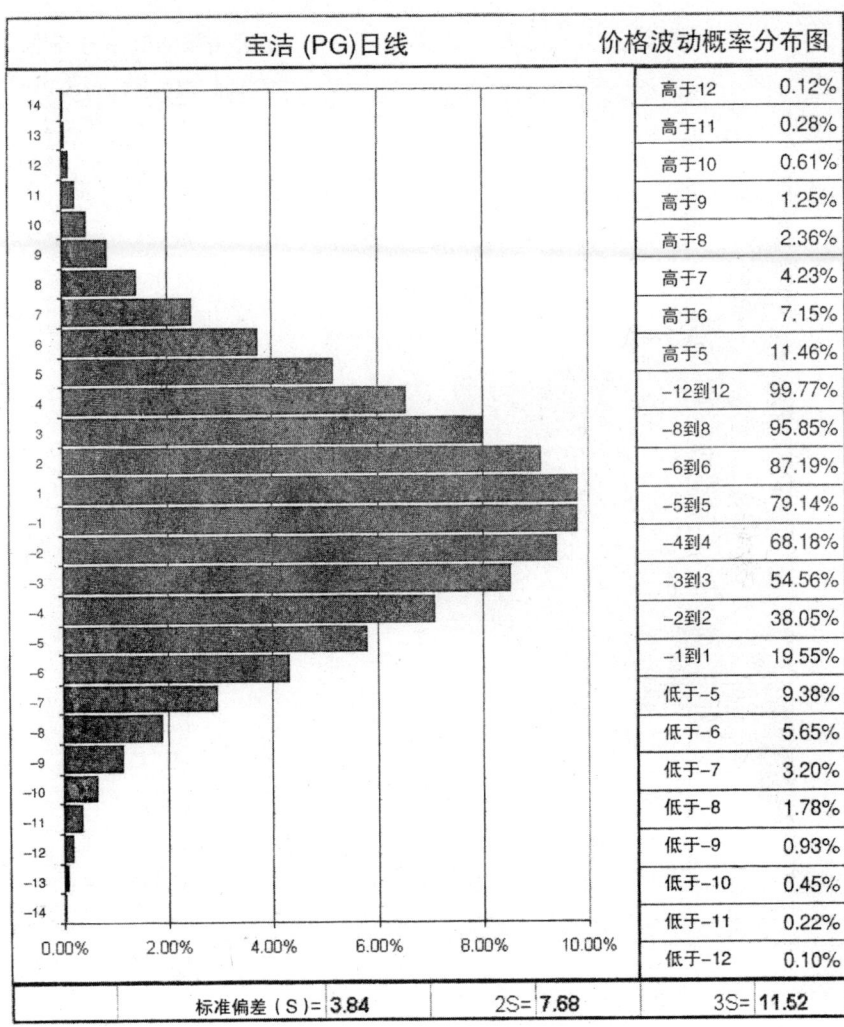

图 A-27 宝洁日线价格波动概率分布图

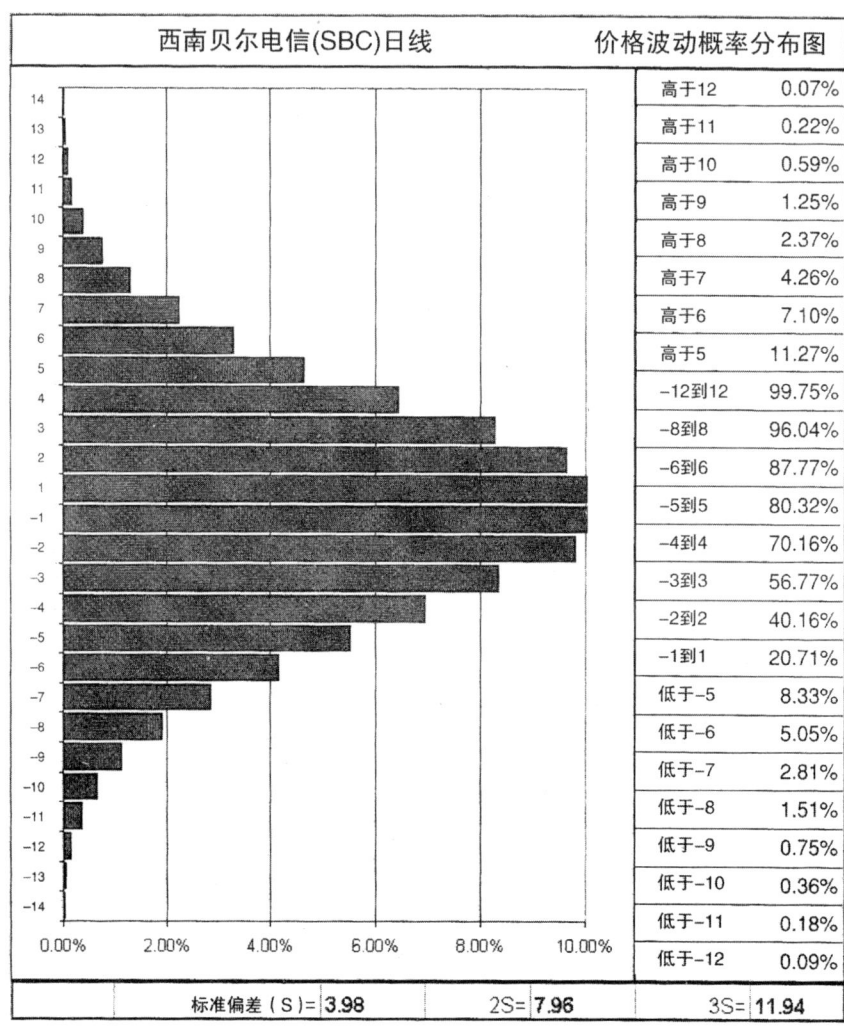

图 A-28　西南贝尔电信日线价格波动概率分布图

附　录　道琼斯指数 30 只成分股票价格波动概率分布图

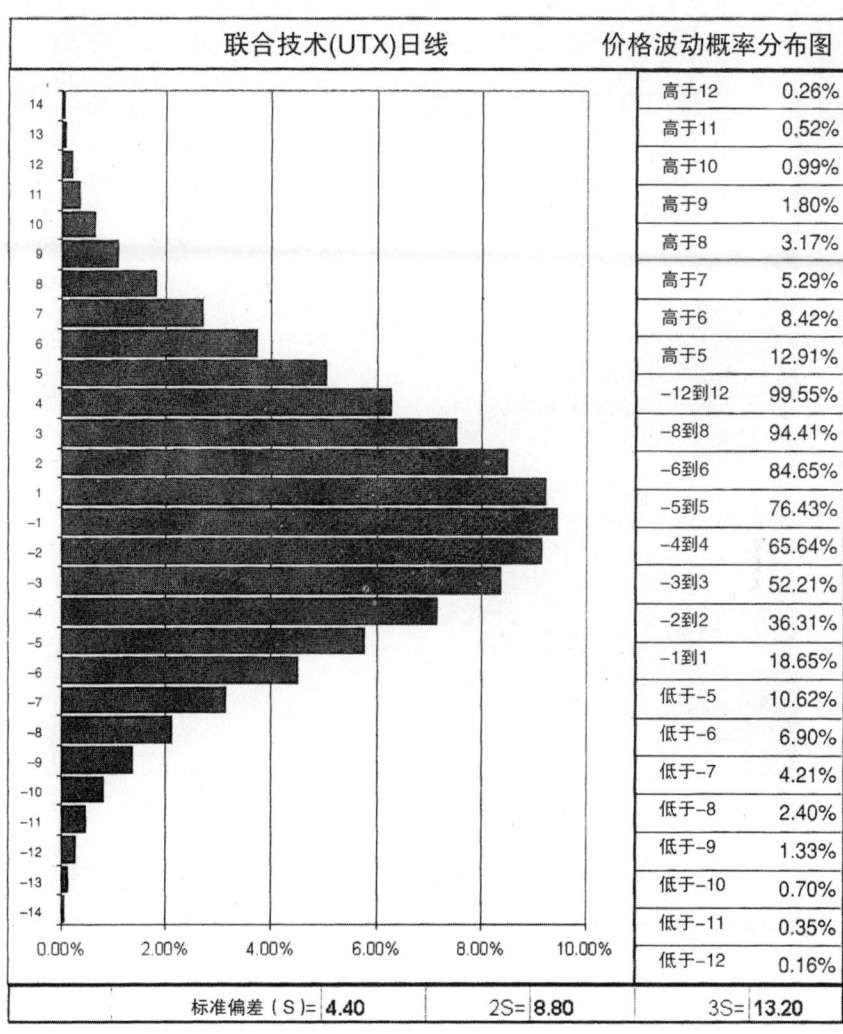

图 A-29　联合技术日线价格波动概率分布图

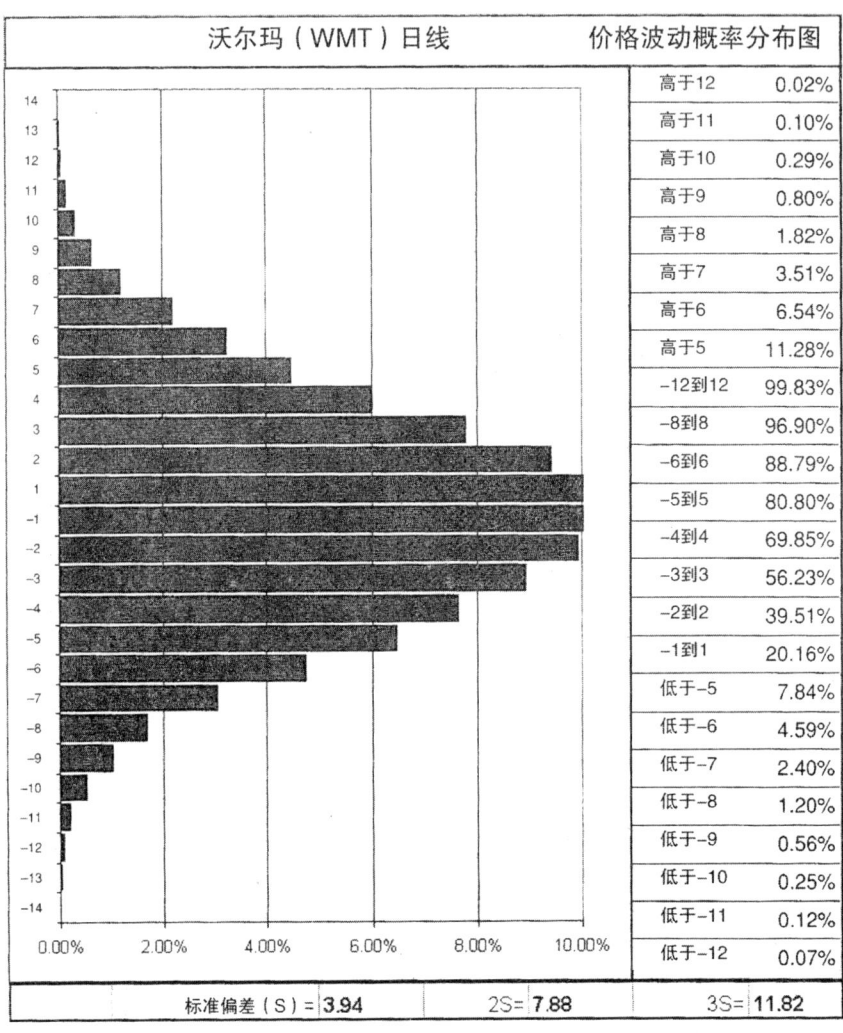

图 A-30 沃尔玛日线价格波动概率分布图

译后记

平心而论，在我第一眼看到《低风险高收益动态交易指标》这本英文原版书名的时候我并没有什么特别的好感，是它的副书名触发了我想翻阅一下的念头。但是，当我看完这本书的时候，我决定把它翻译出来，以帮助更多的交易者借鉴书中的精华，提高交易水平。我相信，随着越来越多成熟的投资者、交易者参与中国金融市场，中国金融市场的国际地位必将越发巩固和提高。我愿服务于我们中国的金融市场和市场参与者，并贡献自己的微薄之力。

马克·W. 黑尔韦格和戴维·C. 司汤达的价值图和价格波动概率分布图是一套全新的动态交易指标。这套指标是他们在深刻思考传统技术指标的基础上，根据自己多年的交易实战经验研发出来的。在研发过程中，他们充分利用了数学和统计学的分析方法，并以图表的形式把这套指标展现在交易者面前。这使它们不但在外形上与传统技术分析指标区别很大，而且更重要的是在内涵价值上也独树一帜、傲视群雄。

或许有些经常研究市场估值、崇尚基本面分析的读者，在阅读本书之后，会说："这种价值图，怎么能叫作价值图呢？这与他们研究分析市场估值的各种方法完全不同，不能称之为价值图。"不错，这种价值图的确与正宗市场估值的传统研究方法有很大不同，作者把它们建立在自身二级市场历史价格的基础之上，而不是各种财务数据或者同类公司的相互比较分析之上。我想说的是这正是作者的独到之处。他们并不想在本书探讨那种经典意义上的市场估值。如果我们把经典市场估值称为绝对估值，那么他们在本书中探讨的就是相对市场估值或相对价值，这个相对指的是相对自身历史价格而言。

或许有些经常研究市场走势、崇尚技术分析的读者，在阅读本书之后，会说："这种指标，怎么能称为是全新的呢？这只不过是一个震荡指标。"不错，这种指标的确具有震荡指标的属性。但是，难能可贵的是，它们超越了传统的震荡指标。它们不但解决了传统震荡指标在超买超卖区域的钝化和对不同振荡烈度的趋势阶段难以均衡适应的问题，而且不再仅以收盘价为计算参数展示超买超卖状态。前者使我们在趋势的各个阶段，都能从这种动态交易指标上判断出超买或超卖的程度。后者使我们能够在盘中顺利入场。对于那些在盘中出现超卖或超买状态，而在收盘时不再具有超卖或超买状态的交易机会，如果我们采用以收盘价为计算参数的传统振荡指标，我们就不能够抓住这种交易机会；但是如果我们采用本书所述的价值图，我们就可以抓住这种交易机会。另外，价格波动概率分布图是对价值图强有力的补充。针对当前价值图上的数据线（竹线或蜡烛线），你可以根据价格波动概率分布图对应的概率大小，确定超卖超买程度，从而决定是否进行进出场交易。

本书不是一套完整的交易策略，没有充分涉及资金管理、仓位大小和止损设置等诸多交易管理因素，没法保证你稳定获利。建议你根据自身情况取其精华，弃其糟粕。适合自己的才是最好的。

如果你把交易看作是一种游戏，那它就是一种以胜算概率为基础的游戏。我个人认为本书所述的动态交易指标只是一种有可能提高胜算的滤网。只有在你正确使用具有积极预期收益的交易策略，严格执行各项纪律，并积极进行大量交易的情况下，你才有可能获利。作为一个交易者，在实盘交易中，有时候你会在一连串的交易中获利，有时候又会在一连串的交易中亏损。产生亏损是你交易过程的一部分，不要惧怕亏损，更不要因此而畏惧交易，重要的是控制和限定亏损。

在技术分析出现的早期，金融学术界对它并不认可，即使是现在也有很多人声称他们不按技术分析进行交易，我想他们肯定有自己的理由。金融市场的跌宕起伏是多空双方情绪和力量的对决。没有人能确保使用精确到点的技术分析就一定能成功获利，任何技术分析都有失败的时候，或许是它的出现导致了它的失败。

译后记

  魔高一尺，道高一丈。面对日益复杂的市场走势，你不要轻易相信自己能够超越市场，超越个股，你需要做的是超越自己！

  本书的完成得到以下同仁的大力帮助，他们是：张毅、吴春梅、陈鼎、朱杰、吴文莉、余锋、肖艳梅、范纯海、张苹、苏远秀、李超杰、常红婧、郑星、田军、彭家伟。其中第一章至第三章由陈鼎、余锋、苏远秀翻译，第四章至第七章由彭家伟、张苹、肖艳梅、朱杰、吴文莉、张毅翻译，第八章至第十章由范纯海、张毅、吴春梅、李超杰翻译，其余部分由常红婧、康民翻译，全书由康民负责统校。由于译者水平有限，错误和疏漏之处在所难免，敬请读者批评指正。

1. 高级趋势技术分析
2. 高级波段技术分析

作者：阿尔·布鲁克斯

这套丛书是写给严肃的交易者看的，阿尔的书最大价值在于，阐述了理解价格行为以及逐根K线分析走势图有助于追踪通常由机构所推动的形态，通过小止损、早入场，让机构为个人投资者"抬轿"并最终获利。

在这套丛书中，布鲁克斯主要通过5分钟周期的K线图来阐述一些基本原则，但也讨论日线图和周线图，书中也有如何将价格行为分析用于股票、外汇、国债期货和期权的内容。

丛书的第3本《高级反转技术分析》也将于2017年年底之前出版，敬请关注。

期货、外汇
PA、裸K
刮头皮

价格行为技术先驱 AL BROOKS

期货、外汇
PA、裸K
刮头皮

价格行为技术先驱 AL BROOKS

3. 日本蜡烛图技术

作者：史蒂夫·尼森

这是您一直想了解的日本蜡烛图技术细节，来自K线之父的经典教程，完美融合了日本蜡烛图和西方的交易技术。

证券交易经典基础知识书籍，全新的译本，全新的阐述，精选的内容。

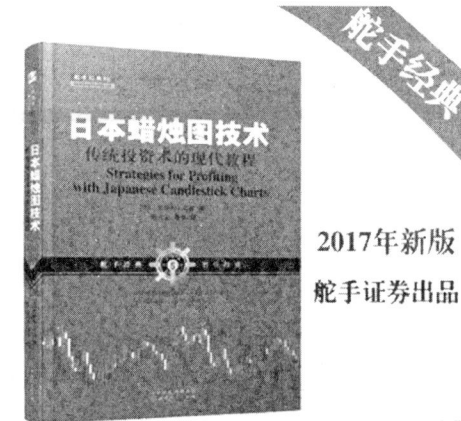

2017年新版
舵手证券出品

K线之父 史蒂夫·尼森

4. 斐波那契交易法

作者：拉瑞·萨拉温托

帝纳波利之师，斐波那契交易技术的开创者，当今金融界倍受推崇的交易专家之一。

斐波那契交易法不是一个交易系统，而是一种准确判断力和纪律交易的方法，掌握了它，你就拥有了实现财务自由的更大把握。

5. 短线交易大师

作者：杰克·伯恩斯坦

瞬息万变的短线交易市场不存在准备充分一说，决策必须争分夺秒地做出，这就要求交易者利用能用到的好的交易策略和工具。

在高风险高回报的超短线交易中获取利润，就从阅读美国著名短线交易技术大师的书开始吧！

6. 建立稳固的交易系统

作者：基斯·费申

这是您一直想了解的日本蜡烛图技术细节，来自K线之父的经典教程，完美融合了日本蜡烛图和西方的交易技术。

证券交易经典基础知识书籍，全新的译本，全新的阐述，精选的内容。

7. 日内交易入门

作者：杰克·伯恩斯坦

　　超短线交易技术核心内容是稳固而且简单易学的。本书涵盖了短线交易的各个方面，解释为什么短线交易技术起作用，如何在金融市场中扮演恰当角色，如何引导风险。内容从基础开始，然后逐渐转移到高级话题。

8. 华尔街操盘手是怎样炼成的

作者：罗布·布克

　　这是一本通俗易懂、风格独特而又让人享受到阅读乐趣的书。作者以非常风趣的方式告诉我们在交易时如何避免犯下最常见的错误。如果您已经厌烦了阅读课本式的入门书籍，那么这本书非常适合您，强烈推荐这本书。

9. 低风险高收益动态交易指标

作者：马克·W.黑尔韦格
　　　戴维·C.司汤达

　　本书介绍了一种全新的蜡烛图——价值图。您可以凭借本书，尽情地学习这种革命性的交易指标，它已经为你打开了通往交易成功、风光无限的大门。本书可以说是股票和期货交易者必读之书。